메디타치오 시리즈 18

# 예수 생명으로 사는 자

양 창 삼

**메디타치오 시리즈 18**

## 예수 생명으로 사는 자

2025년 12월 15일 초 판 1쇄 인쇄
2025년 12월 20일 초 판 1쇄 발행

저 자 • 양 창 삼
발행인 • 조 경 혜
발행처 • 도서출판 그리심
  08514 서울시 금천구 디지털로 10길 37 (726호)

등록번호 • 제 7-258호(1998. 4. 23)
출판사 • Tel 523-7589,  Fax 6008-6699

전자우편 • grisimcho@hanmail.net
홈페이지 • grisim.net
       • grisim.biz

ISBN 978-89-5799-518-1  (93230)

# 양창삼(梁創三)은

현재 한양대학교 경상대학 경영학부 명예교수이고
목사이자 시인이다.
서울대학교에서 정치학과 경영학을 공부했다.
미국 웨스턴일리노이 대학교에서 MBA를,
연세대학교에서 경영학 박사 학위를 받았다.
총신대학교에서 목회학 석사와 신학 석사 학위를 받았다.
한양대에서 경상대학 학장과
산업경영대학원 원장을 역임했으며
중국 연변과기대에서 상경대학장,
부총장, 챈슬러를 역임했다.

## 저서

『기독교와 현대사회』로 한양대에서 우수저술상을 받았고,
『헨리 나우웬의 실천하는 영성』은
문화관광부 우수교양도서로 선정되었으며,
『e조직이론』은 한국백상출판문화상을 받았다.
함께 쓴 『뒤르케임을 다시 생각한다』는
대한민국 학술원 우수학술도서로 선정되었다.

## 일반도서

『조직철학과 조직사회학』, 『개인심리와 조직심리』,
『제4차 산업혁명과 경영의 새로운 변화』,
『기업경영의 변화와 경영혁신』, 『사상의 뜨락』,
『경영혁신과 창조경영』 등 여러 저서가 있다.

기독교 관계 저서로
『기독교사회학의 인식세계』, 『뒤틀린 삶의 문제와 기독교적 해답』,
『자아의식과 예수의식』,
『조선을 섬긴 행복: 서서평의 사랑과 인생』 등이 있다.
바른 성경읽기에 관심을 가져 성경 전권에 대한 주해서를 출간했고,
『믿음 125』 등 말씀묵상집을 내놓았다.
메디타치오 시리즈로 『육에 속한 사람과 성령에 속한 사람』,
『다시는 자기를 위하여 살지 않고』,
『자기부인과 희생정신』 등을 내놓았다.

# 머리말에 붙여

　신앙의 글을 쓴다는 것은 참 기쁜 일이다. 주님의 마음에 가까이 나아가고자 하는 마음이 있기 때문이다. 또 그 글을 읽는다는 것은 주님을 향해 마음을 열고, 그를 닮아가려는 것이기에 소망이 있는 길이다. 주님의 말씀에 한발 한발 나아갈 때 우리의 영도 밝고 맑아질 것이다. 그 일에 주님이 함께 하시니 얼마나 기쁜 일인가.

　이번에 메디타치오 시리즈 18번째인 '예수 생명으로 사는 자'를 내놓는다. 그리스도인은 누구나 예수 생명으로 사는 자다. 그 생명으로 우리는 새로운 존재가 되었다. 유명한 설교자 스펄전도 예외가 아니다. 그는 기독교 가족, 그것도 목사의 가정에서 태어났다. 하지만 눈보라 치는 어느 주일, 길이 막히자, 들린 교회에서 자기를 보며 "젊은이, 예수 그리스도를 바라보십시오!" 외치는 평신도 설교자의 말에 삶이 완전히 달라졌다. 주님을 향해 새로운 눈을 뜨게 된 것이다. 우리도 주님에 대해 새로운 눈을 가질 필요가 있다. 그래야 삶이 달라진다.

　이 책은 예수 생명을 가진 자가 가져야 할 여러 주제에 접근하고, 이것을 삶에서 실현해 낸 분들의 얘기를 담았다. 누구나 완전할 수는 없지만 우리를 위해 고난 받고, 죽임당한 예수님을 생각하면 눈물이 난다. 주님을 사랑하면 우리는 달라진다. 하나님의 말씀을 가장 사랑하게 되고, 하나님을 향해 언제든 기도할 수 있게 되며, 이웃을 사랑하게 된다. 사랑의 실천자가 되는 것이다. 예수님은 우리로 언제나 사랑하며 살도록 하신다.

　이 책은 크게 두 부분으로 나뉘어 있다. 제1부 제목은 "예수 생명으로 사는 자"다. 성경 말씀을 중심으로, 우리의 영을 살아있게 하는 예수의 생명이 얼마나 중요한가를 말하고 있다. 제2부의 제목은 "우리 모두 주님의 깃발 되어"다. 예수의 생명이 있으면 우리가 어떤 삶을 살아야 하는가를 말하고 있다. 삶에 관한 얘기 중 선교지에서 순교한 나의 한양대 제자 목사에 관한 얘기도 있고, 한양대 교수로서 연변과기대를 경험한 인생의 아름다운 토막도 있다. 연변과기대 외방 교직원들은 자비량 선교사로 학생들을 섬겼다. 물질적으로 보장 받지 못한 환경이었지만 주님을 생각하며 기쁨으로 자신을 드렸다. 29년이 지나 학교는 문을 닫았다. 하지만 졸업생들은 지금 살아있는 열매가 되었다. 하나님은 그들을 통해 하나님 나라의 역사를 아름답게 쓰실 것이다.

우리는 예수 생명을 가진 자다. 그렇다면 영적으로 험닌한 이 세상에서 우리 모두 주님의 깃발이 되어 휘날릴 필요가 있다. 우리가 어둠의 세력에 지지 않고, 세상에서 빛과 소금의 역할을 다할 때 사람들은 그리스도인들을 다르게 볼 것이다. 아니, 그들은 적어도 그리스도인이라면 세상과 달라야 한다고 말한다. 우리는 예수 생명을 가진 자로, 그를 따라 이 땅에서 사랑을 실천해야 할 하나님 나라의 군사이다. 주님의 군사는 주신 사명을 기뻐하며, 순간순간 군사로 살아간다. 우리는 이 사실을 잊어서는 안 된다. 사랑은 찬 손을 녹인다.

양 창 삼

# Contents

## 제1부 예수 생명으로 사는 자

# 예수 생명으로 사는 자

예수 생명으로 살아가는 사람은
자기 힘으로 살아가는 사람이 아니다.
세상의 명예나 인정은 이미 십자가에 못 박았다.
혹시 교회에서 봉사도 많이 하고, 열심히 헌신하는 데
인간관계로 인해 자주 힘을 잃고,
인정받지 못하는 것 같아 회의를 느끼는가?
그렇다면 스스로 물어볼 필요가 있다.
지금 나는 내 의지로 신앙생활을 하고 있는가?
아니면 예수 생명으로 하고 있는가?
지금 이 일을 내 힘으로 하고 있는가?
아니면 주님이 주시는 힘으로 하는가?
예수 생명으로 살아가는 사람은
나의 욕심과 나의 힘으로 살아가는 사람이 아니다.

# 1. 사랑은 찬 손을 녹인다

2024년 12월 어느 주일, 김영희 권사는 나의 아내 손을 잡으며 말했다. "손이 차군요." 이제 겨울로 들어서니 갑자기 차가워진 것이 아니다. 여름에도 손이 차다. 체질상 소음이어서 그렇다 하기도 한다. 나는 열 체질이라 반대다.

김 권사는 아내의 손을 만져주었다. 그리곤 말했다. "저의 남편은 음악을 좋아했어요. 대학을 졸업했는데도 서울대 합창단에 들어가 노래를 불렀어요. 당시 저도 손이 찼거든요. 남편은 저의 찬 손을 잡으며 라보엠을 불러주었어요. 자주요. 남편은 하늘나라로 가고 없지만 지금 저의 손은 따뜻해졌어요. 남편 소천 후 1주기 때 합창단원 모두 저의 집을 찾아와 노래를 불러주었어요. 감동이었어요. 그러니 손이 찬 아내를 위해 라보엠을 불러주세요."

그 말에 아내는 나를 쳐다보며 말했다. "여보, 자주 라보엠을 불러줘요."

'라보엠'(La Bohème)은 '보헤미안 사람들'이라는 뜻이다. 가난한 집시들의 삶을 배경으로 한 오페라다. 김 권사의 남편이 불러준 라보엠은 1막에 로돌포(Rodolfo)가 미미(Mimi)에게 불러준 아리아다. 제목은 '그대의 찬 손'(Che gelida manina).

로돌포는 파리의 초라한 아파트에 사는 가난한 시인이다. 하지만 물질적으로 가난해도 꿈, 환상, 공상에 있어서는 백만장자의 영혼을 가진 사람이다.

때는 성탄 전야, 이웃집에 사는 아가씨 미미가 초에 불을 붙여달라고 부탁하러 왔다가 그만 열쇠를 떨어뜨렸다. 그 사실을 알고 열쇠를 찾으려 하지만 밖에서 불어온 바람으로 방 안의 불이 모두 꺼져버렸다.

로돌포와 미미는 방바닥을 더듬거리며 미미의 열쇠를 찾는다. 로돌포가 그 열쇠를 먼저 발견하고 숨겨버린다. 미미는 그것도 모르고 계속 찾는다. 로돌포도 마찬가지. 그런데 로돌포는 자기의 손이 미미의 손에 닿게 되자 놀라 말한다. "당신의 작은 손이 무척 차갑군요."(what a frozen little hand). 하지만 두 손이 마주칠 때 사랑은 이미 싹은 텄다. 그의 말로 시작되는 아리아가 바로 '그대의 찬 손'이다. 가사는 이렇다.

그대의 작은 손이 무척 차갑군요.
제가 따듯하게 녹여 주리다.
이 어둠 속에서 (열쇠를) 찾는 것이 무슨 소용이 있을까요?
하지만 운 좋게도 달이 떴네요.
저 달이 가까이에서 우릴 비추고 있어요.

잠시만요, 아가씨.
제가 짧게 말씀드리겠습니다.
내가 누구이고, 무엇을 하며, 어떻게 사는지.
제 이야기를 들어주시겠어요?
나는 누굴까요? 저는 시인이랍니다.
무엇을 하냐고요? 글을 씁니다.
어떻게 사느냐고요? 그냥 이렇게 살아갑니다.

가난하지만 귀족처럼 풍요롭게 삽니다.
시와 사랑의 노래를 쓰며
상상 속의 멋진 공중에 있는 성에서

마음껏 꿈과 환상을 그리는
내 영혼만은 이미 백만장자입니다.

내 마음의 보석상자는 아름다운 두 눈동자가
모두 훔쳐 가 버렸습니다.
내 마음속에 당신이 들어온 순간
내가 가지고 있던 꿈들
그 아름답던 나의 꿈들마저
모두 사라져 버리고 말았어요.

하지만 도둑맞아도 슬프지 않군요.
새로운 희망이 생겼거든요.

자! 이제 나에 대해 아셨으니,
이번에는 당신 차례입니다.
자, 당신이 누구인지 얘기해 주시겠어요?

로돌포는 미미를 사랑했다. 사랑은 찬 손을 녹인다.

오페라 '라보엠' 은 자코모 푸치니가 작곡한 오페라로, 19세기 파리의 젊은 예술가들의 사랑과 삶을 그린 작품이다. 작품 자체는 보헤미안의 자유로운 삶과 사랑의 현실적 고통을 중심으로 한 세속적 오페라로, 기독교 작품은 아니다. 하지만, 보헤미안 크리스천은 한때 박해를 받아 각지로 흩어져 살 수밖에 없었던 역사가 있다. 그들은 15세기 얀 후스 사상에 영향을 받아 로마 가톨릭에 맞선 기독교 개혁 운동을 전개했다. 보헤미아 종교개혁(후스파)과 그 후계인 보헤미아 형제단(Unitas Fratrum)이 그들이다. '라보엠' 에 관한 일부 해석에서 기독교적 주제를 발견할 수 있는 것도 그 때문이다.

뉴욕 리디머 장로교회에서는 '라보엠'을 탕자의 비유와 연결해 해석하며, 사랑의 위험성과 인간의 연약함을 성찰하는 기독교적 메시지로 접근한 사례가 있다. 미미의 병과 죽음, 로돌포의 사랑과 고통은 인간의 고난과 희생을 다루며, 이를 통해 기독교적 인간애나 구속의 상징성을 느끼는 관객도 있다. '라보엠'은 기독교 작품으로 분류되지는 않는다. 하지만, 기독교적 관점에서 의미를 부여하거나 해석하는 시도는 가능하다.

"사랑은 찬 손을 녹인다." 이를 기독교 관점에서 보면 어떨까? 이 표현은, 하나님의 사랑이 인간의 차가운 마음과 삶을 따뜻하게 변화시키는 은혜의 힘을 상징한다. 이 문장을 기독교적으로 해석하면 다음과 같은 의미들을 담고 있다.

첫째, 하나님의 사랑은 치유와 회복의 손길이다. 성경에서 손은 단순한 신체 부위가 아니라 하나님의 능력과 은혜를 전달하는 도구로 자주 등장한다. 예수님은 병든 자에게 손을 얹어 치유하셨고(마 8:3), 아이들을 안고 축복하셨으며(막 10:16), 제자들의 발을 씻기며 섬김의 본을 보이셨다(요 13:5). '찬 손'은 상처받고 외롭고 소외된 인간의 상태를 상징하며, 그 손을 따뜻하게 녹이는 사랑은 곧 하나님의 치유와 회복의 사랑이다.

둘째, 아가페 사랑, 곧 조건 없는 헌신이다. 기독교에서 말하는 사랑은 헬라어로 '아가페'(Agape), 즉 조건 없는, 희생적인 사랑이다. 이는 예수 그리스도께서 십자가에서 보여주신 사랑으로, "우리가 아직 죄인 되었을 때에 그리스도께서 우리를 위하여 죽으심으로 하나님께서 우리에 대한 자기의 사랑을 확증하셨느니라"(롬 5:8)라는 말씀에 잘 나타나 있다. 이 사랑은 차가운 마음, 냉소적인 세상, 상처 입은 인간관계를 녹이는 유일한 불꽃이다.

끝으로, 사랑의 실천, 곧 손을 내미는 행위이다. "사랑은 찬 손을 녹인다"는 말은 사랑이 단지 감정이 아니라 행동임을 강조한다. 기독교적 사랑은 말로만이 아니라, 손을 내밀어 돕고, 감싸고, 함께하는 실천적 사랑이다. 예수님은 "너희가 여기 내 형제 중에 지극히 작은 자 하나에게 한 것이 곧 내게 한 것이니라"(마 25:40)라고 하셨다. 즉, 사랑은 구체적인 손길로 드러나야 한다는 것이다.

결론적으로 말해 "사랑은 찬 손을 녹인다"는 말은 기독교 신앙의 핵심인 하나님의 사랑이 인간의 차가운 현실을 따뜻하게 변화시키는 능력을 시적으로 표현한 것이다. 이 사랑은 말이 아니라 손을 내미는 행동으로, 그리고 희생과 섬김으로 완성된다.

오페라 '라보엠'은 기독교 관점에서 볼 때, 인간의 고통 속에서도 피어나는 사랑과 희생, 그리고 죽음을 통한 구원의 가능성을 상징적으로 담고 있는 작품이다. 특히 주인공 미미의 죽음은 기독교적 관점에서 깊은 묵상을 도출한다. 다음은 그에 대한 주요 해석이다.

첫째, 사랑과 희생, 곧 그리스도의 사랑을 닮은 인간 사랑이다. 로돌포와 미미의 사랑은 조건 없는 헌신과 희생을 보여준다. 미미는 병들고 가난하지만, 사랑을 나누는 데 있어 자신의 고통을 감추려 한다. 이는 기독교에서 말하는 아가페적 사랑, 즉 자기희생적인 사랑과 닮아있다. 예수 그리스도께서 인간을 위해 자신의 생명을 내어주신 사랑처럼, 미미의 삶은 사랑을 위해 소진된다.

둘째, '그대의 찬 손'과 영적 따뜻함이다. 1막에서 로돌포가 부르는 아리아 '그대의 찬 손'은 미미의 차가운 손을 잡으며 사랑을 고백하는 장면이다. 이 장면은 기독교에서 말하는 '사랑은 찬 손을 녹인다'는 은유적 표현과 연결된다. 인간의 외로움과 고통을 사랑으로 감싸는 행위는 곧 하나님의 은혜의 손길이다.

셋째, 미미의 마지막 순간은 죽음과 구원의 의미를 담고 있다. 미미는 마지막에 친구들의 도움 속에서 조용히 생을 마감한다. 그녀의 죽음은 고통 속에서도 평화를 찾는 인간의 모습을 보여준다. 기독교에서는 죽음이 끝이 아니라 새로운 생명의 시작이며, 고통을 통한 정화와 구원의 길로 해석된다. 미미의 죽음은 세속적 삶의 끝이자 영적 회복의 상징으로 볼 수 있다.

끝으로, 보헤미안의 삶과 기독교적 공동체의 관계성이다. 라보엠의 배경은 가난하지만 자유로운 예술가들의 공동체이다. 그들은 서로를 돕고, 함께 웃고 울며 살아간다. 이는 초대 교회의 공동체적 삶과 유사하며, 기독교가 강조하는 '사랑의 공동체'를 연상시킨다. 물질은 부족하다. 하지만 영혼은 풍요로운 삶을 살아가는 모습이다.

결론적으로, 라보엠은 단순한 연애 오페라가 아니라, 사랑과 고통, 죽음과 희망이 교차하는 인간의 깊은 이야기이다. 기독교적 관점에서 보면, 사랑은 고통을 감싸고, 죽음은 구원의 문이 되며, 공동체는 하나님의 나라를 닮아간다. 이제 우리가 찬 손을 사랑으로 녹일 때다.

# 2. 자비량 선교사의 어느 겨울 이야기

사랑 얘기는 '라보엠'에만 있는 것이 아니다. 2021년 1월 18일, YUST OB 카톡방에 사모님 한 분의 글이 올랐다. 연변과기대 때 겪었던 일들을 일기식으로 적어놓은 글이 있는데, 그것을 몇 차례 올렸다. 반응이 꽤 좋았다.

그런데 이번 글은 성격이 매우 다르다. 몇 주 전 모 교수가 나에게 이런 말을 한 적이 있었다.

> "겨울 방학이 시작되면 많은 교수가 한국으로, 미국으로 가지만 우리는 추운 연길에 머물 수밖에 없었어요. 돈이 없기 때문이었지요. 일부 교수님이 단체로 중국 여행을 가곤 하지만 그것은 그림의 떡이었어요."

그 말을 들을 때 가슴이 아팠다. 연변과기대 교수라고 다 똑같은 형편이 아니다. 일부는 후원을 넉넉히 받아 풍족한 삶을 사는 분도 있고, 일부는 어린 자녀들 등록금을 마련하지 못해 교직원들이 십시일반 모아 도움을 주기도 했다. 선교사도 양극화가 심하다. 외방 교직원들은 월급을 받지 않는다. 자비량 선교사이기 때문이다. 형식적으로 월급이 지급된다. 하지만 각기 자기 후원 계좌에 입금하는 형식으로 되갚아야 한다.

남편 연변과기대 교수와 함께 초창기 어려웠던 시절을 지낸 한 사모의 글을 소개한다. 제목은 "그해 겨울"이다.

중국 연변과기대에서 사역할 때의 이야기입니다. 저희는 중국 연변과기대에서 교수로 있지만 자비량 선교사입니다. 개인 후원통장으로 후원금이 들어오면 그것을 월급 명목으로 받아 사역과 생활을 합니다. 그해에는 후원금이 안 들어와서 후원 구좌는 마이너스가 된 지 오래되었습니다.

중국은 겨울이 춥다 보니 긴 겨울 방학을 보냅니다. 12월 크리스마스가 다가오니 대부분 한국이나 미국으로 나가십니다. 우리 가족은 한국에 나갈 경비도 없어 길고 추운 겨울을 연길에서 보냅니다. 그해 겨울은 학교 측에서 경비를 줄이기 위해 학생들을 기숙사에서 내보내고 학교 식당도 문을 닫고 행정직원들까지도 출근하지 않았습니다. 이런 상황이다 보니 대부분의 외방 교직원은 한국으로 미국으로 긴 방학을 보내기 위해 떠났습니다.

학교 가족기숙사에 남아 있는 교직원은 10명도 채 되지 않았습니다. 가정은 5가정. 저는 남편에게 옆집 김 교수님 가정도 없어 돈을 빌려 쓸 수도 없으니 3개월 동안 지낼 생활비를 선지급(가불)해 달라고 했습니다. 남편은 "통장이 마이너스인데 어떻게 선지급하느냐?"며 믿음으로 살자고 했습니다. 어처구니가 없고 황당했지만 믿음으로 살자는 말에 아무 말도 할 수 없었습니다.

믿음으로 사는 것이 무엇인가? 지금까지 살아온 긴 믿음으로 산 것이 아닌가? 학교 재정부에서는 행정처 문을 닫으니 3개월 동안 재정이 필요한 사람은 선지급 신청하라는 통지를 했다. 하지만 저희는 그 기간을 넘기고 말았습니다. 그리고 긴 겨울 방학이 시작되었습니다.

과일을 먹고 싶었습니다. "하나님, 과일을 먹고 싶습니다." 그러면 우리 집을 방문한 사람이 과일을 사 들고 옵니다. "생선도 좀 먹고 싶은데요." 하니까 한 교수님 댁에서 누가 북조선 생선을 한 상자 가져왔다며 생선을 나눠 먹자고 합니다.

설날이 가까이 오고 있습니다. 설 이틀 앞두고 우리 교직원도 아니고 한국 사람도 아닌 알고 지내던 조선족 한 분이 설 인사 왔다며 소고기 10근을 사 가지고 왔습니다. 중국에서 10여 년을 살며 처음 있는 일입니다. 그날 오후에 또 다른 조선족 친구가 과일을 종류별로 박스로 사 가지고 와서는 들어오지도 않고 주고 갑니다. 참 이상한 일입니다. 저는 이 소고기로 떡국 끓일 육수를 내고 남은 고기로 불고기 양념을 해서 재워놓으니 다른 가정에서 떡국 끓일 떡을 사 오겠다 하고 다른 가정에서는 "잡채를 해 오겠다", "전을 부치겠다." 합니다. 과일도 풍성하니 이렇게 해서 푸짐한 설을 보냈습니다.

3월이 시작되자 학교 직원들이 출근하고 학생들이 돌아오고 있었습니다. 남편과 저는 공적인 일로 은행에 갔습니다. 일을 마치고 돌아서려 하는데 은행직원이 왜 입금된 돈을 찾지 않느냐고 했습니다. 영문을 몰라 물어보니 지난 12월 말쯤 미화 600불이 입금되어 있었습니다. 정확하게 3개월 생활비. 그것도 우리가 선지급 요청 없이 3개월을 살아야 한다는 것을 알고 기도를 시작한 그 시점에 그 돈이 통장에 들어와 있는 것이었습니다.

아, 저는 부끄러웠습니다. 하나님께 삐져 있던 제 믿음 없음이. 저는 이제 알았습니다. 하나님이 얼마나 선한 분이신지, 얼마나 완전하신 분이신지, 얼마나 사랑이 많으신 분인지. 저는 이제야 배웠습니다. 돈이 없어도 살 수 있다는 것을, 보장된 게 없어도 두려워하지 않는 것을, 믿음으로 사는 것이 무엇인지를.

연변과기대 식구들은 이 글을 읽고 하나님의 선하심과 인도하심에 감격하며 아낌없이 댓글을 달았다. 학교는 이런 교직원들의 헌신을 바탕으로 이루어져 왔다. 참으로 고마운 일이다. 어디서나 사랑은 찬 손을 녹인다.

이 글을 읽으면서 연변과기대 김진경 총장과 연변과기대 교직원들이 떠오른다. 김 총장은 남을 불쌍히 여기는 마음이 많다. 길을 가다가도 불쌍한 사람을 보면 기꺼이 옷을 벗어준다. 힘든 교직원들에게도 아낌없이 내어준다. 고난받는 이웃을 위한 사역을 할 때도 예수님처럼 강도 만난 자를 도와야 한다고 말한다. 연변과기대 교직원도 마찬가지였다. 그들은 아픈 학생들을 자식처럼 돌봤고, 힘든 제자나 다른 교직원 자녀들, 심지어 학교가 어려울 때 자기 것을 아낌없이 내놓았다. 그들은 예수님의 마음을 품은 사람들이었다.

# 3. 스펄전의 회심, "예수 그리스도를 바라보라"

　스펄전(Charles H. Spurgeon)은 19세기 영국의 침례교 목사로, '설교의 황태자'"(Prince of Preachers)로 불릴 만큼 기독교 역사상 가장 영향력 있는 설교자 중 한 사람이다. 그의 삶과 사역은 복음 중심의 설교, 철저한 성경 해석, 그리고 뜨거운 영혼 사랑으로 가득 차 있다.

　그는 1834년 6월 19일, 영국 남부의 에섹스주 켈비던(Kelvedon)에서 태어났고, 1892년 1월 31일, 프랑스 칸(Cannes)에서 사망했다. 스펄전의 아버지와 할아버지는 목사였다. 그의 집안은 1568년부터 찰스 스펄전이 태어나던 때까지 12대를 걸쳐 전통적인 청교도 신앙을 지켜왔다. 이 때문인지 그의 부모는 어릴 적부터 예수 그리스도 안에 있는 믿음으로 말미암아 구원에 이르는 지혜를 자녀들에게 심어 주기 위해 노력했다.

　스펄전은 위그노(Huguenots)의 후예이다. 이 사실은 그의 신앙적 뿌리와 역사적 배경을 이해하는 데 중요한 단서가 된다. 위그노는 16세기 프랑스에서 종교개혁의 영향을 받아 개신교, 특히 칼뱅주의를 따르던 신자들을 일컫는 말이다. 그들은 프랑스의 가톨릭 중심 사회에서 박해받았고, 성 바르톨로메오의 날 대학살(1572) 같은 참혹한 사건을 겪었다. 많은 위그노가 영국, 네덜란드, 독일 등지로 피신했고, 그 후손들이 각국에서 신앙을 이어갔다.

　스펄전의 조상은 프랑스에서 박해를 피해 영국으로 이주한 위그노 난민이었다. 그는 자신의 설교나 글에서 위그노 후예라는 사실을 언급하며, 신앙의 자유와 진리를 위한 고난을 자랑스럽게 여겼다. 이러한 배경은 스펄전의 복음에 대한 열정, 진리에 대한 확신, 그리고 박해 속에서도 흔들리지 않는 믿음에 영향을 준 것으로 평가되고 있다. 스펄전의 위그노 혈통은 단순한 역사적 사실을 넘어서, 그의 신앙적 정체성과 설교의 깊이를 이해하는 데 중요한 열쇠가 된다.

스펄전의 위대함은 단순히 설교를 잘했던 데서 비롯된 것이 아니다. 그는 복음의 본질을 삶으로 살아낸 사람이며, 그 영향력은 시대를 초월해 오늘날까지 이어지고 있다. 그의 위대함은 다음과 같은 측면에서 두드러진다.

첫째, 설교의 깊이와 능력이다. '설교의 황태자'라는 별명처럼, 그는 강력하고 성령 충만한 설교로 수많은 영혼을 변화시켰다. 하루에 수천 명이 그의 설교를 듣기 위해 몰려들었고, 그의 설교는 인쇄되어 전 세계로 퍼졌다. 그는 단순한 언어로 깊은 진리를 전했으며, 복음 중심의 메시지를 흔들림 없이 선포했다.

둘째, 그의 방대한 저술과 문헌이다. 그는 3,600편 이상의 설교, 수십 권의 책, 묵상집, 주석서 등을 남겼다. 그의 저작은 오늘날에도 목회자와 신자들에게 신학적 통찰과 영적 도전을 주고 있다. 「은혜의 보화」(Morning and Evening)는 대표적인 묵상집으로, 하루 두 번 말씀과 기도로 삶을 이끄는 데 도움을 주고 있다.

셋째, 교회와 사회를 향한 헌신이다. 그는 런던의 메트로폴리탄 태버내클(Metropolitan Tabernacle)을 중심으로 수천 명의 성도들을 목양했다. 고아원, 학교, 빈민 구제 등 사회적 사역에도 적극적으로 참여하며 복음을 삶으로 실천했다.

넷째, 진리를 위한 싸움이다. 그는 당시 자유주의 신학과 성경의 권위를 부정하는 흐름에 맞서 '하강 논쟁'(Downgrade Controversy)을 주도하며 진리를 수호했다. 그는 고독한 싸움을 감수하면서도 성경의 무오성과 복음의 순수성을 지키는 데 목숨을 걸었다.

다섯째, 영적 깊이와 겸손이다. 스펄전은 자신의 연약함과 고통, 곧 우울증, 류마티스 등을 숨기지 않았고, 고난 속에서도 하나님을 신뢰하는 믿음을 보여주었다. 그는 자신을 높이지 않고, 오직 예수 그리스도만을 높이는 삶을 살았다.

스펄전의 위대함은 그가 남긴 유산보다, 그가 어떻게 살았는지에 있다. 진리를 사랑하고, 영혼을 아끼며, 고난 속에서도 복음을 붙든 그의 삶은 오늘날 우리에게도 깊은 울림을 주고 있다.

스펄전의 설교 중에서 은혜, 고난, 기도, 회심 등은 중요한 키워드이다. 특히 회심(conversion)과 은혜(grace)는 기독교 신앙의 가장 깊고 아름다운 주제이자 그의 삶을 관통하는 단어이다. 이 두 가지를 묵상하면, 복음의 본질뿐 아니라 그의 삶이 선명하게 드러난다.

회심은 단순한 종교적 변화가 아니라, 영혼의 방향이 완전히 바뀌는 사건이자 어둠에서 빛으로의 전환이다. 스펄전은 죄의식과 절망 속에서 방황하다가, 눈보라치던 날 작은 예배당에서 "예수를 바라보라"는 말씀을 듣고 회심했다. 그 순간은 마치 어둠 속에서 빛을 본 것 같았다고 고백했다.

스펄전의 회심은 기독교 역사에서 매우 감동적인 간증으로 널리 알려져 있다. 그의 회심은 단순한 지적 동의가 아니라, 깊은 영적 고뇌와 하나님의 은혜 속에서 이루어진 사건이었다.

회심 이전 그는 영적으로 매우 곤한 상태에 있었다. 그는 경건한 목사의 집안에서 자랐지만, 청소년 시절부터 죄의식과 구원의 문제로 깊은 고뇌에 빠졌다. 그는 '태양 없는 하늘' 같은 절망 속에서 성경을 읽고 기도했다. 하지만, 구원의 확신을 얻지 못했다. 여러 교회를 찾아다녔지만, 복음의 단순한 진리를 전해주는 설교를 듣지 못했다.

다음은 회심 이전, 그가 얼마나 말씀을 갈급했는지를 보여주는 대목이다.

내 나이 비록 어렸지만 내가 겪었던 심적 고민과 고통은 말할 수 없을 정도이다. 나는 고민으로 5년을 보냈다. 나는 인간적으로나 도덕적으로, 어떤 죄를 짓지는 않았다. 불성실하고 부정직한 말도 하지 않았다. 그러나 하나님 앞에서 나는 무도한 죄인이었다. 하나님 앞에 내 죄가 너무 중하여 아무런 소망이 없어 보였다. 그때 나의 마음은 빛을 잃은 태양과 같았고, 나의 죄는 나를 절망의 구렁텅이로 빠뜨렸다. 나는 간절한 마음으로 기도하고, 성경 말씀을 찾아보았다. 하지만 이렇다 할 만한 답을 얻지 못했고, 시간이 흐를수록 더욱 답답하고 고통스러웠다.

내가 느끼는 고통은 다른 이유 때문이 아니다. 아무도 나에게 복음을 바로 전해주는 사람이 없었기 때문이다. 사람들은 내게 하나님을 가르쳐 주었고, 예수 그리스도의 이름을 들려주었고, 영생과 영벌을 깨닫게 했고, 내가 죄인인 것을 가르쳐 주었다 하지만 내게 복음을 말해주는 이는 아무도 없었다. 나는 기독교 가정에서 태어나서 기독교 국가에서 살았다. 하지만 비록 어린아이라도 깨달을 수 있고, 누구든 값없이 받을 수 있는 복음의 단순성을 충분히 깨닫지 못했다.

나는 내가 살던 도시의 곳곳에 있는 교회를 다 찾아가 보았다. 어떤 목사는 하나님의 절대 주권을 설파했다. 그러나 지금 당장 구원을 받아야 할 처지에 있는 죄인에게 그것이 무슨 도움이 된단 말인가? 또 다른 분은 늘 율법에 대해서만 설교했다. 그러나 이미 마음 밭을 갈아놓고 씨뿌리기만 기다리고 있는 내 심령에 그것이 무슨 도움이 되겠는가? 또 어떤 분은 아주 실제적인 내용의 설교가였다. 마치 임전 태세인 군인들 앞에서 마지막으로 명령하는 사령관 같았다. 그러나 그런 것은 절름발이를 모아놓고 작전 명령을 하달하는 것으로밖엔 들리지 않았다.

진정으로 복음 그대로를 전하는 설교를 들어보지 못했다. "주 예수를 믿으라 그리하면 너와 네 집이 구원을 얻으리라"(행 16:31)는 말씀이 있다는 것은 나도 잘 알고 있었다. 그러나 대관절 어떻게 하는 것이 그리스도를 믿는 것인지 알 도리가 없었다. 이제부터 이야기할 바로 그 회심 사건만 없었더라면 나는 아직도 여전히 그와 같은 미궁을 헤매고 있을 것이다.

마침내 그가 바라던 기회가 찾아왔다. 1850년 1월 6일 일요일, 영국의 콜체스터시는 심한 눈보라로 도시 전체가 마비되었다. 스펄전은 늘 다니던 교회에 갈 수가 없었다. 그는 가까운 교회에 들어가 예배를 드렸다. 그곳은 작은 감리교 예배당이었다. 예정된 시간에 목사가 오지 못하자 대신 평신도가 설교했다. 예배에 참여한 교인 수도 아주 작았다.

설교자가 전한 말씀은 이사야 45장 22절이었다. "땅끝의 모든 백성아 나를 앙망하라 그리하면 구원을 얻으리라 나는 하나님이라 다른 이가 없음이니라."(개역한글)

설교자는 본문을 반복해 외쳤다. 그는 "나를 앙망하라"(Look unto me), "오직 주님을 바라보라, 그러면 구원을 얻는다"는 단순한 복음의 메시지였다. 구원은 복잡한 행위나 지식이 아니라 단순히 예수 그리스도를 바라보는 데서 시작된다고 했다. 오직 예수 그리스도를 바라보는 것이 구원의 길임을 강조한 것이다. 설교는 매우 단순했지만 강력한 메시지를 담고 있었다.

그런데 설교자는 갑자기 스펄전을 가리키며 "젊은이여, 당신은 매우 우울해 보이는군요. 당신은 지금, 이 말씀을 들어야 합니다!"라고 말했다. 그 순간, 이 단순한 복음의 외침이 스펄전의 마음을 뚫고 지나갔다. 스펄전은 마치 어둠 속에서 빛을 본 듯한 감격을 느끼며, 자신의 죄와 절망을 넘어서 예수 그리스도의 십자가를 바라보게 되었고, 구원의 확신을 얻었다. 회심한 것이다.

다음은 회심에 관한 스펄전 자신의 고백이다. 아주 구체적이고 자세하다.

그날, 일요일 아침. 나는 또다시 나의 영적 문제를 해결하기 위하여 어떤 교회로 가려던 참이었다. 그러나 날씨가 너무 나빠 계획을 변경하지 않을 수 없었다. 하나님께서 나를 긍휼히 여기셔서 큰 눈보라를 보내주셨기에 망정이지 그렇지 않았다면 지금도 어둠과 실망 속에서 벗어나지 못했을 것이다.

나는 골목길을 지나 한 작은 감리교회의 예배당으로 들어갔다. 그곳에는 열네다섯 명의 사람이 있었다. 성도들의 찬송 소리가 어찌 큰지 듣는 사람의 머리가 아플 정도였다. 목사님은 그날 아침에 오지 못하셨다. 아마도 눈 때문에 길이 막혔던 것 같다. 결국 매우 말라 보이는 한 남자분이 설교하러 단 위로 올라갔는데, 구두나 양복을 만드는 사람 같았다. 설교자들은 보통 교육을 잘 받은 사람이지만 이 사람은 교육과는 거리가 먼 사람 같았다. 그는 설교 본문에만 계속 매달렸는데, 본문 외에 다른 말을 할 수 없었기 때문일 것이다.

그의 설교 주제는 "나를 바라보라(앙망하라) 그리하면 모든 땅끝에서 구원을 얻으리라."였고, 본문 말씀은 이사야 45:22, "땅끝의 모든 백성아 나를 앙망하라 그리하면 구원을 얻으리라."였다.

그는 단어의 발음조차 정확하지 못했다. 하지만 그것은 문제가 되지 않았다. 본문 말씀을 듣고 나를 위한 한 줄기 희망이 있다고 생각했다. 설교자는 이렇게 시작했다.

"이 본문은 사실 매우 간단한 구절입니다. 성경은 '바라보라' 말씀하십니다. 보는 것은 많은 고통이 따르지 않습니다. 그것은 여러분의 발이나 손을 움직이게 하지 않습니다. 단지 '바라보는 것'뿐입니다. 바라보기 위해 대학에 다녀야 하는 것도 아닙니다. 1년에 10억을 버는 사람들만 앙망할 수 있는 것도 아닙니다. 누구나 앙망할 수 있습니다. 어린애도 할 수 있습니다. 성경은 이렇게 쉬운 것을 하라고 가르칩니다. 그저 '나를 바라보라'라고 가르칩니다. 그런데 여러분 가운데 많은 사람은 자기 자신을 앙망합니다. 하지만 자기를 앙망하는 것은 아무 소용이 없습니다. 자기 자신에게서는 위로를 얻을 수 없습니다. 주님은 '나를 바라보라' 말씀합니다. 지금 예수님을 앙망하십시오."

설교자는 계속 말했다. "예수님은 말씀하십니다. 나를 바라보라. 내가 많은 피를 흘리고 있노라. 나를 바라보라. 나는 십자가에 달려 있노라. 나를 바라보

라. 나는 죽었고 묻혔노라. 나를 바라보라 나는 부활했노라. 나를 바라보라 나는 하늘로 들림을 받았노라. 나를 바라보라. 나는 아버지의 우편에 앉아 있노라. 불쌍한 죄인들이여, 나를 바라보라. 나를 바라보라!"

그가 여기까지 설교하는 데 약 10분 정도 흘렀다. 그는 이제 더 이상 할 말이 없는 듯했다. 그러자 그는 앉아 있던 나를 쳐다보았다. 아마 참석자가 워낙 적었기 때문에, 그는 내가 그 교회 교인이 아니라는 것을 알았을 것이다. 그는 마치 나의 모든 것을 알고 있다는 듯 나의 눈을 뚫어지게 바라보며 말했다.

"젊은이, 매우 큰 고민에 빠진 것처럼 보입니다."

그렇다. 그의 말대로 내 얼굴에는 수심이 가득했다. 하지만 설교단에 선 사람이 내 개인적 표정에 대해 언급한 적이 전에 없었기 때문에 나는 한 방 얻어맞은 기분이었다. 하지만 그것은 유익한 한 방이었다. 그는 계속 말을 이었다.

"젊은이, 오늘 설교 본문 말씀에 순종하지 않으면 그대는 언제나 비참할 것이오. 비참하게 살다가 비참하게 죽을 것이오. 그러나 지금 순종하면, 이 순간 그대는 구원을 얻을 것이오."

그리고 그는 손을 위로 올리고는 정통 감리교회 교인들만이 할 수 있는 방식으로 외쳤다. "젊은이여, 예수 그리스도를 바라보시오! 지금 바라보십시오! 당신이 할 일은 주님을 바라보며 사는 것뿐입니다."

나는 깜짝 놀라 자리에서 반쯤 일어났다. 하지만 "지금 주님을 바라보라!"는 말씀을 들었을 때 얼마나 감미로웠는지, 나는 눈이 빠져나갈 정도로 주님을 바라보았다. 그 순간 나를 가린 구름이 걷혔다. 어둠이 물러가고 태양이 비추는 것 같았다. 순간 거기에 모인 교인들과 함께 자리에서 일어나 그리스도의 보혈을 찬송하고 오직 그리스도만을 앙망하는 단순한 믿음의 소중함을 간증하고 싶었다.

그토록 오랫동안 지닌 죄의 무거운 짐이 내 어깨 위에서 영원히 굴러져 나
갔을 때, 나는 존 번역의 「천로역정」에 나오는 순례자처럼 환희에 차 있었다.
"이제야 나는 하나님의 자녀가 되었다." 너른 대지 위에서 어린아이처럼 마음
껏 환호성을 지르고 싶었다. "주님! 십자가에서 그 모든 것이 해결됐었군요.
나의 그 무거웠던 죄가 모두 다."

그 교회에 들어갔던 10시 30분과 12시 30분 사이에는 나에게 분명히 커다
란 변화가 있었다. 단지 예수님을 바라보는 것만으로 나는 절망에서 일어났다.
너무도 마음이 기쁜 나머지 가족들을 만났을 때 이렇게 말했다. "무언가 위대
한 일이 내게 일어났어요." 이 집안의 장자인 내가 구세주를 발견하고 구원받
게 되었다는 말을 들었을 때 우리 가정은 온통 기쁨으로 충만했다.

나는 하나님께서 자신의 지혜 가운데 정하신 대로 회심했다. 그러므로 나
는 노래하지 않을 수 없었다. "저를 위해 주님의 상처에서 흘러내린 그 보혈
을 믿음으로 본 이후 우리를 구속하신 주님의 사랑은 내 노래가 되었고 내가
죽는 날까지 그것을 찬송하리라." 나는 그 행복한 날을 나는 결코 잊을 수 없
다. 나는 하나님의 말씀에 귀 기울였고 그 말씀은 나를 그리스도의 십자가로
인도했다. 그날의 기쁨은 이루 형언할 수 없었음을 나는 증언한다. 그 후 시간
이 지나갔다. 하지만 그날에 느꼈던 환희를 잊을 수 없다.

다시 읽어도 감동을 주는 그의 간증은 이 시대를 사는 우리에게도 주님을
바라보게 한다.

이사야 45:22은 복음의 핵심을 담고 있다. "바라보라", 이것은 행위가 아니
라 주님을 향한 믿음의 눈길이다. "주님을 바라보라. 그리하면 구원을 얻으리
라. 네 영혼이 살리라." 평신도 설교자의 설교는 매우 간단했다. 하지만 복음
의 본질을 관통하는 힘이 있었다. 스펄전은 그날 이후 이 순간을 평생 간증하
며 많은 사람에게 이 복음을 전했다. 그도 수많은 설교에서 이 말씀을 반복해

전했다. 그리고 많은 사람을 주님께 돌아오게 했다.

나아가 스펄전은, 회심은 인간의 노력이나 지식으로 이루어지는 것이 아니라, 하나님의 은혜로만 가능하다는 것을 강조했다. 회심은 은혜의 선물이다. 회심은 인간의 결단이 아니라, 하나님께서 먼저 다가오신 은혜의 역사이다. 은혜는 자격 없는 자에게 임한다. 스펄전은 말했다. "우리는 죄로 인해 하나님과 멀어졌지만, 하나님은 그 거리를 은혜로 채우셨습니다. 회심은 그 은혜를 받아들이는 순간이며, 그 은혜는 모든 죄인을 향해 열려 있습니다."

은혜는 받을 자격 없는 자에게 주어진 선물이다. 은혜는 받을 자격이 없는 자에게 하나님이 주시는 무조건적인 사랑과 구원이다. 스펄전은 자신의 회심을 '은혜의 폭발'이라 했다. 하나님께서 영적으로 곤한 그를 찾아오셨고, 그 자신은 단지 그 은혜를 받아들였을 뿐이라고 했다. 회심은 은혜의 결과다. 하나님이 먼저 사랑하시고, 먼저 부르셨기에 우리가 돌이킬 수 있다. 은혜는 회심을 통해 드러난다. 죄인이 하나님께 돌아올 때, 그 은혜의 깊이와 넓이를 체험하게 된다. 회심 이후 스펄전은 이 진리를 설교와 저술을 통해 수천 번 반복하며, 모든 인간은 은혜 없이는 구원받을 수 없고, 은혜 안에서는 누구든지 구원받을 수 있다고 선포했다. 스펄전의 회심은 단지 한 사람의 변화가 아니라, 복음의 능력과 하나님의 은혜가 어떻게 역사하는지를 보여주는 산 증인이 되었다.

이 회심 사건은 스펄전을 위대한 설교가로 만들었다. 회심한 그날부터 그는 믿음으로 그리스도를 바라보게 되었고, 온종일 성경을 읽었다. 성경을 읽을수록 자신의 거듭남이 확실하다는 것을 느꼈다. 부모님들의 반대에도 불구하고 그는 1850년 어머니 생일에 침례를 받았다. 물에서 나올 때 그의 마음에 가득했던 여러 공포가 그 물에 씻겨 없어졌다.

16세가 되던 그 이듬해 그는 케임브리지학교에 입학했다. 그 후 그 도시 근처 테버샴(Teversham)의 한 작은 집회에서 첫 설교를 했다. 청중의 감화

력은 매우 커서 그의 명성은 곧 알려졌다. 1852년에는 18세의 나이로 워터비치의 작은 침례교회 목사가 되었다. 이 젊은 목사의 설교는 전국적으로 화제가 되었다. 마침내 19세 나이에 런던 뉴파크 스트리트 교회의 담임목사가 되었다. 교회가 급속히 성장하자 1861년에는 5천 명 이상을 수용할 수 있는 메트로폴리탄 태버내클을 건축해야 했다. 그는 평생 약 3,600편 이상의 설교를 남겼으며, 「스펄전의 묵상집」, 「강해 설교집」, 「목회자의 서재」 등 많은 저서를 남겼다. 특히 그의 묵상집 「은혜의 보화」는 많은 사랑을 받고 있다.

스펄전은 복음 중심의 설교자였다. 항상 예수 그리스도의 십자가와 은혜를 중심으로 설교했다. 성경을 철저히 해석하고, 진리를 왜곡하지 않았다. 성경 말씀에 충실한 것이다. 고아원을 세우고, 빈민을 구제하는 등 사회 사역에도 적극적이었다. 그런 가운데서도 그는 기도와 경건 생활을 강조하며, 성령의 역사에 민감했다. 영적 깊이도 있었다.

스펄전의 회심은, 회개의 광산에서 채굴한 정금과 같고, 깊은 고통의 동굴에서 발견된 진주와 같다. 하나님 앞에서 죄 사함을 받고 구세주의 보혈로 깨끗이 씻겨져 그분의 영광을 위해 살게 될 때 우리는 기쁨의 눈물을 흘릴 것이다.

스펄전은 단순히 설교를 잘했던 사람이 아니다. 복음의 본질을 삶으로 살아낸 사람이었다. 그의 삶은 오늘날 목회자뿐 아니라 모든 신자에게 깊은 영적 도전을 주고 있다.

우리는 스스로 물어야 한다. 지금 우리는 어디를 바라보고 있는가? 우리의 회심은 은혜 위에 세워져 있는가, 아니면 행위에 기대고 있는가? 오늘도 우리는 과연 예수 그리스도를 바라보며 살아가고 있는가? 그렇지 않다면 우리는 스펄전이 바라본 주님을 만나야 한다.

# 4. 그리스도인이 추구해야 할 핵심 자본

사람들에게는 각자 나름대로 중히 여기는 것이 있다. 그것을 성향, 덕, 습관 등으로 다양하게 표현한다. 학문적으로는 헥시스, 아비투스라는 단어를 주로 사용한다. 나아가 아비투스에서는 자본이라는 개념을 활용해 여러 형태의 자본으로 나누고 있다. 우리가 중히 여기는 것들이 각종 자본의 형태로 표현되고 있다. 그렇다면 우리는 어떤 자본을 추구해야 할까? 한 사회의 일원으로서, 그리스도인으로서 추구해야 할 것은 무엇일까?

아리스토텔레스 철학에서 '헥시스'(*hexis*)는 중요한 의미를 지닌다. 헥시스는 비교적 안정적인 배열이나 성향, 예를 들어 사람의 건강, 지식, 성격을 의미한다. 헥시스는 누군가가 소유한 성격, 능력, 기질을 의미하며, 그 어원은 그리스어로 소유권을 의미하는 '에카인'(*ekhein*)이다. 아리스토텔레스 철학에서 에토스가 도덕적 덕을 형성하기 위해 행위의 본성을 강조한다면, 헥시스는 습관의 익숙함이 지속된 상태로 유지되도록 역할하고, 덕을 형성하도록 돕는다. 헥시스는 도덕적 성향, 특히 덕과 깊게 연관되어 있다. 덕은 인간이 이성적으로 삶을 살아가도록 만든다.

헥시스는 종종 '습관'으로 번역된다. 이는 그리스어에서 라틴어로 번역된 고전적 번역인 '하비투스'(*habitus*)에 근거한다. 이 역시 소유를 나타내는 동사에서 유래했다. 라틴어 '하비투스'는 영어에서도 그대로 사용된다.

그러나 프랑스 사회학자 부르디외(P. Bourdieu)가 이 단어를 학문적 개념으로 사용하면서 '아비투스'로 발음이 달라졌다. 프랑스어로는 '아비튀스'이다. 그러나 한국에서는 쉽게 '아비투스'라 한다. 그에게 있어서 아비투스는 사회화 과정을 통해 개인 내면에 축적된 성향, 습관, 태도, 가치관 등을 포괄하는 개념이다. 개인이 속한 사회적 환경, 곧 가정, 학교, 지역사회 등에서 경험과 학습을 통해 형성된다. 개인의 행동, 사고방식, 취향 등을 결정하는 무의식적인 틀 역할을 한다. 아비투스는 개인의 행동을 일관성 있게 만들어주지만, 동시에 변화 가능성을 내포하고 있다.

아비투스는 아리스토텔레스의 헥시스에서 유래된 개념으로, 비교적 안정적인 배열이나 성향을 나타내는 말이다. 건강, 지식, 성격, 도덕적 성향, 덕을 예로 들 수 있다. 두 사람 모두 '덕'을 이성적으로 삶을 살아가는 능력으로 보았다. 아비투스는 쉽게 '습관'으로 표현된다. 개인의 사회적 배경, 교육, 경험 등에 의해 형성된 행동 양식, 사고방식, 취향 등을 포괄한다. 아비투스는 일종의 구조화된 성형 체계로, 사회문화적 환경에 의해 결정되는 제2의 본성, 곧 타인과 나를 구분 짓는 취향, 습관, 아우라다. 습관이 제2의 천성이라 할 만큼 우리가 어떤 습관을 갖는가가 매우 중요하다.

부르드외는 아비투스 외에도 장(Champ, Field)과 자본(Capital)이라는 개념을 관련해 사용했다. 그에게 있어서 아비투스, 장, 자본은 상호 연관된 주요 개념이다. 아비투스는 사회화 과정을 통해 형성되는 개인의 성향이나 행동 양식을 의미하며, 장은 특정 규칙과 가치 체계를 가진 사회적 영역을 나타낸다. 자본은 경제적 자본, 문화적 자본, 사회적 자본 등 다양한 형태로 존재하며, 개인의 사회적 권력과 지위를 얻는 데 영향을 미친다. 이 세 가지 개념은 서로 영향을 주고받으며 개인의 사회적 위치와 행위를 결정한다.

장은 특정 규칙과 가치 체계를 공유하는 사회적 영역 또는 공간을 의미한다. 예술계, 교육계, 정치계 등 다양한 분야의 장이 존재하며, 각 장은 고유한 위계와 경쟁 관계를 갖는다. 장 안에서는 개인의 아비투스와 자본이 상호작용하며 사회적 지위와 권력을 결정하는 경쟁이 이루어진다. 장은 고정된 것이 아니라 끊임없이 변화하고 재구성될 수 있다.

자본은 개인의 사회적 지위와 권력에 영향을 미치는 자원을 의미한다. 부르디외는 주로 경제 자본, 문화자본, 사회자본으로 구분했다. '자본' 하면 으레 경제적 자본만 생각하게 되는데, 이 개념을 뛰어넘은 것이다.

경제 자본은 돈, 재산 등 경제적 자원을 의미한다. 문화자본은 지식, 기술, 교육, 예술적 취향 등 문화적 자원을 의미한다. 그리고 사회자본은 사회적 관계망, 인맥, 지위 등 사회적 자원을 의미한다. 자본은 서로 전환이 가능하며, 한 종류의 자본을 다른 종류의 자본으로 변환하여 사용할 수 있다.

부르디외는 아비투스, 장, 자본이 서로 영향을 주고받으며 사회적 불평등을 재생산하는 과정을 분석했다. 개인의 아비투스는 특정 장에서 유리한 위치를 점하거나 자본을 축적하는 데 영향을 미친다. 반대로, 장의 규칙과 가치 체계는 개인의 아비투스 형성에 영향을 미치고 자본 축적에 영향을 줄 수 있다. 예를 들어, 특정 문화자본, 곧 예술적 취향, 지식 등을 가진 사람은 해당 분야의 장에서 유리한 위치를 차지하고, 더 많은 문화자본을 축적할 수 있다. 이러한 상호작용은 사회적 불평등을 지속시키고 재생산하는 역할을 한다.

노리스 메르딘(D. Martin)은 그의 저서 「아비투스의 힘」에서 "아비투스는 성공과 사회적 지위를 결정짓는 중요한 요소"라 했다. 아비투스가 우리 삶에 중요한 것은 그것이 삶의 방식을 바꾸기 때문이다. 인간이 이성적으로 살아가기 위해 헥시스가 필요하듯 우리의 도덕적 품성을 품격있게 만드는 것이 바로 아비투스이다. 그래서 우리 각자가 어떤 아비투스를 가지고 있느냐 하는 것이 중요하다. 그런 아비투스를 많이 가진 사회일수록 격조 높은 사회가 될 것이다.

메르틴은 자본을 경제 자본, 지식 자본, 문화자본, 사회자본, 신체 자본, 언어 자본, 심리자본 등으로 나누었다. 경제 자본은 얼마나 가졌는가에 관련된 자본이다. 금전적 자산, 소득, 재산 등 경제적 능력을 의미한다. 지식 자본은 우리가 무엇을 할 수 있는가에 관련된 자본이다. 학교 교육, 전문 지식, 기술 등을 포함하는 지적 자산을 의미한다. 문화자본은 인생에서 무엇을 즐기는가에 관계되는 자본이다. 교양, 예술적 감수성, 취향, 지식 등 문화적 배경에서 비롯되는 자본을 의미한다. 사회자본은 우리가 누구와 어울리는가에 관련된 자본이다. 인맥, 관계망, 사회적 네트워크 등 사회적 자원을 의미한다. 신체 자본은 우리가 어떻게 입고, 걷고, 관리하는가에 관한 자본이다. 건강, 외모, 체력, 매력 등 신체적 자산을 의미한다. 언어 자본은 우리가 어떻게 말하는가에 관련된 자본이다. 언어 구사 능력, 표현력, 의사소통 능력 등을 의미한다. 그리고 심리자본은 우리가 어떻게 생각하고, 어디까지 상상하는가에 관계되는 자본이다. 자신감, 낙관주의, 회복력 등 심리적 자원을 의미한다.

이 7가지 자본은 서로 연관되어 작용하며, 개인의 아비투스를 형성하고 사회적 지위와 품격에 영향을 미친다. 메르틴은 이 7가지 자본을 균형 있게 개발하고 활용하여 개인의 잠재력을 최대한 발휘하고 성공적인 삶을 살아가도록 했다. 다양한 계층의 수많은 사람을 만나온 그는 성공한 삶과 개인의 품격이 돈으로 결정되지 않는다는 것을 깨닫고, 말했다. "당신에게 필요한 것은 비밀스러운 지식이 아니다. 아비투스를 풍성하게 하는 자본 유형은 명확하다. 상류층으로 태어나지 않아도 고급 아비투스를 성취할 수 있다."

도산 안창호는 "힘의 원천은 무엇인가?"를 놓고 3대 자본을 제시했다. 경제적 자본, 정신적 자본, 도덕적 자본이다. 그 가운데 도덕적 자본을 가장 강조하며, 그 자본이 우리 민족에게 필요하다고 역설했다. 도덕이 필요하다는 말이다. 우리 말속에 도덕과 정의가 살아있어야 함을 강조한 것이다. 한국 사회는 예부터 도덕에 민감했다.

혹시 요즘 당신이 고민하는 자본은 어떤 종류인가? 재정, 관계, 시간, 혹은 믿음 등 다양할 것이다. 요즘 교회에서 말씀 자본, 기도 자본, 고난자본, 헌신자본, 믿음 자본 등 자본이라는 단어를 자주 사용한다. 이 모두 신앙생활과 직결된다. 또한 그리스도인이 가장 필요로 하는 자본은 단순히 금전적 자산이 아니라, 영적 자본과 공동체 자본이라는 관점이 점점 더 강조되고 있다. 자본주의 사회 속에서 살아가는 그리스도인에게는 돈도 필요하지만, 그것을 어떻게 이해하고 사용하는지가 훨씬 더 중요하다.

그렇다면 그리스도인이 필요로 하는 핵심 자본은 무엇일까?

첫째, 영적 자본 (Spiritual Capital)이다. 하나님과의 관계, 말씀에 대한 이해, 기도와 순종의 삶이다. 이는 삶의 방향성과 목적을 결정짓는 자본으로, 세상의 가치와 다른 기준을 제공한다. 예수님도 우리에게 "그의 나라와 그의 의를 먼저 구하라"(마 6:33) 하셨다.

둘째, 공동체 자본(Social Capital)이다. 신뢰, 연대, 나눔, 섬김의 관계망이다. 초대 교회처럼 '모든 것을 함께 나누는 삶'이 공동체 자본의 핵심이다. 교회는 단순한 예배 공간이 아니라, 사회적 경제를 실천하는 공동체가 될 수 있어야 한다.

셋째. 청지기 자본(Stewardship Capital)이다. 물질을 관리하는 지혜와 책임감이다. 돈은 악이 아니라, 하나님의 뜻에 따라 사용되어야 할 자원이다. 루터는 "그리스도인은 돈지갑이 회개할 때 참 그리스도인이 된다." 했다.

끝으로, 문화자본(Cultural Capital)이다. 성경적 가치관, 윤리, 도덕, 창의력 등이다. 이것은 자본주의 사회 속에서도 그리스도인의 삶의 방식을 드러내는 힘이다. 그 예로 정직한 노동, 공정한 거래, 약자에 대한 배려 등을 들 수 있다.

왜 이런 자본이 중요할까? 현대 자본주의는 "더 많이 소유하는 것"을 성공으로 정의하지만, 그리스도인은 "더 많이 나누는 것"을 삶의 목적이라 여긴다. 돈은 필요하지만, 돈을 사랑하는 것은 "일만 악의 뿌리"라고 성경은 경고한다.

결국, 그리스도인이 가장 필요한 자본은 하나님의 뜻을 따를 수 있는 내면의 힘과 공동체적 상상력이다. 돈은 도구일 뿐, 목적이 되어선 안 된다.

이것은 신앙생활 안에서 어떤 아비투스로 살아가야 하는가를 가르쳐 준다. 우리의 생각이 달라지면 태도도, 습관도 달라지고, 우리 사회도 달라질 것이다. 헥시스와 아비투스는 묻는다. "당신의 덕은 지금 얼마만큼 살아있는가?" "당신의 믿음 생활은 건강한가? 당신이 쌓은 정신 자본이 나라를 살린다.

# 5. 인생의 참된 출구는 하나님의 말씀에 있다

　모세가 홍해 앞에 섰을 때의 상황은 단순한 지리적 장애물이 아니라, 믿음과 현실 사이의 극한 갈등이었다. 이 딜레마는 출애굽기 14장에서 극적으로 펼쳐진다. 모세는 세 가지 갈등상태에 놓이게 된다.

　첫째, 앞은 홍해이고, 뒤는 이집트 군대가 있다. 이스라엘 백성은 도망 중이었고, 눈앞에는 넘을 수 없는 바다, 뒤에는 무장한 이집트 군대가 쫓아오고 있었다. 선택지는 없어 보였고, 백성들은 공포에 질려 모세를 원망했다.

　둘째, 백성의 불신 대 하나님의 약속이다. 백성들은 "차라리 이집트에서 죽는 게 낫겠다"고 외쳤고, 모세는 그들의 불신과 절망을 마주해야 했다. 그러나 하나님은 이미 구원계획을 가지고 계셨고, 모세는 그 약속을 믿고 백성을 안심시켜야 했다.

　끝으로, 행동할 것인가, 기다릴 것인가이다. 모세는 "가만히 서서 여호와께서 행하시는 구원을 보라"고 말한다. 하지만 동시에 하나님은 "왜 내게 부르짖느냐, 백성에게 앞으로 나아가라"고 명령하신다. 즉, 믿음은 단순한 기다림이 아니라 순종을 동반한 행동이라는 메시지다.

　모세는 인간적으로는 막다른 골목에 몰렸지만, 영적으로는 하나님의 영광을 드러낼 기회에 서 있었다. 하나님은 이 상황을 통해 이집트 사람들에게도 "여호와가 누구신지" 알게 하시려 했고, 모세는 그 도구가 된 것이다. 이 장면은 단순한 역사적 사건이 아니라, 우리 삶에서도 반복되는 '인생의 홍해'

앞에 선 순간들을 상징한다. 선택지가 없어 보일 때, 믿음으로 나아갈 수 있는 가? 그게 모세의 딜레마이자, 우리의 시험이기도 하다. 혹시 요즘 여러분도 그런 홍해 앞에 서 있는 기분이 드는가?

딜레마(Dilemma)는 그리스어 '두 번' 또는 '두 가지 선택 또는 가능성'을 뜻하는 '디'(di)와 '제안', '명제', 또는 '어떤 문제에 대한 진술'을 뜻하는 '렘마'(lemma)의 합성어로, 두 개의 선택지 중 어느 것을 선택해도 바람직하지 못한 결과가 예상되는 진퇴양난의 상황을 의미한다. 즉, 어느 쪽을 선택해도 좋지 않은 상황에 놓여 난처한 상황을 뜻합니다. 따라서 딜레마는 두 가지 선택지 중에서 어느 것을 선택해야 할지 모르는 상황, 또는 어떤 선택을 해도 나쁜 결과가 예상되는 상황을 의미한다. 딜레마는 논리학에서 '양도논법'이라고도 불리며, 특정 전제에 대해 두 개의 선택지만 존재하고 어느 것을 선택해도 나쁜 결과가 예상되는 경우를 말한다. 한국어에서는 '진퇴양난', '자가당착', '궁지' 등의 단어와 비슷한 의미로 사용된다.

딜레마는 단순한 선택의 문제가 아니라, 인간의 도덕성과 사회적 가치가 충돌하는 지점에서 발생하는 깊은 사고 실험이다. 철학자들과 사회학자들은 이 문제를 다양한 관점에서 탐구해 왔다. 대표적인 예로 트롤리 딜레마(Trolly Dilemma)가 있다.

트롤리 딜레마는 위험 상황에서 인간에게 생존 우선순위를 매기는 것이 윤리에 부합하느냐의 문제이다. 트롤리 딜레마는 전차나 철로에 작업 중인 5명을 치게 될 상황을 가정한 것이다. 레일 변환기로 우회전을 하면 다른 철로의 1명만 죽게 된다. 그렇다면 우리는 어떤 선택을 해야 할까.

필리파 푸트(Philippa Foot)는 트롤리 딜레마를 처음 제안한 철학자다. 도덕적 직관과 윤리적 원칙 사이의 긴장을 탐구했다. 그는 공리주의와 의무론의 차이를 부각하며, 상황에 따라 도덕적 판단이 어떻게 달라질 수 있는지를 보여주었다. 주디스 톰슨(Judith Jarvis Thomson)은 다양한 변형을 통해 딜레마의 복잡성을 분석했다. 그는 직접적인 행위와 간접적인 결과 사이의 도덕적 차이를 강조했다. 피터 싱어(Peter Singer)는 공리주의적 관점에서 접근하며, 최대 다수의 행복을 위해 소수를 희생하는 것이 도덕적으로 정당화될 수 있다고 봤다. 결과 중심의 윤리를 강조한 것이다. 칸트(Immanuel Kant)는 의무론적 윤리학을 통해, 사람을 수단으로 대하는 행위는 절대적으로 잘못되었다고 주장했다. 딜레마 상황에서도 인간의 존엄성을 최우선으로 삼았다. 존 롤스(John Rawls)는 「정의론」을 통해 공정한 절차와 원칙에 따라 도덕적 결정을 내려야 한다고 했다. 그는 사회적 계약의 관점에서 딜레마를 분석했다. 버나드 윌리엄스(Bernard Williams)는 인간의 감정과 직관을 중시하며, 단순한 계산으로 도덕을 판단하는 공리주의를 비판했다. 도덕적 판단은 개인의 정체성과 연결되어야 한다고 주장했다.

사회학자들은 딜레마를 개인의 선택이 사회구조와 어떻게 연결되는지를 분석하는 도구로 사용했다. 사회적 규범과 역할 갈등, 집단 윤리와 책임 분산, 문화적 차이를 고려한다. 딜레마 상황에서 개인은 여러 사회적 역할(예: 부모, 시민, 전문가) 사이에서 충돌을 경험하게 되며, 이는 사회적 규범의 복잡성을 드러낸다. 집단 내에서 딜레마가 발생할 경우, 책임이 분산되거나 회피되는 경향이 있다. 이는 조직 윤리나 정치적 결정 과정에서 중요한 분석 대상이 된다. 동일한 딜레마라도 문화에 따라 도덕적 판단이 달라질 수 있다. 예를 들어, 개인주의 사회와 집단주의 사회는 희생의 정당성에 대해 다른 기준을 가질 수 있다.

딜레마는 이렇듯 "무엇이 옳은가?"를 묻는 것이 아니라, "우리는 왜 그렇게 생각하는가?"를 되묻는 철학적 거울이다. 우리는 여러 형태의 딜레마를 겪고 있다. 이 가운데 '죄수의 딜레마'(prisoner's dilemma)가 있다.

이 딜레마는 두 명의 용의자가 각자에게 가장 좋은 선택을 할 경우, 둘 다 불리한 결과를 얻게 되는 상황을 의미한다. 예를 들어, 두 명의 용의자가 서로에게 불리한 증언을 할 경우 둘 다 오랜 형을 받게 되지만, 한 명이 침묵하고 다른 한 명이 자백하면 자백한 사람은 석방되고 침묵한 사람은 오랜 형을 받게 된다. 이때 각 용의자에게 가장 좋은 선택은 상대방의 행동과 상관없이 자백하는 것이다. 하지만 둘 다 자백하면 둘 다 불리한 결과를 얻게 된다.

죄수의 딜레마는 상대방이 검찰에서 어떤 진술을 할지 모르는 상황에서 자신의 책임을 피하려는 목적으로 둘 다 상대에게 불리한 진술을 하는 것을 말한다. 이것이 바로 죄수의 딜레마이다. 상대를 통제할 수 없거나 100% 신뢰할 수 없는 상황에서 자신의 이익만을 고려한 선택이 결국 상대방뿐 아니라 자신에게도 불리한 결과를 만드는 경우 이론적으로 둘 다 자백하지 않는 것이 가장 유리한 결과를 가져오지만 대부분 눈앞의 자기 이익을 먼저 생각하기에 결과적으로 모두에게 최악의 선택을 하게 된다.

그런데 학자에 따라서는 "죄수의 딜레마는 오직 자기 이익만 좇으면 결과적으로 사회 전체가 이득을 보게 된다는 애덤 스미스의 '보이지 않는 손' 이론과 대립하기 때문에 획기적이다."라 주장한다. 이것이 무슨 말일까?

'보이지 않는 손'은 애덤 스미스의 경제학 이론에서 개인의 이기적인 행동이 시장 메커니즘을 통해 사회 전체의 이익을 증진 시키는 현상을 비유적으로 이르는 말이다. 개인이 자신의 이익을 추구할 때, 시장의 경쟁과 가격 기구 등을 통해 사회 전체의 자원이 효율적으로 배분되고 경제가 발전한다는 것이다.

죄수의 딜레마는 개인의 합리적인 선택이 집단 전체에게 비합리적인 결과를 초래할 수 있음을 보여준다. 하지만, '보이지 않는 손' 이론은 개인의 이기적인 행동이 사회 전체의 이익을 증진한다고 주장한다. 이러한 대립은 경제학, 사회학, 심리학, 국제정치학 등 다양한 분야에서 논의되고 있다. 죄수의 딜레마는 '보이지 않는 손' 이론의 한계를 보여주는 사례로 자주 언급되고 있다. 결론적으로, 죄수의 딜레마는 개인의 이익 추구가 항상 사회 전체의 이익으로 이어지는 것은 아니라는 점을 보여주는 중요한 개념이며, 이는 애덤 스미스의 '보이지 않는 손' 이론과는 대조되는 부분이다.

'고슴도치의 딜레마'(hedgehog's dilemma)는 필요하지만 가까이 하지 못하는 사이를 말한다. 추위에 덜덜 떨다가 친구의 체온이 그리워 서로 다가간다. 몸이 닿는 순간 서로 기겁하고 물러난다. 몸에 난 가시 때문이다. 서로 찔리지 않는 가까운 사이를 찾아낼 수밖에 없다.

트릴레마(Trilemma)는 '세 가지 딜레마,' '삼중고'라는 뜻이다. 세 가지 문제가 서로 얽혀있어 어떠한 선택도 모든 상황을 만족시킬 수 없는 경우에 적용된다. 원래 논리학 용어인데 경제 용어로 쓰이고 있다. 예를 들어 정부가 물가안정, 경기부양, 국제수지 개선을 동시에 추구할 경우 물가안정에 치중하면 경기가 침체하고 경기부양에 힘쓰면 인플레이션이 유발되며 화폐가치가 떨어지면서 국제수지가 악화할 때 트릴레마에 빠졌다고 말한다.

우리의 남북 관계도 딜레마다. 정권에 따라 차이가 있지만 남북 양쪽이 평화하기로 약정했을 때 북에서는 "그러므로 미군은 물러나야 한다." 주장한다. 그러나 남은 "평화를 유지하기 위해 미군의 주둔은 필요하다." 주장한다. 딜레마다.

이것은 풀기 어려운 갈등과 같다. 갈등(葛藤)의 '갈'은 칡, '등'은 등나무를 나타낸다. 갈등은 칡과 등나무는 줄기가 올라가는 방향이 달라 서로 복잡하게 얽히는 데서 유래한 것이다. 그러나 실제 칡과 등나무가 같이 자라는 경우는 매우 드물다. 칡은 물체를 감고 올라가며 자라는 식물이다. 그런데 요즘 칡이 너무 번성해 다른 식물에 큰 피해를 주고 있다.

유영만 교수가 사하라 종단 프로그램에 참여했다. 그러나 그는 중도에 포기했다. 포기하지 않으면 생명을 잃을 것 같아서였다. 그는 말한다. "'절대 포기하지 말라'는 말은 절대 믿지 말라. 포기해야 할 때 포기해야 살아남을 수 있다." 포기가 필요할 때 할 수 있어야 한다는 말이다. 그런데 우린 포기하기 어렵다. 그래서 오늘도 갈등하고, 딜레마에 빠진다.

이럴 때마다 선현들은 어떻게 했을까 궁금하다. 「논어」는 동아시아를 바꾼 사상가 공자의 가르침을 담고 있다. 그는 효, 인, 예를 세워야 정치도 바른길로 간다고 가르쳤다. 언제나 바른길을 가라는 말이다.

그렇다면 성경은 어떻게 가르칠까? 성경은 딜레마를 단순한 윤리적 선택의 문제가 아니라, 하나님과의 관계 속에서 인간이 어떻게 살아야 하는가에 대한 깊은 통찰로 접근한다. 딜레마 상황에서 성경은 인간의 자유의지, 양심, 지혜로운 식별을 강조하며, 그 기준은 언제나 하나님의 뜻에 있다. 하나님은 인간에게 자유의지를 주셨다. 이는 선과 악 사이에서 스스로 선택할 수 있는 능력이지만, 동시에 그 선택에 대한 책임도 따른다. 아담과 하와의 이야기는 인간이 하나님의 뜻을 거스르는 선택을 했을 때 어떤 결과가 따르는지를 보여준다. 성경은 '선과 악을 식별하는 지혜'를 강조한다. 올바른 판단을 위한 지혜가 성공적인 삶의 핵심임을 가르친다. 딜레마 상황에서 인간은 흔들릴 수 있지만, 성경은 하나님의 계명을 통해 확실한 기준을 제시한다. "진리가 너희를 자유롭게 할 것이다"(요 8:32)는 말씀처럼, 진리를 따르는 삶이 자유롭고 올바른 선택으로 이어진다고 말한다. 예수님의 삶은 가장 극단적인 딜레마, 곧 자신의 생명을 내어주는 선택을 통해 사랑과 희생의 본보기를 보여준다. 이는 인간이 이기적인 선택보다 공동체와 타인을 위한 결정을 할 수 있도록 이끄는 기준이 된다.

딜레마에 처했을 때 성경이 주는 실천적 지침은 양심을 따르되, 말씀에 비추어 판단하라는 것이다. 말씀에 따라 행할 것은 행하고 피할 것은 피하는 것이다. 그리고 세속적 성공보다 영원한 생명을 바라보라 한다. 성경은 물질적 풍요나 사회적 지위보다, 하나님과의 관계 속에서 완전한 행복을 추구하라고 가르친다. "영원한 것은 하나님"이라는 말처럼, 딜레마 속에서도 영원한 가치를 기준으로 삼아야 한다.

그렇다면 모세는 홍해 앞에서 어떻게 했을까? 믿음과 순종의 행동으로 하나님의 기적을 민족적으로 경험하게 했다. 상황은 절망적이었지만, 그는 흔들리지 않았다.

출애굽기 14장을 보면 우선 그는 백성을 안심시켰다. 모세는 공포에 질린 이스라엘 백성에게 "두려워하지 말라. 가만히 서서 여호와께서 오늘 너희를 위하여 행하시는 구원을 보라"고 했다. 이는 단순한 위로가 아니라, 믿음의 선언이었다. 다음에, 그는 하나님의 명령에 순종했다. 하나님은 모세에게 "지팡이를 들고 손을 바다 위로 내밀어 그것으로 갈라지게 하라"고 명령하셨다. 모세는 즉시 지팡이를 들고 손을 바다 위로 내밀었고, 밤새도록 큰 동풍이 불어 바다가 갈라졌다. 그리고 마침내 그는 기적의 통로가 되었다. 갈라진 바다 사이로 이스라엘 백성은 마른 땅을 지나갔고, 뒤따라오던 이집트 군대는 바다가 다시 합쳐지며 모두 휩쓸렸다. 모세는 단순한 지도자가 아니라, 하나님의 능력을 드러내는 도구가 된 것이다.

모세의 행동에서 배울 수 있는 것이 있다. 첫째, 믿음은 행동으로 증명된다는 것이다. 모세는 하나님께 부르짖는 대신, 명령을 듣고 즉시 순종했다. 둘째, 리더는 위기의 순간에도 흔들리지 않아야 한다는 것이다. 백성이 흔들릴 때, 모세는 하나님의 약속을 붙들고 흔들리지 않았다. 끝으로, 기적은 순종을 통해 열린다는 것이다. 바다가 갈라진 건 모세의 능력이 아니라, 그의 순종을 통해 하나님의 능력이 드러난 결과였다.

홍해 사건은 단순한 역사적 사건이 아니라, 우리 삶에서 믿음으로 행동해야 할 순간들을 상징한다. 당신이 지금 인생의 홍해 앞에 서 있다면, 모세처럼 믿음으로 손을 내밀어야 할 때일지 모른다.

인간은 때로 갈등하고 딜레마에 처하게 된다. 성경은 딜레마를 통해 인간의 본성과 선택의 자유, 그리고 그 선택이 가져오는 결과를 깊이 있게 성찰하게 한다. 결국, 하나님의 뜻에 따라 지혜롭게 식별하고 행동하는 것이 성경이 제시하는 해답이다. 혹시 당신이 겪고 있는 딜레마가 있다면, 성경적 관점에서 함께 풀어볼 수 있기를 바란다.

링컨 대통령은 우울증을 앓고 있었다. 그는 우울증을 앓으며 고심 끝에 우울증을 탓하기보다 그것과 친구로 하며 살아가기로 작정했다. 당시 그는 노예 문제에 직면해 있었다. 노예해방은 돌파하기 어려운 미국의 딜레마였다. 노동이 필요한 곳에는 노예가 필요했기 때문이다. 그러나 자신이 우울증을 앓으면서 노예의 아픔을 심각하게 느낀 그는 결국 노예해방 전선에 섰다. 그것이 인간의 존엄성을 가르치는 성경 말씀과 일치하기 때문이었다. 인생의 참된 출구는 하나님의 말씀에 있다.

앞뒤 좌우로 꽉 막혀 인생의 출구가 보이지 않는가? 어떤 의사결정도 할 수 없는 상황인가? 그렇다면 위를 바라보라. 그리고 기도하라. 하나님은 당신의 기도를 들으신다.

# 6. 예수 생명으로 사는 자

예수님은 그를 믿는 자에게 예수 생명을 허락하셨고, 우리는 그 생명으로 살아간다. 그렇다면 우리 안에 생명으로 역사하시는 예수님이 살아있는가 확인할 필요가 있다. 예수 생명이 아니라 자기의 생명으로 살아간다면 그것은 그리스도인으로서 삶이 아니기 때문이다.

요즘 전도 집회를 '새 생명 축제' 라 한다. 예수를 믿는다는 예수 그리스도 안에서 새로운 생명으로 태어나는 것이요, 앞으로 그 생명을 안고 힘 있게 믿음 생활을 할 것으로 믿는다.

## 1) 우리 안에 있는 예수 생명

예수님이 말씀하신 '생명' 은 단순히 육체적 생존을 넘어서 영원하고 참된 생명을 의미한다. 성경에서 이 생명은 헬라어로 '소에' (Zoe)로, 이것은 하나님과의 관계 속에서 누리는 영적 생명을 뜻한다.

성경은 예수님과 생명을 하나로 본다. 요한복음 14:6의 말씀이다. "내가 곧 길이요 진리요 생명이니 나로 말미암지 않고는 아버지께로 올 자가 없느니라" 예수님은 하나님께 나아가는 유일한 길이며, 그 자체가 생명이심을 선언하셨다.

요한복음 5:24에도 "내 말을 듣고 또 나 보내신 이를 믿는 자는 영생을 얻었고 사망에서 생명으로 옮겼느니라" 하셨다. 예수님을 믿는 자는 이미 영생을 소유한 자로 간주 된다.

주님이 우리에게 주시는 생명, 곧 '조에'는 단순한 생물학적 생존(Bios, 비오스)이나 정신적 존재(Psyche, 프쉬케)를 넘어서, 하나님과의 교제 속에서 살아가는 생명력이다. 예수님을 통해 우리는 이 생명을 얻고, 하나님과의 관계 안에서 영원한 삶을 누릴 수 있게 된다.

예수님은 단지 생명을 주시는 분이 아니라, 그 자체가 생명이신 분이다. 그분 안에 있을 때 우리는 죽음을 넘어서는 참된 생명을 경험하게 된다. 이 생명은 지금, 이 순간부터 시작하여 영원으로 이어지는 삶이다. 그래서 영생, 곧 영원한 생명이다.

### 2) 예수의 생명을 가진 자의 태도

예수님의 생명을 가진 자는 단순히 종교적 신념을 넘어서, 그리스도의 생명이 내 안에 살아 역사하고 있다는 자각 속에서 살아가는 사람이다. 이 생명은 삶의 태도와 방향을 완전히 바꾸게 한다. 다음은 그런 사람이 가져야 할 태도들이다.

첫째, 자기를 부인한다. 자기의 뜻보다 하나님의 뜻을 우선한다. "자기를 부인하고 자기 십자가를 지고 나를 따를 것이니라."(마 16:24) 자기의 욕심, 자아, 명예를 내려놓고 그리스도를 높이는 삶이다. 바울은 고백했다. "그러나 무엇이든지 내게 유익하던 것을 내가 그리스도를 위하여 다 해로 여길뿐더러 또한 모든 것을 해로 여김은 내 주 그리스도 예수를 아는 지식이 가장 고상하기 때문이라 내가 그를 위하여 모든 것을 잃어버리고 배설물로 여김은 그리스도를 얻고 그 안에서 발견되려 함이니."(빌 3:7~9) 자기에게 유익하던 것을 예수 그리스도를 위해 다 해로 여긴다.

둘째, 자기 십자가를 진다. 고난과 희생을 기쁨으로 받아들이는 자세이다. 예수님의 사랑을 본받아, 자신의 삶을 주님께 드리는 헌신이 필요하고, 세상의 조롱이나 불이익 앞에서도 믿음을 지키는 용기도 필요하다.

셋째, 빛과 진리를 전한다. 예수 생명을 가진 자는, 말씀을 갈급해하고 그 말씀을 전하는 자가 되어야 한다. 어둠 속에 있는 사람들에게 복음을 전하는 사명감이다. 때로는 고난이 따르지만, 그 고난 속에서도 하나님의 말씀을 의지하게 된다.

넷째, 사랑하고 섬긴다. 예수님의 생명은 사랑의 생명이다. 이 생명을 가진 자는 이웃을 섬기고 용서하며, 관계 속에서 그리스도의 향기를 드러내야 한다. "너희가 서로 사랑하면 이로써 모든 사람이 너희가 내 제자인 줄 알리라."(요 13:35)

끝으로, 성령의 인도에 순종한다. 예수 생명은 성령을 통해 우리 안에 역사한다. 성령의 음성에 귀를 기울이고, 말씀과 기도로 깨어 있는 삶을 살아야 한다. "내 안에 그리스도께서 사신 것이라."(갈 2:20)

예수님의 생명을 가진 자는 단순히 '좋은 사람'이 아니라, 하나님의 자녀로서 세상 속에서 빛과 소금의 역할을 감당하는 존재이다. 이 생명은 지금 여기서부터 영원까지 이어진다.

### 3) 때로 지치고, 불만족스럽다면

예수님의 생명을 가진 자라도 지치고 불만을 느낄 수 있다. 그것은 인간적인 연약함이며, 성경 속 인물들도 그런 순간을 많이 겪었다. 중요한 것은 그 순간에 어떻게 반응하느냐 하는 것이다.

왜 지치고 불만할까? 세 가지 경우를 들 수 있다. 첫째, 기도 응답이 더딜 때다. "왜 하나님은 침묵하실까?"라는 질문이 생긴다. 둘째, 세상과의 충돌할 때이다. 믿음대로 살려 할수록 오히려 더 어려움이 생길 때다. 끝으로, 자신의 부족함에 실망할 때다. "나는 왜 이렇게 변화가 더딜까?"라는 자책을 하게 된다.

이에 대해 성경은 어떻게 말할까? 세 가지 말씀에 주목해 보자. 첫째, 이사야 40:31의 말씀이다. "오직 여호와를 앙망하는 자는 새 힘을 얻으리니." 지칠 때 하나님을 바라보면 새로운 힘이 주어진다. 둘째, 시편 42:5의 말씀이다. "내 영혼아 네가 어찌하여 낙심하며 어찌하여 불안해하는가?" 다윗도 낙심했지만, 하나님을 바라보며 소망을 회복했다. 끝으로 고린도후서 4:16의 말씀이다. "그러므로 우리가 낙심하지 아니하노니." 겉 사람은 후패하나 속사람은 날로 새로워진다는 약속이 담겨있다.

예수 생명을 가진 자는 회복을 위한 태도도 달라야 한다. 첫째, 정직하게 하나님께 마음을 드러낸다. 불만을 숨기지 말고, 기도로 솔직하게 토로하라. 시편의 저자들도 그렇게 했다. 둘째, 말씀 안에서 위로받는다. 성경은 지친 자를 위한 하나님의 음성이다. 말씀을 통해 하나님의 시선으로 자신을 다시 바라보게 된다. 셋째, 공동체와 나눈다. 혼자 감당하려 하지 말고, 믿음의 사람들과 마음을 나누고 기도 받는 것도 큰 힘이 된다. 끝으로, 예수님의 십자가를 다시 바라본다. 주님도 고난과 외로움을 겪으셨고, 그 속에서 순종과 사랑을 선택하셨다. 그분의 생명이 내 안에 있다는 사실을 기억하라.

예수 생명을 가진 자는 지치지 않는 사람이 아니라, 지칠 때마다 그 생명으로 인해 다시 일어나는 사람이다. 그 생명은 고난 속에서도 소망을 품게 하는 능력이다.

예수 생명으로 살아가는 사람은 자기 힘으로 살아가는 사람이 아니다. 세상의 명예나 인정은 이미 십자가에 못 박았다. 혹시 교회에서 봉사도 많이 하고, 열심히 헌신하는 데 인간관계로 인해 자주 힘을 잃고, 인정받지 못하는 것 같아 회의를 느끼는가? 그렇다면 스스로 물어볼 필요가 있다. 지금 나는 내 의지로 신앙생활을 하고 있는가? 아니면 예수 생명으로 하고 있는가? 지금 이 일을 내 힘으로 하고 있는가? 아니면 주님이 주시는 힘으로 하는가? 예수 생명으로 살아가는 사람은 나의 욕심과 나의 힘으로 살아가는 사람이 아니다.

주님이 주시는 힘, 주님을 위한 삶으로 충만해 부족해도 견디고, 고난 속에서도 오히려 감사가 넘친다. 사고방식과 행동 방식이 다르다.

### 4) 예수 생명을 이 땅에서 잘 드러낸 인물들

성경이나 우리의 실제 삶에서 예수님의 생명을 이 땅에서 깊이 드러낸 인물들이 있다. 그들은 단순히 '종교적 인물'이 아니라, 그리스도의 성품과 사명을 삶으로 살아낸 사람들이다. 그들의 삶은 예수님의 사랑, 희생, 순종, 그리고 영적 생명을 세상에 보여주는 살아있는 증거였다.

성경 속 인물들로 사도 바울, 스데반, 마리아, 다윗, 요한이 있다. 사도 바울은 복음 전파와 자기 부인의 삶으로 예수 생명의 특징을 드러냈다. 그는 회심 이후 무엇보다 생명을 걸고 복음을 전했다. 그는 말한다. "내 안에 그리스도께서 사신 것이라."(갈 2:20) 스데반은 순교와 용기로 예수 생명을 드러냈다. 그는 복음을 전하다 돌에 맞아 죽었다. 그는 죽는 순간에도 "이 죄를 그들에게 돌리지 마옵소서"(행 7:60)라며 그들을 위해 용서를 구했다. 마리아는 순종과 겸손으로 예수 생명을 드러냈다. 그는 예수님의 어머니로서 하나님의 뜻에 전적으로 순종했다. "주의 여종이오니 말씀대로 내게 이루어지이다."(눅 1:38) 다윗은 회개와 하나님 중심으로 예수 생명을 드러냈다. 그는 죄를 지었다. 하지만 깊은 회개로 하나님께 돌아갔다. 시편 51편은 생명의 회복을 갈망하는 고백을 담고 있다. 요한은 사랑과 계시로 예수 생명을 드러냈다. 그는 '사랑의 사도'로 불리며, 밧모라 하는 섬에서 계시를 받아 복음을 기록했다. 이외에도 아브라함, 다니엘, 에스더, 모세 등은 각기 다른 방식으로 하나님의 생명을 드러낸 인물들이다.

현대 역사 속에서도 예수 생명을 살다 간 인물들이 있다. 마더 테레사, 디트리히 본회퍼, 짐 엘리엇, 손양원 등이다. 마더 테레사는 사랑과 섬김으로 예수 생명을 드러냈다. 그는 인도 빈민가에서 버려진 자들을 돌보며 예수님의 사랑을 실천했다. 디트리히 본회퍼는 진리와 희생으로 예수 생명을 드러냈다. 그는 나치에 저항하며 복음을 지키다 순교했다. 그는 "값싼 은혜는 제자 직수행 없이 용서만 설교하는 것이다. 값비싼 은혜는 예수를 따르는 제자 됨이다."라며 '값싼 은혜'를 경계했다. 짐 엘리엇은 선교와 순교로 예수 생명을 드러냈다. 그는 에콰도르 원주민인 아우카 족에게 복음을 전하다 죽임을 당했다. 그는 "영원한 것을 얻기 위해 영원할 수 없는 것을 버리는 자는 바보가 아니다."라는 유명한 말을 남겼다. 손양원 목사는 용서와 사랑으로 예수 생명을 드러냈다. 그는 두 아들을 죽인 원수를 양자로 삼은 사랑의 실천자이다. 예수님을 생각하며 그를 품었다. 이들의 공통점은 예수님의 생명을 단순히 믿는 것을 넘어서, 삶으로 살아냈다는 것이다. 그 생명은 고난 속에서도 빛났고, 세상의 기준과는 다른 방식으로 하나님의 나라를 드러냈다.

### 5) 예수 생명을 살아내고자 하는 자들에게

예수 생명을 사랑하고, 그 생명을 더 깊이 살아내고자 하는 당신에게 조용히 건네고 싶은 말이 있다.

"당신은 이미 빛이다." 세상이 어두워도, 당신 안에는 꺼지지 않는 생명이 있다. 그 생명은 예수 그리스도께서 십자가에서 흘리신 사랑으로 시작되었고, 지금도 성령 안에서 자라고 있다. 당신이 느끼지 못하는 순간에도, 하나님은 당신을 통해 누군가에게 위로를 흘려보내고 계신다.

"지치고 흔들릴 때, 생명은 더 깊어진다." 예수 생명을 사는 삶은 늘 평탄하지 않다. 때로는 외롭고, 때로는 불공평하게 느껴질 수 있다. 하지만 그 순간에도, 당신은 죽은 자가 아니라 살아 있는 자이다. 고난 속에서 생명은 더 단단해지고, 눈물 속에서 생명은 더 맑아진다.

"작은 순종이 생명을 드러낸다." 거창한 사역이나 대단한 업적보다, 하루의 작은 순종이 예수님의 생명을 가장 아름답게 드러낸다. 말 한마디, 용서한 번, 침묵 속의 기도, 그 모든 것이 하늘의 생명을 이 땅에 심는 일이다.

"당신은 하나님의 기쁨이다." 예수 생명을 가진 자는 하나님께서 기뻐하시는 존재이다. 당신의 존재 자체가 하나님께는 기쁨이고, 당신의 걸음 하나하나가 하늘의 시선 안에 있다.

혹시 지금 마음이 지쳐 있다면, 이 말이 당신에게 작은 숨이 되기를 바란다. 그리고 당신이 다시 일어설 때, 그 생명은 더 깊고 넓게 흘러갈 것이다. 당신은 예수님의 생명을 품은 자이다. 그러니 오늘도 그 생명을 살아냄으로써 승리하기를 바란다.

# 7. 솔리 데오 글로리아

중학생 때 "오직 하나님의 영광을 위하여"(*Soli Deo Gloria*)라는 글을 표어처럼 적어 책상 위에 붙여놓은 적이 있다. 이 글대로 살고 싶은 마음이 컸고, 그것이 나의 좌우명이었던 것은 확실하다. 목사님의 설교에 크게 감동받았던 때문이었을 것으로 생각한다.

우리는 '영광'이라는 단어를 자주 사용한다. '영광' 하면 무엇이 먼저 떠오르고, 어떤 느낌을 받는가? 어떤 이는 '가문의 영광'을 말하고, 어떤 이는 영광을 '조국'에 돌린다고 말한다. 그러나 그리스도인은 '모두 하나님께 영광을', '영광 찬송' 등 하나님을 향해 이 단어를 가장 많이 사용한다. 영광을 받으실 분은 우리가 아니라 오직 하나님 한 분이시기 때문이다.

성경에서 '영광'(*gloria*, glory)은 히브리어로 '카보드'(*kabod*), 헬라어로 '독사'(*doxa*)다. 카보드는 '무겁다'라는 뜻의 동사 어근에서 파생된 명사로, 문자적으로는 '무게', '무거움'을 의미한다. 하지만, 종교적으로는 '영광', '명예', '존귀', '풍부' 등 하나님의 숭고한 위엄과 영광을 나타낼 때 사용된다. 독사는 신약성경에서 하나님의 영광, 즉 숭고한 위엄이나 영광스러운 상태를 나타낼 때 사용되는 헬라어 단어이다. 독사는 '의견', '생각'이라는 뜻도 가지고 있다. 하지만, 히브리어 성경의 '카보드'를 헬라어로 번역할 때 '독사'라는 단어를 사용한다.

영광은 성경적으로 크게 네 가지 의미가 있다. 첫째, 하나님의 본질과 임재로서의 영광이다. 영광은 단순한 찬양이나 명예를 넘어서, 하나님의 본질과 임재, 그리고 그분의 사역과 목적을 드러내는 깊은 개념이다. 하나님의 영광은 그분의 거룩함, 위엄, 능력, 높으심을 나타낸다. 종종 불, 빛, 구름 등으로 묘사되며, 하나님의 임재가 특정 장소에 충만하게 나타날 때 이 단어를 사용한다(출 24:16~17, 40:34~35, 왕상 8:10~11).

둘째, 창조와 구속을 통한 계시로서의 영광이다. 하나님은 창조된 만물과 구속 사역을 통해 자신의 영광을 드러내신다. 하늘과 땅, 예수 그리스도의 사역, 성도의 삶을 통해 그 영광이 선포된다(시 19:1, 요 1:14, 히 1:3).

셋째, 만물의 목적과 귀착점으로서의 영광이다. 하나님은 모든 것을 자신의 영광을 위해 창조하셨고, 모든 존재는 그분께로 돌아간다. 궁극적으로 온 땅이 하나님의 영광으로 충만하게 될 것을 성경은 예언하고 있다(사 43:7, 롬 11:36, 합 2:14)

끝으로, 성도의 삶과 소망으로서의 영광이다. 성도는 하나님의 영광을 인정하고 드러내는 삶을 살아야 하며, 그 영광에 참여하게 된다. 하나님께 영광을 돌리는 것은 단순한 찬양을 넘어서, 삶 전체로 하나님을 드러내는 것을 의미한다.

성경에서 영광은 이처럼 단순한 개념이 아니라, 하나님과의 관계 속에서 우리가 어떻게 살아야 하는지, 그리고 무엇을 바라보며 살아야 하는지를 보여주는 핵심적인 주제이다.

신학자들은 성경의 '영광'을 다양한 관점에서 해석했다. 주요 신학자들로 조나단 에드워즈, 존 파이퍼, 헤르만 바빙크, 칼 바르트, C.S. 루이스 등이 있다.

조나단 에드워즈는, 하나님의 영광은 창조의 목적이라고 주장했다. 하나님은 자신의 영광을 나타내고 공유하기 위해 세상을 창조하셨으며, 인간은 그 영광을 인식하고 즐거워함으로써 하나님께 영광을 돌린다. 그는 "하나님의 영광은 하나님의 탁월함이 드러나는 것"이라 했다.

존 파이퍼는 "하나님은 하나님 중심적이시다."는 주장을 통해, 하나님은 자신의 영광을 위해 모든 것을 하신다고 강조했다. 그는 "하나님을 가장 영화롭게 하는 삶은 하나님을 가장 깊이 즐거워하는 삶이다"라 주장하며 영광 돌리는 것을 우리 삶의 기쁨과 연결했다.

헤르만 바빙크는, 하나님의 영광은 그분의 존재와 속성의 충만함이며, 자기 계시의 목적이라 했다. 영광은 단순한 외적 찬양이 아니라, 하나님 자신이 누구신지를 드러내는 본질적인 특성이라는 것이다.

칼 바르트는, 하나님의 영광은 예수 그리스도 안에서 계시 된 하나님의 자기 드러냄이라 했다. 영광은 인간의 자율성과 대립하는 하나님의 주권적 현현으로, 인간은 하나님의 영광 앞에서 겸손과 경외로 반응해야 한다고 했다.

C.S. 루이스는 영광을 하나님과의 관계 안에서 누리는 기쁨과 인정으로 설명했다. "영광은 하나님께서 우리를 기뻐하신다는 사실을 아는 것"이라고 말하며, 하나님과의 친밀함을 강조했다.

신학자들의 정의에 따르면 '영광'은 단순한 찬양이나 명예가 아니라 하나님의 존재, 목적, 그리고 인간과의 관계를 깊이 있게 드러내는 핵심 개념임을 알 수 있다.

그렇다면 성경에서 하나님께 가장 영광스럽게 살았던 인물은 누구일까? 하나로 단정짓기는 어렵지만, 여러 인물이 각기 다른 방식으로 하나님의 영광을 드러낸 삶을 살았다. 그중에서도 예수 그리스도는 가장 완전하게 하나님의 영광을 드러낸 분이시다. 요한복음 1:14은 "말씀이 육신이 되어 우리 가운데 거하시매 우리가 그의 영광을 보니"라고 말하며, 예수님은 하나님의 본체이자 영광의 완전한 계시임을 말씀해 주고 있다. 특히 십자가의 죽음과 부활은 하나님의 사랑과 공의, 구속의 영광을 절정으로 드러냈다.

모세는 하나님과 직접 대면했던 인물로, 그의 얼굴에 하나님의 영광이 비쳐 백성들이 두려워했다(출 34:29~35). 그는 하나님의 뜻에 순종하며 이스라엘을 인도했고, 하나님의 임재를 갈망했던 대표적인 중보자이다.

다윗은 '하나님의 마음에 합한 자'로 불리며, 하나님을 찬양하고 경외하는 삶을 살았다. 그는 시편을 통해 하나님의 영광을 노래했고, 자신의 죄를 회개하며 하나님의 긍휼을 구했다. 다니엘은 바벨론과 페르시아 제국의 고위 관직에 있으면서도 하나님께 충성된 삶을 살았다. 사자 굴에서도 믿음을 지켰다. 그의 삶은 이방 왕들에게도 하나님의 영광을 드러내는 통로가 되었다. 사도 바울은 회심 이후 자신의 생명을 바쳐 복음을 전파하며, "먹든지 마시든지 무엇을 하든지 하나님의 영광을 위해 하라"(고전 10:31) 했고, 그 자신 그 삶을 살았다. 그가 교회에 쓴 여러 서신은 하나님의 영광을 중심으로 한 신학적 통찰로 가득하다. 이 외에도 에스더, 욥 등 여러 인물이 각자의 자리에서 하나님의 영광을 드러냈다.

교회사에서도 하나님께 영광을 돌리며 살았던 인물이 많다. 그들의 삶은 시대와 상황에 따라 모습이 다르다. 하지만, 그들의 공통점은 하나님의 뜻에 철저히 순종하며 자신의 삶을 통해 하나님의 영광을 드러냈다는 데 있다.

아우구스티누스는 「고백록」과 「하나님의 도성」을 통해 하나님의 은혜와 영광을 철저히 강조했다. 방탕했던 삶에서 회심하여, 하나님의 주권과 사랑을 드러내는 삶으로 변화된 대표적 인물이다. 루터는 종교개혁을 통해 '오직 하나님께 영광'(*Soli Deo Gloria*)을 외쳤다. 교황권과 타협하지 않고 성경 중심의 신앙 회복을 위해 헌신했다. 칼뱅은 하나님의 주권과 영광을 강조한 개혁신학의 기초를 세웠다. 그는 「기독교강요」를 통해 모든 삶의 영역이 하나님의 영광을 위한 것임을 설파했다. 카이퍼도 그의 영향을 받았다. 짐 엘리엇은 에콰도르의 아우카 족 선교 중 순교한 선교사이다. 그는 "영원한 것을 얻기 위해 영원하지 않은 것을 버리는 자는 결코 바보가 아니다."는 유명한 말을 남겼고, 이 말은 하나님의 영광을 위한 헌신의 상징이 되었다. 바흐는 그의 모든 작품에 'S.D.G.'(*Soli Deo Gloria*)를 남기며, 음악을 통해 하나님의 영광을 드러냈다. 그의 음악은 예배와 경건의 도구로 사용되었고, 그의 예술은 우리에게도 감명을 주고 있다. 이 외에도 테레사 수녀, 윌리엄 윌버포스, 조지 뮬러, 찰스 스펄전 등 많은 인물이 자신의 삶을 통해 하나님의 영광을 드러내는 삶을 살았다.

한국 교회사에서도 하나님께 영광을 돌리며 살았던 인물이 많다. 그들은 신앙의 깊이뿐 아니라 고난 속에서도 믿음을 굳게 지켰다.

백홍준(1848~1893) 장로는 한국 최초의 그리스도인 중 한 사람으로, 로스 선교사와 함께 한글 성경 번역에 참여했다. 성경을 압록강 넘어 몰래 반입하고, 의주교회를 세운 개척자이다. 옥중에서 순교해 한국 최초의 순교자로 기록되었다. 주기철(1897~1944) 목사는 일제강점기에 신사참배를 거부하고 옥고를 치르며 순교한 인물이다. 그는 '일사각오'라는 말로 죽음을 각오한 신앙고백을 남겼다. 그의 삶은 한국교회의 순교 정신을 대표한다. 손양원(1902~1950) 목사는 여수 애양원에서 한센병 환자들을 섬기며 사랑의 실천자로 살았다. 아들을 죽인 원수를 양자로 삼은 '사랑의 원자탄'으로 불린다. 6.25 전쟁 중 순교함으로 사랑과 용서의 영광을 드러냈다. 길선주(1869~1935) 목사는 평양 대부흥 운동의 중심인물로, 새벽기도와 회개의 영성을 강조했다. 3.1운동 민족 대표로도 참여하며 신앙과 민족의식을 함께 실천했다. 김용기(1909~1985) 장로는 가나안농군학교를 설립하여 기독교 정신으로 농촌을 개혁했다. 그는 "일하면서 기도하자"를 모토 삼아 노동과 신앙의 통합된 삶을 살았다. 이 외에도 이기풍, 장기려 등 수많은 인물이 하나님의 영광을 드러내는 삶을 살았다.

그렇다면 하나님의 영광을 위해 우리는 지금 어떤 삶을 살아야 할까? 이 물음은 단순한 철학적 탐구를 넘어서, 우리 존재의 목적과 방향성을 따지는 질문이기도 하다. 성경과 교회 역사, 그리고 신앙의 전통 속에서 이 질문에 대한 답은 다음과 같이 요약될 수 있다.

첫째, 하나님의 영광을 위한 삶이다. "그런즉 너희가 먹든지 마시든지 무엇을 하든지 다 하나님의 영광을 위하여 하라"(고전 10:31). 우리의 삶 전체가 하나님을 드러내는 통로가 되어야 한다. 직업, 관계, 여가, 고난 속에서도 하나님 중심의 삶을 추구하는 것이 핵심이다.

둘째, 사랑과 섬김의 삶이다. "네 이웃을 네 자신과 같이 사랑하라"(마 22:39). 예수님은 섬김을 받으러 오신 것이 아니라 섬기러 오셨다고 하셨다. 우리도 주님을 따라 가족, 친구, 낯선 이웃에게까지 사랑과 친절을 흘려보내는 삶이 하나님께 영광이 된다.

셋째, 진리와 거룩함을 추구하는 삶이다. "너희는 이 세대를 본받지 말고 마음을 새롭게 함으로 변화를 받아"(롬 12:2). 세상의 가치보다 하나님의 말씀과 뜻에 따라 사는 삶이 필요하다. 거룩함은 완벽함이 아니라, 하나님께 가까이 가려는 방향성이다.

넷째, 회개와 성장의 삶이다. 우리는 실수하고 넘어지지만, 회개하고 다시 일어서는 삶이 중요하다. 하나님은 완벽한 자보다 진실한 자를 기뻐하신다. 영적 성장은 작은 순종의 반복에서 시작된다.

끝으로, 소망과 인내의 삶이다. 고난 속에서도 하나님을 신뢰하며 기다리는 삶은 깊은 영광을 드러낸다. "우리가 잠시 받는 환난의 경한 것이 지극히 크고 영원한 영광의 중한 것을 우리에게 이루게 함이니"(고후 4:17)

그리스도인은 삶을 통해 하나님의 영광을 드러내는 존재이다. 이를 위해 항상 하나님의 말씀을 가까이하고, 그 말씀을 살아내는 것이 중요하다. 성경은 삶에서 하나님의 영광을 드러낸 인물의 삶을 감동적으로 소개하고 있다. 또 교회사에는 그 말씀대로 살아간 믿음의 선배들이 소개되고 있다. 우리가 본받아야 할 인물들이다. 당신은 삶 속에서 하나님의 영광을 경험한 순간이 있는가? 아니, 지금 자신의 영광이 아니라 하나님의 영광을 위해 살고 있는가? 당신으로 인해 하나님께 영광이 되기를 소원한다.

# 8. 예수님의 사랑 실천, 우리의 실천을 요구한다

"하나님이 세상을 이처럼 사랑하사 독생자를 주셨으니 이는 그를 믿는 자마다 멸망하지 않고 영생을 얻게 하려 하심이라." 우리가 잘 아는 요한복음 3:16의 말씀이다. 이 말씀에 따르면 예수님이 이 땅에 오시어 십자가를 지고 죽은 사건은, 우리를 구원하시기 위한 하나님의 지극한 사랑 때문임을 알 수 있다.

요한일서에 "사랑은 여기 있으니, 우리가 하나님을 사랑한 것이 아니요 하나님이 우리를 사랑하사."(요일 4:10, 11)라고 했다. 하나님께서 죄인인 우리를 먼저 사랑하셨다. 우리는 하나님이 먼저 죄인인 우리에게 사랑의 팔을 펴셨다는 사실을 잊어서는 안 된다.

예수님 사랑의 특색은 '조건 없는 희생과 섬김의 사랑'이며, 우리에게도 그와 같은 사랑을 실천하라고 하셨다. 우리는 주님의 제자로서 먼저 이웃을 향해 사랑의 팔을 펴야 한다.

## 1) 예수님 사랑의 특징

예수님의 사랑은 다음과 같이 여러 특징을 가지고 있다.

첫째, 무조건적인 사랑, 곧 아가페 사랑이다. 예수님은 인간의 조건이나 자격과 상관없이 사랑하셨다. 죄인도, 배신자도 품으셨다. "우리가 아직 죄인 되었을 때에 그리스도께서 우리를 위하여 죽으심으로 하나님께서 우리에 대한 자기의 사랑을 확증하셨느니라."(롬 5:8) 조건 없는 사랑이다.

아가페 사랑은 하나님의 본질적 사랑이다. 아가페는 헬라어로 무조건적이고 희생적인 사랑을 의미한다. 칼 바르트는 하나님의 사랑을 "자기 자신을 주는 사랑"으로 정의하며, "하나님은 사랑이시다"(요일 4:8)는 선언을 중심으로 신학을 전개했다. 위르겐 몰트만은 하나님의 사랑을 고난 속에서 함께하시는 사랑으로 해석하며, 십자가를 통해 하나님의 연대와 희생을 강조했다.

여기에서 우리는 인간 사랑과 하나님의 사랑이 차이가 있음을 알 수 있다. 인간의 사랑은 조건적이고 제한적이다. 하지만 하나님의 사랑은 초월적이고 은혜로우며, 지속적이다. 신학자들은 이 차이를 통해 윤리적 책임과 은혜의 수용을 동시에 강조한다.

둘째, 희생적인 사랑이다. 십자가에서 자신의 생명을 내어주신 사랑은 가장 극적인 희생의 표현이다. 진정한 사랑은 자신을 내어주는 것이다. 성육신과 십자가는 사랑의 실천이다. 예수님은 하나님이시면서 인간이 되셨고(요 1:14), 자신의 보좌를 떠나 인간의 고통 속으로 들어오심은 사랑의 본질적 표현이다. 십자가는 단순한 형벌이 아니라, 죄인을 위한 대속적 희생이며, 이는 "우리가 아직 죄인 되었을 때에 그리스도께서 우리를 위하여 죽으심으로"(롬 5:8)에서 분명히 드러난다. 예수님은 말씀하셨다. "사람이 친구를 위하여 자기 목숨을 버리면 이보다 더 큰 사랑이 없나니"(요 15:13)

셋째, 섬기는 사랑이다. 제자들의 발을 씻기며 낮은 자리에서 섬기셨다. 이는 권위가 아닌 겸손으로 사랑을 실천하는 모습이다.

넷째, 용서하는 사랑이다. 예수님은 원수까지도 사랑하셨고, 박해자들을 위해 기도하셨다. 마태복음 5:44에서 "너희 원수를 사랑하며 너희를 박해하는 자를 위하여 기도하라"고 하셨다. 원수까지 사랑하는 사랑이다.

끝으로, 끝까지 사랑하는 사랑이다. 제자들의 배신과 부인을 아시면서도 끝까지 사랑하셨고, 십자가에서 죽기까지 그 사랑을 멈추지 않으셨다. 예수님은 십자가 위에서도 "아버지여 저들을 사하여 주옵소서 자기들이 하는 것을 알지 못함이니이다." (눅 23:34) 끝까지 용서하는 사랑이다.

## 2) 예수님의 사랑 방식

### [아픈 자를 향한 사랑]

예수님은 아픈 자, 갇힌 자, 마음이 상한 자 등을 통해 그 사랑을 보이셨다. 예수님은 아픈 자들을 향해 직접 찾아가시고, 만지시고, 고치시며, 그들의 영혼까지 돌보는 사랑, 공감하고 우시는 사랑을 보이셨다. 이는 단순한 치유가 아니라 전인적 회복과 존중의 사랑이다.

예수님은 병든 자들이 있는 곳으로 먼저 찾아가셨다. 나병환자, 중풍병자, 눈먼 자, 귀먹은 자 등 사회적으로 소외된 이들을 외면하지 않으셨다. 나병환자가 "주여 원하시면 저를 깨끗하게 하실 수 있나이다"라고 하자, 예수님은 "내가 원하노니 깨끗함을 받으라"고 하시며 직접 손을 대어 고치셨다(마 8:2, 3). 당시 나병환자나 혈루증 여인은 접촉 자체가 금기였다. 하지만, 예수님은 그들을 만지심으로 사회적, 정서적 단절을 회복시키셨다. 혈루증 여인은 예수님의 옷자락만 만져도 낫겠다는 믿음으로 다가왔고, 예수님은 그녀를 향해 "딸아, 네 믿음이 너를 구원하였으니 평안히 가라"고 말씀하셨다. 예수님은 때로는 말씀만으로도 병을 고치셨다. 백부장의 하인을 고치실 때, 백부장은 "말씀만 하옵소서"라고 했고, 예수님은 그 믿음을 칭찬하시며 치유하셨다(마 8:5~13). 예수님은 단순히 육체적 병만 고치신 것이 아니라, 죄 사함과 영적 회복까지 주셨다. 마가복음 2:5에서 중풍병자에게 "네 죄가 사함을 받았느니라"라고 하심으로, 병의 원인과 내면의 고통까지 치유하셨다.

예수님의 치유는 단순한 기적이 아니라, 하나님의 나라가 임했음을 보여주는 표적이다. 아픈 자를 향한 사랑은 하나님의 자비와 회복의 성품을 드러내며, 우리도 그 사랑을 실천하라는 부르심을 받는다. 예수님의 사랑은 아픈 자를 향해 가까이 다가가, 만지고, 회복시키는 사랑이다. 오늘날 우리도 그 사랑을 따라, 고통받는 이들에게 존중과 공감, 실천적 도움을 전할 수 있다.

### [갇힌 자를 향한 사랑]

예수님은 갇힌 자들을 향해 '함께 하심', '용서', '회복의 기회를 주시는 사랑', 그리고 찾아가시는 사랑을 실천하셨다. 이는 단순한 동정이 아니라, 그들의 존재를 존중하고 하나님의 형상으로 바라보는 사랑이다.

예수님은 죄인들과 함께 식사하시고, 사회적으로 '갇힌 자'로 여겨진 세리와 창녀들과 교제하셨다. 히브리서 13:3은 "갇힌 자를 생각하되, 너희도 함께 갇힌 것 같이 하라"고 말한다. 이는 단순한 기억이 아니라, 연대와 공감의 사랑을 뜻한다. 예수님은 죄를 지은 자에게도 회개의 기회를 주셨다. 간음하다 잡힌 여인에게 "나도 너를 정죄하지 아니하노니 다시는 죄를 짓지 말라"(요한복음 8:11)고 하셨다. 이는 정죄보다 회복을 우선시하는 사랑이다.

예수님의 사랑은 회복의 기회를 주시는 사랑이다. 예수님은 십자가 옆의 강도에게 "오늘 네가 나와 함께 낙원에 있으리라"(눅 23:43) 하셨다. 이는 죽음 직전의 죄인에게도 구원의 문을 여시는 사랑이다. 갇힌 자는 단지 육체적으로 감금된 자만이 아니라, 죄와 절망에 갇힌 모든 자를 포함한다. 예수님의 사랑은 찾아가시는 사랑이다. 마태복음 25:36에서 예수님은 "내가 옥에 갇혔을 때에 너희가 와서 보았느니라"고 말씀하시며, 갇힌 자를 방문하는 것이 곧 예수님을 섬기는 것이라 하셨다. 이는 사랑은 행동으로 드러나야 한다는 신앙적 실천임을 보여준다.

갇힌 자를 향한 예수님의 사랑은 사회적 낙인과 편견을 넘어서서, 그들의 회복 가능성을 믿는 사랑이다. 교도소 사역, 중독 회복 프로그램, 정서적 지지 활동 등은 예수님의 사랑을 실천하는 현대적 방식이다. 예수님은 갇힌 자를 외면하지 않으셨고, 오히려 그들과 함께하셨다. 그 사랑은 오늘날 우리에게도 용서와 회복의 통로가 되기를 요청한다.

## [마음이 상한 자를 향한 사랑]

예수님은 마음이 상한 자를 향해 '가까이 하시고, 위로하시며, 회복시키시는 사랑'을 실천하셨다. 그 사랑은 외면하지 않고, 상처를 품고 치유하는 깊은 공감의 사랑이다.

시편 34:18에 "여호와는 마음이 상한 자를 가까이 하시고 충심으로 통회하는 자를 구원하시는도다"라는 말씀이 있다. 예수님은 상한 마음을 가진 자를 멀리하지 않고 오히려 가까이하셨다. 시편 147:3에 "상심한 자들을 고치시며 그들의 상처를 싸매시는도다" 했다. 예수님은 상처를 외면하지 않고 직접 싸매시는 치유자이시다. 요한복음 11:35에 "예수께서 눈물을 흘리시더라" 했다. 나사로의 죽음을 슬퍼하는 자들과 함께 눈물 흘리신 것이다. 예수님은 고통에 공감하시는 분이다.

예수님은 마음이 상한 자들을 사회적 낙인이나 판단 없이 존중하셨다. 예를 들어, 사마리아 여인에게 "내가 주는 물을 마시는 자는 영원히 목마르지 아니하리라"(요 4:14)라고 하시며 그녀의 상처와 갈증을 채워주셨다. 나아가 예수님은 단순한 위로를 넘어서 새로운 삶의 방향을 제시하셨다. 간음하다 잡힌 여인에게 "나도 너를 정죄하지 아니하노니 다시는 죄를 짓지 말라"(요 8:11)고 하심으로 회복과 변화의 기회를 주셨다. 주님의 사랑은 회복의 길을 여시는 사랑이다.

예수님의 사랑은 마음이 상한 자를 향해 가까이 다가가고, 함께 울고, 회복시키는 사랑이다. 그 사랑은 오늘도 우리를 통해 흘러가기를 기다리고 있다. 이를 위해 상한 마음을 가진 자에게 다가가는 용기와 인내가 필요하다. 우리가 할 수 있는 가장 큰 사랑은 그들을 예수님께로 인도하는 것이다. 내가 치유자가 되려 하기보다, 예수님을 소개하는 사람이 되는 것이 중요하다.

### 3) 예수님의 사랑을 실천한 사람들

이 땅에서 실제로 예수님의 사랑을 실천하며 살았던 사람들로는 '청년 바보 의사 안수현', '마더 테레사', '손양원 목사' 등이 있다. 이들은 조건 없는 사랑과 희생, 섬김으로 예수님의 사랑을 삶으로 드러냈다.

청년 바보 의사 안수현은 33세의 젊은 나이에 유행성 출혈열로 세상을 떠난 의사이다. 병원에서 일하면서 세탁부, 구두닦이, 환자 가족 등 소외된 이들을 따뜻하게 돌봤다. 퇴원한 어린 환자에게 약속한 선물을 지키기 위해 직접 지방까지 찾아가 전달했다. 그의 삶은 바보 같아 보인다. 하지만 예수님의 사랑을 그대로 실천한 삶으로 인정받고 있다.

마더 테레사는 인도 콜카타의 빈민가에서 가장 가난하고 병든 이들을 위해 평생을 헌신했다. "사랑은 큰일을 하는 것이 아니라, 작은 일을 큰 사랑으로 하는 것"이라는 말을 남겼다. 노벨 평화상 수상자이며, 예수님의 무조건적 사랑을 실천한 대표적 인물로 평가받았다.

손양원 목사는 일제강점기와 6.25 전쟁 중 사랑과 용서의 삶을 산 한국의 순교자이다. 자신의 두 아들을 죽인 공산당원을 양자로 삼고 용서했다. 사람들은 그에게 피난을 가라고 했다. 하지만 그는 가지 않았다. 교인들을 생각했기 때문이다. 그는 '사랑의 원자탄'이라는 별명으로 불리며, 예수님의 원수 사랑을 실천한 인물로 기억되고 있다.

이들의 공통점은 자기중심적인 삶을 내려놓고, 타인을 위한 희생과 섬김을 선택했다는 것이다. 그들의 삶은 예수님의 사랑이 단지 교리나 감정이 아니라, 현실 속에서 살아 움직이는 능력임을 보여준다.

릭 워렌은, 근대병원은 정부가 주도한 것이 아니라 교회라 주장했다. 선교사들은 외지에 나가 학교를 세우고, 병원을 세웠다. 아픈 자들과 함께 한 것이다. 이것은 한국에서도 마찬가지다. 구미의 경우 각종 기독교단체가 운영하는 병원 등이 세워지면서 의료는 크게 발전했다. 그뿐 아니다. 아프리카에 에이즈가 창궐하자 교회는 병자들을 외면하지 않았다. 오히려 아픈 자들 속에 들어가 고통을 함께 나눴다. 그러자 많은 사람이 교회를 찾았다. 의지할 곳은 교회뿐이라는 생각이 든 것이다. 그래서 아프리카에는 미국보다 더 많은 교인이 있다. 지금 세계의 유명한 영적 지도자들이 거의 아프리카 출신인 것도 다 이유가 있다. 하나님께서 그들을 들어 이 시대의 영적 지도자로 사용하신 것이다.

### 4) 예수님의 사랑을 어떻게 실천할 수 있을까?

예수님은 "새 계명을 너희에게 주노니 서로 사랑하라 내가 너희를 사랑한 것 같이 너희도 서로 사랑하라"(요 13:34, 35) 하셨다. 우리에게 새 계명으로 주신 이 말씀은 우리로 하여금 예수님의 사랑을 본받는 사랑을 하라는 것이다. 이 말씀은 단순한 도덕적 요청이 아니라, 예수님을 믿고 의지하는 자만이 실천할 수 있는 영적 명령이요 예수님의 사랑은 감정이 아니라 결단이며 실천임을 강조하고 있다. 이를 통해 우리는 기독교 신앙의 핵심은 사랑의 실천임을 알 수 있다. 이 말씀을 우리는 어떻게 실천할 수 있을까?

첫째, 예수님의 사랑을 먼저 깊이 체험한다. 그분의 사랑이 내 안에 충만해야 다른 사람에게도 흘러갈 수 있기 때문이다.

둘째, 자기 기준이 아닌 예수님의 시선으로 사람을 바라본다. 우리의 감정이나 상황에 따라 사랑하는 것이 아니라, 예수님의 마음으로 사랑하는 결단이 필요하다.

셋째, 기도를 통해 사랑의 능력을 구한다. "주님, 당신이 저를 사랑하신 것처럼 저도 사람들을 사랑할 수 있도록 도와주세요"라는 기도는 사랑의 실천을 위한 첫걸음이다.

예수님은, 하나님은 우리 아버지이심을 가르쳐 주셨다. 주기도문을 가르쳐 주실 때도 하나님을 "하늘에 계신 우리 아버지"로 부르도록 하셨다. 주님이 하나님을 아버지라 부르도록 하신 것은 아버지의 깊은 사랑을 잊지 말라는 뜻이 담겨있다. 아버지는 자식의 어려움을 피하지 않으신다. 자식이 필요하다고 할 때 손을 펴신다. 주님은 세상 아버지들도 자식에게 좋은 것을 줄 지 알거든 하물며 하늘에 계신 너희 아버지가 너희를 외면하겠는가 말씀하셨다. 우리는 그 아버지를 믿고 기도한다. 구하고, 두드릴 때 하늘 문을 여신다.

끝으로, 하나님의 말씀을 온전히 따른다. 고린도전서 13장은 전체적으로 사랑의 품성과 실천이 중요함을 말하고 있다. "사랑은 오래 참고, 온유하며, 시기하지 않으며" 이 말씀은 사랑의 실천이 얼마나 고되고 힘든 것인가를 보여준다. 예수님의 사랑은 단순한 감정이 아니라 행동과 결단, 그리고 하나님의 성품에서 비롯된 것이다. 우리가 그 사랑을 본받아 살아갈 때, 세상은 우리를 통해 예수님의 사랑을 보게 될 것이다.

"하나님은 사랑이다." 예수님의 사랑은 하나님의 자기 계시이며, 이 사랑은 이제 우리 모두에게 주어진 사명이 되었다. 그리스도인이라면 이 사랑을 이해하고 실천하는 것이 신앙의 핵심이다. 예수님은 우리로 이 사랑을 본받아, 결단하고 실천하기를 바라신다. 우리 모두 삶 속에서 그 사랑을 흘려보내는 제자가 되어야 한다.

# 9. 성숙한 신앙, 은혜에 대한 감사에서 시작된다

신앙에도 여러 차원이 있다. 특히 세 가지 차원이 자주 언급된다. 우리는 낮은 차원의 신앙에서 벗어나 보다 성숙한 차원의 신앙으로 올라가야 한다.

첫째는 율법적인 차원이다. 율법을 어기면 무슨 나쁜 일이 생길 것 같은 두려움 때문에 섬기는 신앙이다. 주일을 범하면 벌을 받지 않을까, 두려워하는 신앙이다. 마치 부모의 꾸중이 두려워 억지로 숙제하는 아이와 같다. 사랑보다는 처벌 회피가 동기다. 하나님을 섬기지만, 그 동기가 두려움과 의무감에 머물러 있다면 율법적 신앙이다.

둘째, 기복적 차원, 곧 복을 받기 위해 섬기는 신앙이다. 이것은 마치 선물을 기대하며 착한 행동을 하는 아이와 같다. 복권을 사며 "하나님, 이번엔 꼭 당첨되게 해주세요"라고 기도한다면 이것은 하나님을 복의 수단으로 삼는 것이다. 하나님을 섬기지만, 그 동기가 복을 받기 위한 조건적 순종이라면 기복적 신앙이다.

셋째, 복음적 차원, 곧 은혜에 대한 감사의 마음으로 섬기는 신앙이다. 이 신앙은 부모의 사랑을 깨달아 자발적으로 돕고 섬기는 성숙한 자녀의 모습과 닮아있다. 하나님을 섬기는 이유가 은혜에 대한 감사와 사랑이라면 복음적 신앙이다.

신앙의 출발은 율법적이고 기복적일 수 있지만 복음적 차원의 신앙으로 자라야 성숙한 신앙이다.

나의 신앙이 어느 지점에 있는지 고민 중이라면, 이런 질문을 스스로에게 던져보는 것도 좋다. 내가 하나님을 섬길 때 두려움이 먼저인가, 감사가 먼저인가? 내가 기도할 때 무엇을 얻기 위해서인가, 아니면 이미 받은 은혜에 대한 반응인가? 내가 예배드릴 때 의무감 때문인가, 아니면 사랑의 표현인가? 이런 질문을 통해 자기의 신앙의 위치를 가늠해 볼 수 있다. 당신의 섬김은 지금 어느 것에 와 있는가? 혹시 지금 당신의 섬김이 복음적 차원으로 나아가고 있다면 주님이 기뻐하실 것이다.

율법적, 기복적, 복음적 신앙의 성경적 배경은 각각 하나님과의 관계에서 인간의 동기와 반응을 어떻게 설명하는지에 따라 구분된다.

율법적 신앙은 두려움에 기반한 섬김이다. 출애굽기 20:20에 이런 말씀이 있다. "모세가 백성에게 이르되 두려워하지 말라 하나님이 임하심은 너희를 시험하고 너희로 경외함이 그 앞에 있게 하려 하심이니라." 하나님을 두려워함으로 죄를 피하려는 태도는 율법적 신앙의 출발점이다. 갈라디아서 3:24에서도 "이같이 율법이 우리를 그리스도께로 인도하는 초등교사가 되어 우리로 하여금 믿음으로 말미암아 의롭다 하심을 얻게 하려 함이라." 하였다. 율법은 죄를 깨닫게 하고, 그리스도께 나아가게 하는 역할을 한다. 율법을 지키는 것은 좋은 것이다. 그러나 단지 두려움을 피하기 위한 것이라면 문제가 있다.

기복적 신앙은 복을 기대하는 섬김이다. 신명기 28:1~2에 "네가 네 하나님 여호와의 말씀을 삼가 듣고 그 명령을 지켜 행하면 이 모든 복이 네게 임하며 네게 미치리니." 라는 말씀이 있다. 순종하면 복을 받고, 불순종하면 저주를 받는다는 조건적 축복의 구조는 기복적 신앙의 근거이다. 말라기 3:10에도 "만군의 여호와가 이르노라 내가 하늘 문을 열고 너희에게 복을 쌓을 곳이 없도록 붓지 아니하나 보라." 했다. 헌신과 섬김에 대한 보상으로 복을 약속하시는 말씀이다. 복은 누구나 좋아한다. 그러나 우리가 주님을 믿는 것이 복만 받기 위한 것은 아니다.

복음적 신앙은 은혜에 대한 감사의 섬김이다. 에베소서 2:8∼9의 말씀이다. "너희는 그 은혜에 의하여 믿음으로 말미암아 구원을 받았으니 이것은 하나님께서 주신 선물이라." 복음적 신앙은 인간의 행위가 아닌 하나님의 은혜에 대한 감사로부터 나온다. 로마서 12:1은 "그러므로 형제들아 내가 하나님의 모든 자비하심으로 너희를 권하노니 너희 몸을 하나님이 기뻐하시는 거룩한 산 제물로 드리라." 하였다. 은혜에 대한 반응으로 삶 전체를 드리는 섬김이 복음적 신앙의 모습이다. 빌립보서 2:8은 "사람의 모양으로 나타나사 자기를 낮추시고 죽기까지 복종하셨으니 곧 십자가에 죽으심이라." 하였다. 예수님의 대속적 희생은 복음의 핵심이며, 그 은혜에 대한 감사가 복음적 신앙의 동기이다.

이 세 차원은 단절된 것이 아니라, 신앙의 성장 과정에서 서로 연결되어 있다. 율법적 두려움에서 출발해 기복적 기대를 거쳐, 결국 복음적 감사로 나아가는 것이 성숙한 신앙의 길이다.

이에 대한 신학적 견해는 어떠할까? 율법적, 기복적, 복음적 신앙에 대한 신학적 견해는, 신앙의 동기와 방향성을 어떻게 이해하느냐에 따라 크게 달라지며, 개혁주의 신학에서는 복음적 신앙을 성숙한 신앙의 본질로 강조한다.

율법적 신앙은 앞서 언급한 바와 같이 두려움에서 비롯된 섬김이다. 개혁주의 신학에서는 율법을 하나님의 거룩함을 드러내는 기준으로 보며, 인간의 죄를 깨닫게 하는 역할을 한다고 본다. 칼뱅은 율법적 회개를 "하나님의 진노에 대한 두려움에서 비롯된 회개"로 설명하며 가인, 사울, 가룟 유다를 그 예로 들었다. 루터는, 율법은 인간의 무능함을 드러내며 은혜를 갈망하게 한다고 했다. 율법은 복음으로 나아가기 위한 '초등교사'로 기능하며, 그 자체로 구원을 주는 것이 아니라, 복음을 갈망하게 한다.

기복적 신앙은 보상 심리에 기반한 섬김이다. 기복적 신앙은 하나님과의 관계를 거래적 관점에서 이해하는 것으로, 복을 받기 위한 수단으로 신앙을 활용한다. 신학적으로는 '행위 중심의 율법주의'(legalism)와 연결될 수 있으며, 복음의 본질을 흐릴 위험이 있다. 개혁주의는 이러한 신앙이 은혜의 본질을 오해한 것이라 보고, 복음은 인간의 행위가 아닌 하나님의 주권적 은혜에 기반한다고 강조한다.

복음적 신앙은 은혜에 대한 감사에서 비롯된 자발적 섬김이다. 복음적 신앙은 "오직 은혜, 오직 믿음, 오직 말씀"이라는 종교개혁의 핵심 원리에 바탕을 둔다. 칼뱅은 복음이 율법을 폐지한 것이 아니라, 율법의 약속을 실현하고 그림자에 실체를 부여한 것이라 설명했다. 복음은 하나님의 사랑과 은혜에 대한 반응으로, 자발적인 섬김과 헌신으로 이끈다. 이 신앙은 성숙한 것으로 간주 된다.

이러한 구분은 단순한 분류가 아니라, 신앙의 성장과 성숙을 위한 신학적 나침반이 된다. 복음적 신앙으로 나아가기 위해서는 율법과 복음의 관계를 바르게 이해하고, 은혜에 대한 깊은 인식이 필요하다.

율법적, 기복적, 복음적 신앙에 대한 신학자들의 견해는 어떠할까? 각 차원에 대해 대표적인 신학자들의 관점을 보며, 신앙의 성숙 과정에 대한 통찰력을 키워보자.

율법적 신앙은 두려움에서 시작되는 섬김이다. 루터는 율법을 "죄를 깨닫게 하는 거울"이라 했다. 그는 인간이 율법을 지키려는 노력으로는 결코 의로워질 수 없으며, 오직 믿음으로만 구원에 이를 수 있다고 했다. 율법은 복음을 향한 길을 열어주는 역할을 한다. 칼뱅은 율법을 '하나님의 뜻을 드러내는 교사'로 보았다. 율법은 인간의 죄성을 드러내며, 그리스도의 은혜를 필요하게 만든다.

기복적 신앙은 복을 기대하는 섬김이다. 기복주의 신앙은 하나님과의 관계를 거래로 이해하는 경향이 있으며, 복음의 본질을 왜곡할 수 있다는 비판을 받고 있다. 팀 켈러는 "하나님을 수단으로 삼는 신앙은 결국 자기중심적이며,

참된 예배가 아니다"라고 했다. 본회퍼는 "값싼 은혜(Cheap Grace)를 경계하라. 복음은 값없이 주어지지만, 결코 값싼 것이 아니다."라고 했다. 현대 신학자들은 기복주의 신앙에 대해 매우 비판적이다.

복음적 신앙은 은혜에 대한 감사의 섬김이다. 아우구스티누스는 "하나님을 사랑하라. 그리고 네가 원하는 대로 하라"고 했다. 이는 복음적 신앙이 율법을 초월하여 사랑의 동기로 움직이는 삶임을 보여준다. 본회퍼는 "은혜는 우리를 부르되, 그리스도를 따르기 위해 우리를 죽음으로 부른다. 하지만 그 안에 참된 생명이 있다."라고 했다. 복음적 신앙은 자기 부인을 포함한 헌신적 삶임을 강조한 것이다. 존 스토트는 "복음은 단순한 정보가 아니라, 삶을 변화시키는 능력이다"라 했다. 복음적 신앙은 은혜에 대한 반응으로 삶 전체를 하나님께 드리는 것이다.

그리스도인은 신앙의 여정에 대해 통합적 시각을 가질 필요가 있다. 신앙은 율법적 두려움에서 출발할 수 있고, 기복적 기대를 거칠 수도 있다. 그러나 결국 복음적 감사로 자라나야 한다. 성숙한 신앙은 하나님을 사랑하기 때문에 순종하는 신앙이며, 이는 성령의 역사와 말씀의 조명으로 가능해진다.

"나는 하나님을 왜 섬기고 있는가? 혹시 두려움 때문인가?" 율법은 나를 정죄하기 위한 것이 아니라 복음으로 이끄는 길잡이다. "내 기도는 하나님과의 교제인가, 거래인가?" 복은 은혜의 결과이지, 조건적 보상이 아니다. "나는 은혜에 반응하고 있는가?" 복음은 나를 자유롭게 하며, 자발적인 섬김으로 이끈다. 신앙은 율법적 두려움에서 시작해, 기복적 기대를 거쳐, 결국 복음적 감사로 자라나야 한다. 성숙한 신앙은 '하나님을 사랑하기 때문에' 순종하는 신앙이다. 주님이 우리를 위해 십자가 위에서 피를 흘리셨다는 사실, 그로 인해 우리가 구원을 얻게 되었다는 믿음을 가진 자라면 결코 주님의 은혜를 잊을 수 없다. 성숙한 신앙은 은혜에 대한 감사에서 시작된다.

# 10. 죄로부터의 자유, 주의 영광을 드러내는 삶으로

철학적, 윤리적 관점에서 죄악은 크게 두 가지로 해석된다. 하나는, 도덕적 기준 위반이다. 종교를 떠나 일반 윤리학에서도 죄악은 사회적 규범이나 도덕적 기준을 어기는 행위로 이해되고 있다. 다른 하나는, 인간 내면의 타락이다. 일부 철학자들은 죄를 인간의 이기심, 자아 중심성, 혹은 도덕적 결핍으로 해석하기도 한다.

기독교에서 죄악은 하나님의 뜻이나 도덕적 기준을 어기는 행위, 생각, 태도를 의미하며 종교적, 윤리적 관점에서 인간의 잘못된 상태를 지칭한다. 기독교의 관점에서 죄악은 다음과 같이 정의된다.

첫째, 하나님의 법을 어기는 것이다. 성경은 죄를 "하나님의 법을 어기는 것'으로 정의한다. 요한일서 3:4에서는 "죄는 불법이라" 한다. 이는 하나님의 뜻에 반하는 모든 행위를 포함한다.

둘째, 표적을 빗나간 것이다. 히브리어로 '죄'를 뜻하는 단어 '하타' (hatat)는 '표적을 빗나가다' 라는 뜻을 가지고 있다. 이는 인간이 하나님의 뜻이라는 목표에서 벗어난 상태를 상징한다. 신약에서는 죄를 '하마르티아' (hamartia)라 한다. 이는 '목표에서 벗어남'을 뜻한다. 이것은 인간이 하나님의 뜻에서 멀어진 상태를 상징한다.

끝으로, 하나님의 인격과 권위에 대한 모독이다. 죄는 단순한 실수가 아니라 하나님의 성품과 권위를 침해하는 행위로, 그 심각성과 사악성이 강조된다.

기독교에서 본 죄악은 단순한 잘못이나 실수 그 이상으로, 하나님의 뜻과 도덕적 기준에서 벗어난 인간의 상태와 행위를 의미한다. 이는 인간의 내면, 사회적 관계, 신과의 관계 모두에 영향을 주는 깊은 개념이다.

그렇다면 불교, 이슬람, 유교 등에서는 죄악을 어떻게 볼까? 각 종교는 죄의 본질에 대해 독특한 철학을 가지고 있다.

불교에서 죄는 업(業)을 낳는 행위이다. 죄는 도리(道理)에 반하는 행위, 곧 계율을 어기거나 악한 마음과 행동으로 인해 고통의 과보(果報)를 초래한다. 살생, 도둑질, 음행, 거짓말, 술 취함 등 5계(五戒)를 어기는 행위를 '5포죄원'(五怖罪怨)이라 하며, 이는 성현들이 꾸짖고 싫어하는 것이라 여긴다. 죄는 업(karma)을 형성하며, 이는 다음 생의 고통으로 이어진다. 과보는 윤회로 이어진다. 불교의 과보는 업이라는 행위가 일으키는 결과, 즉 '인과응보'를 의미한다. 선한 행위에는 좋은 과보(낙과, 樂果)가, 악한 행위에는 나쁜 과보(고과, 苦果)가 따르며, 이는 현재 생에 바로 나타나기도 하고 다음 생, 혹은 그 이후에 나타나기도 한다. 죄를 짓고도 두려워하지 않는 상태를 '무괴'(無愧)라 하며, 이는 번뇌가 심화된 악한 마음 상태로 간주된다.

유교에서 죄는 인(仁)과 예(禮)를 어기는 것이다. 유교는 '죄악'이라는 개념보다는 비도(非道), 불인(不仁), 불의(不義) 등 도덕적 결함으로 이해한다. 유교에서 죄는 인(仁), 의(義), 예(禮), 지(智)와 같은 덕목을 어기는 행위로 도덕 중심이다. 이는 가족과 사회 질서를 해치는 것으로, 인간관계와 도덕을 파괴하는 행위로 간주 된다.

이슬람에서 죄는 알라의 명령을 어기는 것이다. 구체적으로, 알라의 계율과 샤리아(이슬람법)를 어기는 행위이다. 이는 인간과 신의 관계를 파괴하는 것으로 간주 된다.

창세기 4:7에서 죄는 "문에 엎드려 있는 짐승"처럼 묘사되며, 인간을 지배하려는 힘으로 나타난다. 사탄의 꾀임을 받은 하와는 결국 금지된 선악과를 먹게 된다.

기독교에서 원죄란 인류의 시조 아담과 하와가 하나님께 불순종하여 선악과를 먹은 사건으로 인해 모든 인간에게 유전된 죄의 상태를 의미한다. 이는 인간의 본성이 타락했음을 뜻하며, 구원의 필요성을 강조하는 핵심 교리이다.

창세기 3장을 보면 아담과 하와는 하나님께서 금하신 선악과를 먹음으로써 하나님의 명령을 어겼고, 그 결과로 에덴동산에서 추방되고 죽음과 고통이 인류에게 들어왔다. 시편 기자는 "내가 죄악 중에서 출생하였음이여, 어머니가 죄 중에서 나를 잉태하였나이다"(시 51:5) 했다. 인간은 태어날 때부터 죄의 영향을 받고 있다는 고백이다. 로마서 5:12~14도 아담의 범죄로 인해 모든 사람에게 죄와 사망이 들어왔다고 설명하며, 원죄의 유전성을 강조하고 있다.

신학자들도 원죄를 죄의 유전으로 보았다. 원죄는 단순한 행위가 아니라 죄의 본성이 인간에게 유전된 상태로, 인간이 본질적으로 하나님을 거역하는 성향을 지녔다는 것이다. 또한 원죄는 자유의지의 손상을 초래했다. 인간의 자유의지는 완전히 파괴되지는 않았지만, 하나님을 향한 의지와 능력은 약화되었다고 본 것이다. 칼뱅은 아담의 죄가 법적으로 모든 인류에게 전가되었다고 보며, 그리스도의 의도 믿는 자에게 전가된다고 했다.

중요한 것은 원죄와 구원의 관계이다. 원죄는 구원의 필요성을 요청한다. 원죄는 인간이 스스로 구원받을 수 없음을 보여주며, 예수 그리스도의 십자가 희생을 통해서만 죄에서 벗어날 수 있다는 교리를 뒷받침한다. 가톨릭에서는 세례를 통해 원죄가 정화된다고 보며, 이는 인간이 하나님의 자녀로 다시 태어나는 상징적 행위이다.

원죄는 인간의 타락한 본성과 하나님과의 단절을 의미하며, 모든 인간은 이 죄의 영향을 받고 태어난다. 예수 그리스도를 통한 구원만이 원죄에서 벗어나는 길이며, 이는 기독교 신학의 핵심이다.

이슬람은 죄를 대죄과 소죄로 나눈다. 대죄를 '카바이르' 라 하고, 소죄를

'사가이르' 라 한다. 대죄는 살인, 간음, 우상숭배와 같은 것으로, 회개 없이는 용서받기 어렵다.

가톨릭에서는 죄를 대죄와 소죄로 구분하며, 죄의 중대성과 의도성에 따라 구분 기준이 명확히 존재한다. 모든 죄는 하나님과의 관계를 해치는 것이지만, 그 심각성에 따라 대죄와 소죄로 나눈다.

대죄(mortal sin)는 하나님과의 관계를 완전히 단절시킬 정도로 심각한 죄로, '죽을죄' 라 한다. 이 죄는 사안이 중대해야 한다. 살인, 간음, 우상숭배 등 십계명 위반에 해당한다. 자기의 자유의지로, 곧 의도적으로 행한 죄로 사안이 심각하다. 대죄의 결과 은총의 상태가 파괴된다. 이 경우 반드시 고해성사를 통해 용서받아야 한다.

소죄(venial sin)는 용서를 받을 수 있는 죄라 한다. 하나님과의 관계가 완전히 끊어지지는 않는다 해도 약화하는 죄다. 분노, 질투, 게으름, 사소한 거짓말 등 정도가 약하다. 회개와 기도, 선행을 통해 용서받을 수 있다.

가톨릭에서는 죄의 중대성, 인식 여부, 의도성에 따라 대죄와 소죄를 구분하며, 대죄는 고해성사를 통해서만 용서받을 수 있는 심각한 죄로 간주 된다. 반면 소죄는 일상적 회개와 기도를 통해 용서받을 수 있다. 이렇게 구분한 것은 도덕적 책임의 정도를 구분하기 위한 것으로, 영적 상태의 회복 방식이 다르기 때문이다. 대죄와 소죄는 신앙적 성찰과 회개의 깊이를 판단하는 기준이 된다.

개신교는 가톨릭과 달리 죄를 등급화하거나 구분하지 않고, 모든 죄를 하나님과의 관계를 깨뜨리는 심각한 문제로 이해한다. 하지만 실천적 차원에서는 죄의 영향력이나 결과에 따라 중대함의 차이를 인식하기도 한다. 모든 죄는 하나님 앞에서 동등하게 심각하며, 인간은 원죄와 자범죄로 인해 본질적으로 타락한 존재이다. "모든 사람이 죄를 범하였으매 하나님의 영광에 이르지 못하더니"(롬 3:23). 개신교는 대죄와 소죄라는 구분을 교리적으로 인정하지 않는다. 그러나 실천적 목회나 윤리적 판단에서는 사회적 파급력이나 반복성에 따라 죄의 무게를 구분하는 경우도 있다. 예를 들어 살인과 거짓말은 모두 죄지만, 사회적 결과나 피해는 다르므로 대응 방식이 달라질 수 있다. 개신교는 죄를 대죄와 소죄로 나누지 않으며, 모든 죄는 하나님 앞에서 심각하고 회개를 통해 용서받을 수 있다고 본다. 죄의 중대성은 실천적 판단에서 고려될 수 있지만, 구원의 관점에서는 모든 죄가 동일하게 예수님의 은혜로 해결된다.

인간은 이 죄 문제를 어떻게 해결할 수 있을까? 각 종교는 이에 대해 나름대로 독특한 철학을 가지고 있다. 불교는 계율 위반, 악행, 업 형성을 죄로 규정하고, 수행으로 그 업을 소멸하고자 한다. 불교의 궁극적 지향점은 해탈로, 윤회에서 벗어나는 데 있다. 유교는 도덕적 덕목의 파괴를 죄로 규정하고, 이 문제를 교화와 수양(자기 성찰)을 통해 극복할 수 있다고 본다. 형벌보다는 도덕적 회복을 중시한다. 공자는 "허물을 고치지 않는 것이 진짜 허물"이라 했다. 유교는 사회적 조화와 인격 완성에 초점을 맞추고 있다. 이슬람은 알라의 계율 위반을 죄로 규정하고, 이 문제를 해결하기 위해서는 회개와 자비가 필요하다고 가르친다. 이슬람은 알라의 자비를 강조하며, 진심 어린 '타우바'(회개)를 통해 죄는 용서받을 수 있다고 믿는다. 꾸란은 "알라는 회개하는 자를 사랑하신다"고 말한다. 이슬람은 알라와의 올바른 관계 형성에 초점을 맞추고 있다. 각 종교는 죄를 단순한 법적 위반이 아닌 존재의 질서와 관계의 파괴로 이해하며, 그 해결 역시 내면의 변화와 회복을 강조한다.

기독교에서는 죄에서 벗어나는 유일한 길은 예수 그리스도를 믿고 회개함으로써 하나님의 용서를 받는 것이다. 인간의 노력만으로는 죄를 해결할 수 없고, 하나님의 은혜가 필요하기 때문이다. 죄에서 벗어나는 기독교적 방법은 다음과 같다.

첫째, 예수 그리스도를 믿음으로 구원을 받는다. "이는 그가 자기 백성을 그들의 죄에서 구원할 자이심이라."(마 1:21) 예수님은 인류의 죄를 대신하여 십자가에서 죽으셨고, 그를 믿는 자에게 구원이 주어진다고 성경은 말한다. 모든 죄는 예수 그리스도의 십자가를 통해 용서받을 수 있다.

둘째, 진심 어린 회개와 고백이다. 모든 죄는 하나님 앞에서 심각하며 회개와 믿음을 통해 용서받을 수 있다. 회개는 단순한 후회가 아니라 삶의 방향을 바꾸는 결단이다. "우리의 죄가 넘치나 주께서 사하시나이다."(시 65:3) "만일 우리가 우리 죄를 자백하면 그는 미쁘시고 의로우사 우리 죄를 사하시며 우리를 모든 불의에서 깨끗하게 하실 것이요."(요일 1:9) 죄를 인정하고 하나님께 진심으로 회개할 때 하나님은 용서하신다.

셋째, 하나님의 은혜를 의지하는 것이다. 인간은 스스로 죄를 해결할 수 없다. 오직 하나님의 자비와 긍휼을 구해야 한다. "허물의 사함을 받고 자신의 죄가 가려진 자는 복이 있도다."(시 32:1)라며 죄의 용서와 회복의 길을 안내한다. 우리가 우리 죄를 자백하면 주님은 우리 죄를 사하시며 우리를 모든 불의에서 깨끗하게 하신다. 죄가 너무 많아 나 자신을 가둘 수 있을 정도로 클 때에도, 주님께서는 용서해 주신다. 우리 죄가 아무리 커도 용서함을 받을 수 있다는 것은 하나님의 은혜가 얼마나 크고 넓은가를 보여준다.

넷째, 말씀 묵상과 기도 생활이다. 말씀 묵상과 기도는 죄에서 벗어나는 지속적인 훈련이자 은혜의 통로이다. 하나님의 말씀을 묵상하고 기도함으로써 죄의 유혹을 이기고, 영적 성숙을 이루어간다.

끝으로, 성령의 인도함을 받는 것이다. 성령은 죄를 깨닫게 하고, 회개로 이끄는 역할을 하며, 죄의 유혹을 이길 힘을 주신다. 성령의 인도에 민감하게 반응할수록 거룩한 삶으로 이어진다.

죄에서 벗어나는 길은 예수님을 믿고 회개하는 것이다. 인간의 노력이나 선행으로는 이룰 수 없다. 하나님의 용서와 은혜를 받아들이는 것이 중요하다. 그리고 성경 말씀을 묵상하고 기도하며, 성령의 인도를 통해 지속적으로 죄의 유혹을 이기고 거룩한 삶을 추구해야 한다. 이는 단순한 도덕적 개선이 아니라, 영적 재탄생과 하나님과의 관계 회복을 의미한다.

그렇다면 우리는 어떻게 살아야 할까? 예수님은 "네 마음을 다하고 목숨을 다하고 뜻을 다하여 주 너의 하나님을 사랑하고, 네 이웃을 네 몸과 같이 사랑하라"(마 22:37~39) 하셨다. 그리스도인으로서 삶의 방향은 죄가 아니다. 그 방향은 하나님을 향해 있어야 하고, 그 결과는 이웃 사랑으로 드러나야 한다.

우리 삶의 궁극적 목적은 예수 그리스도를 통해 죄에서 구원받고, 하나님과의 영원한 관계를 회복하며, 그분의 영광을 드러내는 삶을 사는 것이다. 이는 단순한 종교적 행위가 아니라, 존재의 의미와 삶의 방향을 결정짓는 깊은 신앙적 고백이다.

그리스도인은 예수 그리스도를 믿음으로 죄에서 구원받고 영생을 얻은 사람이다. 이는 단순히 죽은 후 천국에 가는 것을 넘어서, 이 땅에서부터 하나님과의 관계가 회복되는 것을 의미한다. 그리고 하나님의 영광을 위한 삶을 살아야 한다. 이사야 43:7은 "내 이름으로 불려지는 자, 내가 내 영광을 위하여 창조한 자"라고 했다. 인간의 존재 목적이 하나님의 영광임을 강조한 것이다. 웨스트민스터 대요리문답 제1문에서도 "사람의 제일 되는 목적은 하나님을 영화롭게 하고 영원토록 그를 즐거워하는 것이다." 라 했다.

하나님을 향한 우리의 사랑은 이웃을 향한 사랑과 직결되어 있다. 하나님, 이웃, 우리 모두 생명처럼 연결되어 있다. 그리스도인은 단순히 '믿는 자'가 아니라 예수 그리스도를 따르는 자이다. 주님은 말씀하셨다. "누구든지 나를 따라오려거든 자기를 부인하고 날마다 자기 십자가를 지고 나를 따를 것이니라."(눅 9:23) 우리는 주님을 따르는 자로서 선한 일을 열심히 해야 한다. "그가 우리를 깨끗하게 하사 선한 일을 열심히 하는 자기 백성이 되게 하려 하심이라."(딛 2:14) 구원은 행위로 얻는 것이 아니지만, 구원받은 자는 선한 열매를 맺는 삶을 살아야 한다. 나아가 우리의 삶 전체가 예배가 되는 삶이 되어야 한다. "너희 몸을 하나님이 기뻐하시는 거룩한 산 제물로 드리라. 이는 너희가 드릴 영적 예배니라."(롬 12:1) 주일 예배뿐 아니라 일상에서 하나님을 예배하는 삶이 중요하다. 나아가 기도, 말씀 묵상, 공동체 생활, 섬김 등을 통해 영적으로 성장하며, 하나님의 형상을 닮아가는 삶을 추구해야 한다.

예수님은 "내가 곧 길이요 진리요 생명이니"(요 14:6)라 하셨다. 예수는 우리 모두에게 유일한 길이다. 그를 믿어야 하나님 나라 백성이 되고, 진리와 생명을 얻을 수 있다. 그리스도인은 하나님의 자녀이자 하나님 나라의 백성으로서 뚜렷한 정체성을 가지고 살아야 한다. 구원은 단지 죄에서 벗어나는 것이 아니라, 하나님의 자녀가 되어 그 나라의 삶을 새롭게 살아가는 것이다. 이는 사랑과 정의, 자비와 거룩함을 실천하는 삶으로 이어진다.

우리는 하나님 중심으로 살며, 예수님의 삶을 본받아 이웃에게 사랑과 섬김, 거룩함을 실천해야 한다. 이는 단순한 도덕적 삶이 아니라, 하나님의 뜻에 순종하고 그분의 영광을 드러내는 존재로 살아가는 것이다. 하나님을 사랑하고 이웃을 사랑하며, 예수 그리스도를 따르는 것은 도덕적인 삶을 넘어서, 하나님의 뜻에 순종하고 그분의 영광을 드러내는 삶이다.

# 11. 한쪽 문이 닫히면 다른 문을 여시는 하나님

"한쪽 문이 닫히면 다른 문을 여시는 하나님." 이 말은 참 위로가 되는 진리의 말씀이다. "한쪽 문이 닫히면 다른 문을 여신다"는 표현은 하나님께서 우리의 삶에서 막힌 길을 통해 새로운 길을 준비하신다는 믿음을 담고 있다.

성경에서도 이런 하나님의 성품을 여러 곳에서 볼 수 있다. 요한계시록 3:7의 말씀이다. "다윗의 열쇠를 가지신 이, 곧 열면 닫을 사람이 없고 닫으면 열 사람이 없는 이가 이르시되." 이 말씀은 하나님께서 주권적으로 문을 여시고 닫으신다는 것을 보여준다. 우리가 이해하지 못하는 상황에서도, 하나님은 항상 선한 목적을 가지고 일하고 계신다.

예를 들어보자. 요셉은 형들에게 팔려 이집트의 종이 되었지만, 결국 이집트의 총리가 되어 가족과 나라를 구했다. 닫힌 문이 총리의 문으로 열린 것이다. 이 이야기는 창세기 37~50장에 자세히 소개되고 있다. 요셉은 형들에게 질시를 받아 노예로 팔리고, 억울한 누명을 쓰고 감옥에 갇히는 등 여러 닫힌 문을 경험했다. 하지만 하나님은 그 감옥에서 바로의 꿈을 해석하게 하시고, 결국 애굽의 총리로 세우셨다. 요셉은 나중에 이렇게 고백했다. "당신들은 나를 해하려 하였으나 하나님은 그것을 선으로 바꾸사"(창 50:20) 인간의 눈에는 실패처럼 보여도, 하나님은 그 실패를 통해 더 큰 구원의 문을 여신다.

한나는 닫힌 태가 예언자의 문으로 열렸다. 사무엘상 1~2장을 보자. 한나는 오랫동안 아이를 갖지 못해 고통을 받았다. 하지만, 하나님께 간절히 기도

했다. 하나님은 그에게 사무엘을 주셨고, 사무엘은 이스라엘의 위대한 선지자가 되었다. 이 사건은 오랜 기다림과 고통 속에서도 하나님은 특별한 계획을 준비하고 계신다는 것을 보여준다.

이방 여인 룻은 남편을 잃고 시어머니 나오미를 좇아 낯선 땅으로 갔다. 하지만, 보아스를 만나 다윗 왕의 조상이 되었다. 상실의 문이 구속의 문으로 바뀐 것이다. 이에 관한 이야기는 룻기 전체에 소개되어 있다. 룻은 남편을 잃고 시어머니 나오미와 함께 낯선 땅 베들레헴으로 돌아온다. 그곳에서 보아스를 만나 결혼하고, 다윗 왕의 증조모가 된다. 룻의 삶은 '이방 여인'에서 '메시아의 족보에 들어간 여인'으로 바뀐 것이다. 하나님은 상실의 문을 통해 새로운 가문과 구속의 역사를 여셨다.

바울은 아시아에 복음을 전하려던 길이 막혔다. 그때, 마케도니아 환상을 통해 유럽 선교의 문이 열렸다. 막힌 길이 유럽 선교의 문으로 열린 것이다. 사도행전 16장을 보면 바울은 아시아에서 복음을 전하려 했지만, 성령께서 막으셨다. 그때 하나님은 마케도니아 사람의 환상을 보게 하셨고, 그는 유럽으로 향하게 된다. 그 결과 빌립보, 데살로니가, 고린도 등 유럽의 교회들이 세워졌다. 하나님은 우리가 생각한 길을 막으시고, 더 넓은 사역의 문을 여신다.

이처럼 성경은 하나님께서 닫힌 문을 통해 더 크고 놀라운 문을 여시는 이야기를 가득 담고 있다.

교회사에서도 '한쪽 문이 닫히면 다른 문을 여시는 하나님'의 역사는 놀라울 만큼 자주 나타난다. 시대마다 복음의 길이 막히는 순간에도 하나님은 새로운 문을 여셔서 그분의 뜻을 이루어 가셨다.

가장 빼놓을 수 없는 사례는 종교개혁이다. 교권으로 닫힌 문이 진리의 열린 문으로 바뀐 것이다. 닫힌 문은 중세 교회의 타락과 진리의 억압에 있다. 중세 교회는 성경을 일반 성도들이 읽지 못하게 했고, 면죄부 판매 등으로 진리를 왜곡했다. 일반 성도들은 성경을 읽을 수 없었고, 성경은 그저 라틴어로

반 존재했다(성경의 봉인). 면죄부 판매, 교황의 절대 권위, 성직자의 부패 등으로 인해 진리도 왜곡되었다(교권의 남용). 많은 사람이 하나님과의 직접적인 관계를 갈망했다. 하지만, 제도적 교회가 그 길을 막고 있었다(영적 갈증). 이 모든 것은, 마치 닫힌 문처럼 보였다. 진리로 가는 길이 막혀 있었기 때문이다.

하나님은 종교개혁을 통해 진리 회복의 문을 여셨다. 마르틴 루터는 1517년 비텐베르크 성당에 95개 조 반박문을 붙이며 종교개혁을 시작했다. 면죄부 판매를 반대하는 글을 붙이며 개혁의 불씨를 붙였다. 루터는 성경을 독일어로 번역했고, 이후 영어, 프랑스어 등 각국 언어로 성경이 보급되었다. 성경이 각국 언어로 번역되고, 평신도들이 직접 말씀을 접할 수 있는 문도 열렸다. 교권의 억압이 닫힌 문처럼 보였지만, 하나님은 진리의 문을 여셔서 교회를 새롭게 하셨다. 루터 이후 칼뱅, 츠빙글리, 낙스 등이 등장했다. 그들은 각기 다른 지역과 상황 속에서 하나님께서 닫힌 문을 통해 새로운 문을 여신 대표적인 인물들이다.

칼뱅은 프랑스에서 개혁 신앙을 받아들였지만, 당시 프랑스는 가톨릭 중심 국가였고 개혁자들을 심하게 박해했다. 닫힌 문이었다. 그는 결국 망명을 선택해야 했고, 프랑스를 떠나야 했다. 하나님은 칼뱅을 제네바로 인도하셔서, 그곳에서 개혁신학의 중심지를 세우게 하셨다. 제네바에서의 개혁 사역은 그에게 열린 문이 되었다. 그는 「기독교강요」를 집필하고, 제네바 아카데미를 통해 많은 개혁자를 훈련했다. 그의 사상은 장로교, 개혁교회, 청교도 운동에까지 영향을 미쳤다. 박해라는 닫힌 문이, 세계 교회를 훈련하는 문으로 바뀌었다.

츠빙글리는 스위스 취리히에서 사제로 활동하며, 교회의 부패와 면죄부 판매에 깊은 회의를 느꼈다. 그는 성경 중심의 설교를 시작했지만, 기존 교권과 충돌하게 되었다. 그에게는 교회의 부패와 성직자의 타락이 닫힌 문이었다.

하나님은 그를 통해 취리히 개혁을 시작하게 하셨고, 성경 중심의 예배와 교회 구조를 회복시켰다. 스위스 개혁의 시작이 그에게는 열린 문이 된 것이다. 그는 성찬에 대한 개혁적 해석을 제시하며 루터와는 다른 길을 걸었지만, 스위스 전역에 개혁의 불씨를 지폈다. 교권의 부패라는 닫힌 문이, 말씀 중심 교회의 문을 여는 계기가 된 것이다.

낙스는 스코틀랜드에서 개혁 신앙을 전하다가 감옥에 갇히고, 이후 망명을 해야 했다. 스코틀랜드의 가톨릭 지배는, 그에게 닫힌 문이었다. 그는 잉글랜드와 제네바에서 칼뱅의 영향을 받으며 훈련을 받았다. 하나님은 낙스를 다시 스코틀랜드로 보내어, 장로교회를 세우게 하셨다. 그는 "스코틀랜드를 그리스도께 바치라"는 열정으로, 국가 전체의 종교개혁을 이끌었다. 하나님은 스코틀랜드 장로교의 창립이라는 열린 문을 열게 하셨다. 감옥과 망명이라는 닫힌 문이, 한 나라의 교회 구조를 바꾸는 문으로 바뀌었다.

이들은 모두 고난과 막힘 속에서 하나님의 인도하심을 경험한 사람들이다. 하나님은 그들이 막 닥뜨린 닫힌 문을 통해 더 넓은 문, 더 깊은 사역, 더 큰 영향력을 여셨다. 종교개혁은 단순한 역사적 사건이 아니라, 하나님께서 진리의 문을 다시 여신 영적 전환점이 되었다. "오직 믿음으로, 오직 은혜로, 오직 성경으로"라는 개혁의 핵심은 하나님과의 직접적인 관계를 회복시켰을 뿐 아니라 신앙의 자유를 얻는 계기가 되었다. 그로 인해 제도적 교회가 아닌, 말씀 중심의 공동체들이 세워졌고, 현대 교회의 기초가 마련되었다. 교회가 재건된 것이다. 이 모든 것은 하나님께서 진리의 문을 다시 여신 사건이었다. 종교개혁은 단지 교회 개편이 아니라, 하나님께서 진리를 회복시키신 역사이다. 인간이 막은 문을 하나님은 다시 여셨고, 그 문을 통해 수많은 영혼이 구원의 길로 들어섰다.

국가적으로도 닫힌 문과 열린 문이 있었다. 중국이 공산화되자 정부는 외국 선교사들을 추방하고, 지하교회에 탄압을 가했다. 중국 교회에는 닫힌 문이었다. 하지만 하나님은 중국인 디아스포라(해외 이주자)를 통해 세계 곳곳에서 복음을 전하게 하셨다. 선교의 문을 여신 것이다. 그들은 인도네시아를 비롯해 동남아, 세계 각국에 교회를 세웠다. 디아스포라 선교로 열매를 거두게 하신 것이다. 나아가 중국 안에서도 되레 기독교인들이 늘어나게 하셨다. 하나님이 일하신 것이다. 지금 중국에는 세계적으로 가장 많은 기독교인이 있다. 정부의 정책으로 선교의 문이 닫혔지만, 하나님은 사람들을 다른 방식으로 사용하여 복음이 확장되게 하셨다.

그뿐 아니다. 공산권 시절의 구소련은 기독교 선교가 철저히 금지된 지역이었다. 교회는 탄압받고, 성경은 금서였다. 복음의 문이 굳게 닫혔다. 하지만 1991년 구소련이 붕괴하자, 갑자기 복음의 문이 활짝 열렸다. 많은 선교사가 러시아와 동유럽으로 들어가 교회를 세우고 성경을 나눴다. 하나님은 수십 년간 닫혀 있던 문을 단숨에 여시며, 복음의 확장을 이루셨다.

하나님께서 닫힌 문을 통해 새로운 문을 여신 개인적인 사례도 많다. 짐 엘리엇은 1950년대 에콰도르의 아우카 족속에게 복음을 전하려다 28세의 나이에 순교했다. 그의 죽음은 선교의 실패처럼 보였다. 닫힌 문이 된 것이다. 하지만 하나님은 그의 아내 엘리자베스 엘리엇과 다른 가족들이 그 부족에게 다시 복음을 전했고, 결국 아우카 족속은 예수님을 믿게 되었다. 하나님께서 그들을 통해 닫힌 문을 여신 것이다. 하나님은 순교의 문을 통해 부족 전체를 위한 구원의 문을 여셨다.

닉 부이치치는 팔과 다리가 없이 태어나 많은 좌절과 우울을 겪었다. 그는 어린 시절 "왜 나에게 이런 일이?"라는 질문을 반복했다. 신체적 장애가 닫힌 문이 된 것이다. 하지만 하나님은 그를 통해 전 세계 수백만 명에게 복음과 희망을 전하게 하셨다. 그는 "사지 없는 삶, 사명 있는 인생"이라는 메시지를 전하면 많은 사람을 그리스도에게 인도했다. 하나님은 장애라는 닫힌 문을 통해 사명이라는 열린 문을 여셨다. 사지 없는 삶이 사명 있는 인생으로 바뀐 것이다.

미국의 목회자 존 파이퍼는 전립선암 진단을 받았다. 건강의 위협은 사역의 중단처럼 보였다. 건강이 닫힌 문이 된 것이다. 그러나 그는 "암을 낭비하지 말라"는 메시지를 통해 고난 속에서 하나님을 더 깊이 경험하는 길을 제시했다. 암 진단이 사역의 전환점이자 열린 문이 된 것이다. 고난은 하나님께 더 가까이 가는 문이 될 수 있다.

한국 교회사에도 "한쪽 문이 닫히면 다른 문을 여시는 하나님"의 역사가 깊이 새겨져 있다. 고난과 막힘 속에서도 하나님은 새로운 길을 여시며 복음의 씨앗을 자라게 하셨다. 일제강점기, 한국전쟁은 잊을 수 없는 시기다.

한국교회는 일제강점기를 거치며 많은 핍박을 받았다. 일제는 한국교회를 탄압하며 신사참배를 강요했고, 많은 교회가 폐쇄되거나 타협했다. 믿음을 지키려는 성도들은 감옥에 갇히거나 고문을 당했다. 닫힌 문이다. 이 시기에 손양원 목사, 주기철 목사 같은 순교자들이 등장하며, 한국교회의 신앙적 뿌리가 깊어졌다. 고난 속에서 지하교회, 기도 운동, 성경 공부 모임이 활발해졌고, 이후 해방과 함께 교회는 폭발적으로 성장했다. 열린 문이 된 것이다.

1950년 한국전쟁은 나라 전체를 황폐하게 만들었고, 많은 교회도 파괴되었다. 많은 성도가 죽거나 흩어졌다. 삶의 기반이 무너지고, 절망이 가득했다. 닫힌 문이다. 그러나 하나님은 전쟁 이후 미국과 세계 교회가 한국을 돕도록 하셨고, 선교사들을 다시 보냈다. 복음의 문이 열린 것이다. 그 후 복음이 급속히 확산하며 교회가 폭발적으로 성장했다. 하나님은 전쟁이라는 닫힌 문 뒤에, 회복과 부흥의 문을 여셨다. 한국교회는 일제강점기의 억압과 한국전쟁의 폐허 속에서 피어난 부흥이다. 지금 한국은 세계적인 선교 국가가 되었다.

그러나 선교도 쉽지 않았다. 1980~90년대, 북한과 중동 등 많은 나라들이 복음을 받아들이기 어려운 상황이었다. 한국 선교사들은 비자 거절, 정치적 제한, 언어 장벽 등으로 어려움을 겪었다. 닫힌 문이다. 그러나 하나님은 디아스포라 한인 교회, 비즈니스 선교, 의료 · 교육 선교를 통해 복음의 문을 여셨다. 한국은 현재 세계 2위의 선교사 파송국으로, 닫힌 문 너머까지 복음을 전하고 있다.

어떤 선교사들은 원래 가려던 나라의 비자가 거절되거나, 정치적 이유로 입국이 막혔다. 계획이 무산된 것처럼 보였다. 닫힌 문이다. 하나님은 그들을 다른 나라로 보내셨고, 그곳에서 더 큰 사역의 열매를 맺게 하셨다. 하나님은 우리의 계획이 막힐 때, 더 좋은 길로 인도하신다.

한국교회는 코로나 팬데믹으로 인해 현장 예배를 중단해야 했고, 공동체 활동이 크게 위축되었다. 전염병이 닫힌 문이 되었다. 그러나 하나님은 온라인 예배, 유튜브 설교, 비대면 소그룹 등 새로운 형태의 사역을 열어주셨다. 디지털 공간에서 더 많은 사람이 복음을 접하게 되었고, 교회의 본질에 대한 깊은 성찰이 일어났다. 디지털이 열린 문이 된 것이다.

한국교회는 언제나 닫힌 문 앞에서 낙심하기보다, 열린 문을 향해 나아갔던 공동체였다. 하나님은 고난과 막힘 속에서도 더 깊은 믿음, 더 넓은 사역, 더 큰 부흥을 준비하셨다.

성경의 여러 인물도 닫힌 문과 열린 문을 체험하며 하나님의 섭리를 깨닫고, 하나님을 더 가까이하게 되었다. 교회사 속에서도 하나님은 닫힌 문을 통해 더 넓은 문을 여시며, 복음의 길을 인도하셨다. 한국교회도, 개인도 마찬가지였다. 위에 언급된 여러 사례는 우리에게 희망과 인내의 메시지가 되어, 감동을 주고 우리로 더 이상 절망하지 않고 일어나게 한다. 그 밖의 사례도 넘쳐난다.

이처럼 하나님은 우리가 닫힌 문 앞에서 낙심하지 않도록, 더 크고 놀라운 계획을 준비하고 계신다. 혹시 당신이 지금 어떤 닫힌 문 앞에 서 있는가? 그렇다면, 그 너머에 열릴 문을 기대하라. 하나님은 언제나 우리를 위해 새로운 길을 여시는 분이기 때문이다.

# 12. 예루살렘 교회로부터 배워야 할 것들

릭 워렌 목사가 서울에 왔다. 그는 여러 설교에서 기도의 중요성을 강조했다. 요즘 교회는 설교 듣는 것에 치중하다 보니 기도가 소홀해졌다고 했다. 그렇게 되면 어떻게 될까? 교회는 쇠퇴할 수밖에 없다.

그는 여호사밧 왕이 모압 연합군의 공격을 받았을 때 기도가 얼마나 중요한가를 말했다. 왕과 온 백성이 하나님께 엎드려 기도하자 하나님이 연합군을 무력화시키고, 위기 상황에서 구원하셨다(대하 20). 그는 또 다른 설교에서 초대 교회인 예루살렘 교인들이 마음을 같이 하여 '오로지 기도에' (행 1:14) 힘썼다는 사실에 주목해야 한다고 했다. 교인들이 사도들의 가르침을 받아 교제하며, 떡을 뗄 때도 기도하기를 힘썼다(행 2:42).

하나님의 나라는 말에 있지 않고 능력에 있다(고전 4:20). 우리가 기도하는 것은 주님의 능력에 의지하기 위함이다. 우리의 힘으로는 아무것도 할 수 없다. 하나님의 일은 하나님이 함께 하실 때 가능하다. 그래서 우리는 기도해야 한다. 성령이 우리에게 임하시면 우리가 권능(power)을 받고 나아가 힘 있게 전도할 수 있고, 증인의 삶을 살 수 있다(행 1:8).

그는 사도행전 1:8의 말씀에 "예루살렘과 온 유대와 사마리아와 땅끝까지"라는 말씀을 해석하면서 '과' (and)에 주목하라 했다. 이것을 보면 예수님이 제자들에게 말씀하신 전도는 순차(sequence)적 개념이 아니라 동시에 다발적으로 해야 할 일이라 했다. 이러한 해석은 예루살렘에 전도 한 다음 유대로 사고, 그 나음 사마리아로 가고, 그 나음 땅끝에 가는 순차적 선노로 해석한 섯과는 다르다. '과'를 생각하면 동시에 세계 여러 곳에 나아가 전도해야 한다는 해석도 가능하다. 그렇다고 비순차적 해석만 옳고, 순차적 해석이 틀린 것은 아니다. 중요한 것은 예루살렘 교회는 기도함으로써 성령을 통해 권능을 받고, 전도하는 공동체가 되었다는 사실이다.

릭 워렌 목사는 새들백 교회 창립 때 어떻게 전도했는가에 대해 얘기를 꺼냈다. 그는 미국인 중심의 교회가 아니라 여러 나라에서 온 사람들을 부러 찾아 나섰다. 교인들의 구성이 다민족으로 이뤄졌다. 그는 그 근거를 사도행전 2:5에서 찾았다. 당시 예루살렘에는 여러 나라에서 온 디아스포라 유대인들이 있었고, 제자들이 각 나라 언어로 전도하기 시작했다. 제자들이 그 언어를 배운 것도 아니다. 그럼에도 그 사람들은 자기들이 살았던 곳의 언어로 복음을 듣게 된 것이다. 이것은 성령으로 인한 동시 소통이다. 약 15 지역이 언급된 것으로 보아 그 많은 언어가 동시에 통역되었다는 것은 기적이 아닐 수 없다. 하나님은 언어의 기적을 통해서 복음이 전파되게 하셨다. 이것은 바벨탑 사건으로 언어가 혼잡해진 이후 처음 있는 일이다. 릭 워렌 목사는 자기 교회는 수십 종류의 언어들이 사용되었다고 했다. 완전히 국제화된 교회가 된 것이다. 새들백 교회는 이런 배경으로 여러 나라에 교회를 개척했다. 동시다발적으로 개척한 것이다.

그는 요엘서를 인용한 베드로의 설교를 통해 모든 세대의 남녀가 하나님의 일에 부름을 받았음을 강조했다. "말세에 내가 내 영을 모든 육체에 부어주리니, 너희의 아들들과 딸들은 예언할 것이요, 너희의 젊은이들은 환상을 보고, 너희의 늙은이들은 꿈을 꾸라. 그때에 내가 내 남종과 여종들에게도 내 영을 부어 주리니 그들이 예언할 것이요"(행 2:17, 18). 여기서 자녀, 젊은이, 늙은이는 모든 세대를 가리키고, 남종과 여종은 양성을 나타낸다. 모든 세대와 모든 남녀가 하나님의 일에 부름을 받았으므로, 이제 복음 전파는 우리 모두의 사명이 되었다. 이제 우리가 해야 할 일은 이 모든 곳에 복음을 전파하기 위해 믿는 자 모두를 훈련하는 일이다.

베드로가 하나님의 말씀을 선포했을 때 사람들은 놀라고 당황하며 "우리가 어떻게 할까?"(행 2:37) 물었다. 이것은 이제 하나님의 말씀을 실행하기 위해 믿는 자들을 가르칠 필요가 있음을 말해준다. 하나님의 말씀을 듣는 자로 그치지 말고, 행하는 자가 되어야 하는 것이다(약 1:22). 행하기 위해서는 성경을 읽는 것도 중요하지만 어떻게 행할지, 그 방법을 가르치는 것이 아주 중요하다. 베드로는 그들로 하여금 세례를 받게 했다.

릭 워렌은 어려서부터 설교를 많이 들었지만 "그래서 우리는 어떻게 해야 하는가?"에 대한 답을 듣지 못했다고 했다. 돌아오는 답은 "성경을 읽으라." 였다. 그는 19세에 "우리는 어떻게 해야 하는가?"에 집중해 책을 쓰게 되었고, 나중엔 「목적이 이끄는 삶」이 출간되어 세상에서 성경 다음으로 가장 많이 팔리는 책이 되었다. 이 책은 우리가 어떻게 행동해야 할 지, 그 방법을 가르치고 있다.

예루살렘 교인들은 사도들로부터 가르침을 받았다. 그들을 말씀으로 교육한 것이다. 예수님에 관한 구약의 예언과 성취, 그의 오심과 십자가 위에서 죽으심, 부활의 의미, 주님의 가르침과 전도 방법 등에 대한 교육이었다. 이 교육은 바리새인들의 교육과는 본질적으로 다르다. 이 가르침을 통해 증인의 삶을 살고자 했다. 그들은 서로 교제하고, 떡을 떼며, 기도하기를 힘썼다. 하나 됨의 놀라운 조화 속에서, 서로 한 가족처럼 사랑하며 모범 된 교회가 된 것이다. 사랑하는 교회는 성장하고, 성장하는 교회는 사랑한다.

예루살렘 교인들은 날마다 마음을 같이 하여 성전에 모이기를 힘쓰고, 집에서 떡을 떼며 기쁨과 순전한 마음으로 음식을 먹었다(행 2:46). 그들은 날마다 성전에 있든지 집에 있든지 예수는 그리스도라 가르치고, 전도하기를 쉬지 않았다(행 5:42). 예루살렘 교회는 이 세상에 모범 된, 사랑이 풍성한 교회, 전도 사명 공동체가 된 것이다.

예루살렘 교회는 기쁨의 공동체가 되었다. "그러므로 내 마음이 기뻐하였고, 내 혀도 즐거워하였으며, 육체도 희망에 거하리니"(행 2:26). "주께서 생명의 길을 내게 보이셨으니, 주의 앞에서 내가 기쁨이 충만하리로다"(행 2:28). "기쁨과 순전한 마음으로 음식을 먹고, 하나님을 찬미하며 또 온 백성에게 칭송을 받으니 주께서 구원받는 사람을 날마다 더하게 하시니라"(행 2:46, 47). 우리의 예배가 하늘의 기쁨을 드러낼 때 하나님이 기뻐 받으시고, 성장케 하신다.

예루살렘 교회는 한 걸음 더 나아가 물질에서도 거듭남을 보였다. "믿는 사람이 다 함께 있어 모든 물건을 서로 통용하고"(행 2:44) 그들은 주의 사역을 위해 모든 자원을 함께 나누었다. 심지어 재산과 소유를 팔아 각 사람의 필요를 따라 나누어주었다(행 2:45). 나눔의 삶을 살기 위해 재정적 희생도 감수한 것이다.

릭 워렌은 부부가 교회를 위해 어떻게 헌금했는가도 말해주었다. 십일조로부터 시작했지만 해마다 그 비율을 높여나갔다. 하나님을 사랑한다면 더 드릴 수 있지 않겠는가 생각했다. 출판 수익으로 거액의 돈이 입금되자 교회에서 받은 21년 치 봉급 모두를 계산해 되돌려주었고, 지금은 91%까지 드린다고 했다. 누구와 경쟁하기 위한 것도 아니고, 축복을 더 받기 위한 것도 아니라 했다.

릭 워렌은 말한다. 우리가 초대 교회 예루살렘 교회로부터 배워야 할 것은 한둘이 아니다. 예루살렘 교회는 모든 교회의 모범이며, 예수님이 우리에게 주신 지상명령을 완수하기 위해 그들로부터 배워야 한다. 그래야 교회가 산다.

# 13. 네 삶이 전도가 되게 하라

요즘 전도하기 어렵다. 법으로 금지하는 곳도 많다. 그러나 법이 아니어도 우리는 전도할 수 있다. 우리가 그리스도인다운 행실을 보여주면 사람들은 그리스도인을 달리 보며 예수를 믿고 싶어 한다. 삶을 통해 전도하는 것이다.

조쉬 맥도웰(Josh McDowell)은 폭력과 알코올 중독에 시달리는 아버지 밑에서 자라며 깊은 상처를 입었다. 하지만, 예수 그리스도를 인격적으로 만난 후 회심하여 세계적인 기독교 변증가로 변화되었다. 그의 아버지와의 관계는 회심 이후 치유와 용서의 과정을 거쳤다.

조쉬에겐 어린 시절의 상처가 있었다. 그는 역기능 가정에서 자랐다. 부모나 가족들로부터 전혀 사랑을 받지 못했다. 아버지는 알코올 중독자로 매우 폭력적이었다. 그는 아버지를 미워했고, 차라리 아버지가 죽었으면 좋겠다는 생각까지 했다. 그의 어머니는 우울증과 비만으로 고통받았다. 그런 가운데 그는 집에서 일하는 흑인에게 치욕적인 성추행을 계속 당했다. 어머니에게 그 사실을 말했다. 하지만 어머니는 믿어주지 않았다. 어린 시절 그는 "세상에 사랑은 없다. 하나님도 없다"라고 생각하며 깊은 분노와 절망 속에 살았다. 상처투성이의 성장기를 보낸 조쉬는 하나님에 대해서는 애당초 관심도 없었다.

그가 회심하게 된 계기는 대학 시절, 그가 기독교를 조롱하며 "예수의 부활을 반박할 증거를 대라" 도전받은 데서 시작된다. 평소 친구들이 자기에게 예수를 믿으라 전도했다. 하지만 그는 완강히 거부했다. 그는 예수 그리스도의 부활이 거짓임을 증명하기 위해 유럽에 있는 대학 도서관에서 치밀하게 연구하게 되었다. 그런데 그 과정에서 그는 예수님을 인격적으로 만나 회심하게 되었다. 부정할 수 없는 절대자 하나님의 존재 앞에 무릎 꿇은 것이다.

회심을 한 후 조쉬는 모든 것을 용서하고 사랑하게 되었다. 그는 아버지를 찾아가 "아버지를 사랑합니다" 말할 수 있게 되었고, 그것은 예수님 때문이라고 했다. 아버지는 "네가 그렇게 변하게 된 것이 예수님 때문이라면 나도 그를 믿고 싶다. 그래서 내 삶을 망친 알코올 중독에서 벗어나고 싶다." 했다. 그는 아버지에게 복음을 전했다. 그리고 아버지는 예수를 영접했다. 그 다음 기적이 일어났다. 아버지가 술을 끊고 중독에서 벗어난 것이다. 조쉬는 아버지의 변화된 모습을 보며 하나님의 은혜와 치유의 능력을 경험했다. 더 놀라운 것은 아버지의 변화된 모습에 동네 사람들이 보고 그들도 예수를 믿기 시작한 것이다.

그뿐 아니다. 조쉬는 과거 자신을 성추행했던 사람을 찾아가 "사랑한다", "용서한다" 말하고 잃었던 관계를 회복했다. 도저히 용서할 수 없는 아버지와 성추행자를 찾아가 "사랑한다, 용서한다" 말하는 장면은 우리 모두를 숙연하게 만든다. 예수를 믿는다는 것은 무엇일까? 사랑할 수 없는 사람을 사랑하고 용서할 수 없는 사람을 품는 것이 아닐까.

조쉬 맥도웰, 그는 냉소와 회의에서 열정과 확신으로의 놀라운 믿음의 여정을 한 인물이다. 그는 전 세계적으로 영향력을 미치는 변증가로서, 조쉬 맥도월 미니스트리를 활발하게 펼쳤다. 조쉬 맥도웰은 많은 저서를 남겼다. 하지만 그 가운데 「아버지의 10가지 약속」이라는 책이 있다. 이 책은 조쉬가 자신의 아버지와의 관계, 그리고 자신이 아버지가 된 후의 고민과 회복을 담고 있다. 그는 그 책을 통해 자녀에게 신앙과 사랑을 어떻게 전할 것인가에 대해 이야기하고 있다.

조쉬 맥도웰의 이야기는 깊은 상처 속에서도 하나님의 사랑과 진리가 사람을 어떻게 변화시키는지 보여주는 강력한 증거이다. 그의 삶은 많은 이들에게 용서와 회복의 복음을 전해주었다. 그는 과거 지독한 회의론자였다. 하지만 기독교의 진리에 관해 깊이 탐구하게 된 후 하나님을 만나 극적인 회심을 경험했다. 그 후 세계적인 기독교 강사로 활동하며 자신의 회심 경험을 바탕으로 기독교는 예사 종교가 아님을 세계에 알렸다. 그는 무지했던 과거를 회개하고 하나님의 은혜로 진리를 알게 되었다고 고백했다. 그는 자신의 회심 경험을 바탕으로 믿지 않는 사람들과 신앙 초심자들의 마음을 누구보다 잘 이해하며, 기독교 신앙의 진리를 전파하는 데 힘썼고, 많은 사람을 하나님께 돌아오게 했다. 한국에서 삶으로 모범을 보인 그리스도인 인물도 많다. 손양원, 장기려, 김용기 등은 신앙과 섬김, 희생의 삶을 통해 한국 사회와 교회에 깊은 영향을 끼쳤다.

도산 안창호는 빼놓을 수 없는 인물이다. 1902년 25세 때 서양의 신학문을 배워 조선에 와서 나라를 바로 세워야겠다는 생각을 품고, 선교사의 도움을 받아 미국에 갔다. 샌프란시스코에 있는 중학교에 들어가 공부하려고 하는데, 캘리포니아 주법으로는 나이 20세 이상은 중학교에 입학이 안 된다. 그때 같이 간 선교사가 그에게 미국 사람들은 동양 사람들을 보면 그 얼굴이 그 얼굴 같아서 나이를 잘 못 알아보니 나이를 물으면 19세라 하도록 했다. 면접관이 나이를 묻자, 그는 25세라고 정직하게 대답했다. 결국 입학이 안 되었다. 선교사가 그를 보며 답답하게 여기자 그는 말했다. "선교사님, 제가 미국에 와서 미국 신학문을 배워 우리나라 조선에 가서 나라를 바르게 세워보겠다고 왔는데 여기에 와서 첫걸음부터 거짓말을 할 수가 있습니까?" 선교사는 할 말을 잃었다. 선교사는 교장을 만나 안창호의 정직성을 말하고 공부할 수 있는 길을 열어 달라고 했다. 그러자 교장은 한 가지 길이 있다며 주 법에 20세 이상은 안 된다고 했지만, 그 법에 '외국인'에 관한 조항이 없다며 그를 입학시켰다. 정직이 통한 것이다.

공부하면서 보니 먼저 온 조선인들이 오렌지 농장에서 노예처럼 학대받고 무시당하면서 일을 하고 있었다. 월급을 받으면 술 마시고, 마약하고, 도박을 하니 생활이 엉망이었다. 그러다 보니 미국 사람들은 조선인들을 미개하게 보았다.

안창호는 그 조선인들을 지도 할 목적으로, 주말에 조선 사람들이 일하는 농장에서 아주 성실하게 그리고 열심히 일했다. 주인이 보니 안창호는 다른 조선인과는 달랐다. 농장주인은 그를 좋아하고 맘에 들어 감독반장으로 세웠다. 그리고 뭐든지 필요하면 말하라고 했다. 그래서 그는 돈 2천 달러만 빌려 주면 홀 하나 얻어 조선 사람들을 밤에 모아 삶을 바르게 살자고 정신교육하고 주일에는 예배를 드리겠다고 했다.

주인은 그 자리에서 수표를 끊어 주며 언제라도 갚을 수 있을 때 갚으라고 했다. 안창호는 그 돈으로 큰 홀 하나를 얻어 밤마다 조선인들을 모아 정신교육을 했다. 애국심도 심어주었다. 그러자 조선인들이 감동받아 술과 도박, 그리고 마약을 끊었다. 농장주인에게 빌린 돈은 1년 안에 다 갚았다.

조선인 가운데 아편으로 거의 폐인이 된 사람이 있었다. 안창호가 그를 붙들고 가르쳐 6개월 만에 아편을 완전히 끊게 했다. 건강해진 그가 사업을 시작했고, 큰 사업가가 된 그는 안창호를 통해 상해 임시정부의 독립운동을 위해 거금을 지원했다.

조쉬 맥도월이나 안창호 모두 삶을 통해 전도한 사람들이다. 수리아 안디옥 교회 교인은 처음으로 '그리스도인'이라는 말을 들었다. 사람들이 그들을 보며 그리스도를 믿는 사람은 뭔가 다르다는 뜻에서 '그리스도인'이라 했다. 지금도 사람들은 우리를 보며 말로만의 그리스도인이 아니라 하나님의 말씀을 몸으로 보여주는 그리스도인을 보고자 한다. 그런 그리스도인들이 많으면 많을수록 기독교는 융성할 것이다. 그렇지 못하면 기독교의 미래는 없다. 네 삶이 전도가 되게 하라.

# 14. 종말적 삶의 자세, 깨어 있으라

누가복음 12장에는 여러 비유가 소개되어 있다. 비유의 핵심은 "깨어 있으라!"이다. 누가복음 12:35~48절에는 세 가지 비유가 등장한다.

첫째, 등불을 켜고 기다리는 종들(35~38절)이다. 종들은 허리를 동이고 등불을 켜며 주인이 돌아올 때까지 깨어 있다. "깨어 있는 종은 복이 있다"는 말씀은, 종말의 때를 알 수 없기에 항상 준비된 자세가 필요함을 뜻한다. 주님이 오실 때 깨어 있어야 한다. 집주인과 종의 비유는 종말적 삶을 '깨어 있고 준비된 삶'으로 정의한다. 예수님의 재림을 기다리는 성도의 자세를 강조하며, 신실함과 경각심을 요구하고 있다.

둘째, 도둑이 오는 시간에 대비하는 집주인(39~40절)이다. 도둑은 예고 없이 오기 때문에, 집주인은 항상 대비해야 한다. 이는 예수님의 재림이 언제 올지 모르므로 늘 깨어 있으라는 경고이다.

셋째, 충성된 청지기와 불충한 종(41~48절)이다. 주인의 뜻을 알고도 준비하지 않은 종은 더 큰 벌을 받는다. 지식과 책임이 클수록 더 큰 신실함이 요구된다는 종말적 윤리를 가르쳐 준다.

집주인과 종의 비유에서 주인은 종들에게 말한다. "허리에 띠를 띠고 등불을 켜고 서 있으라"(35절) 지혜 있고 진실한 종이 되려면 세 가지를 해야 한다는 것이다. 이것은 재림 전 우리가 주님을 맞기 위해 해야 할 일들이다.

가장 먼저 해야 할 것은 '허리에 띠를 띠는 것'이다. 중동 지역에서 보통 때는 긴 겉옷을 헐렁하게 입는다. 통풍도 되고, 자유로움을 만끽할 수 있다. 하지만 일할 때는 허리에 띠를 띠어야 한다. 열심히 일할 자세가 되어 있을 뿐 아니라, 열심히 섬겨야 한다. 예수의 제자는 무엇보다 진리의 허리띠와 마음의 허리띠를 띠어야 한다. 진리의 허리띠는 하나님의 말씀을 읽고 그 말씀대로 사는 것이다. 마음의 허리띠는 넓은 마음, 아름다운 마음을 갖는 것이다. 예수님은 십자가 위에서도 욕하는 무리를 용서해 달라 기도하셨다.

그다음, 등불을 켜는 것이다. 등불을 켜는 것은 재림이 임박했음을 의미한다. 등불을 켠다는 것은 또한 세상을 비추는 것이다. 그리스도인이 세상을 비출 수 있는 등불은 우리의 착한 행실이다. 주님은 "네 착한 행실을 보고 믿도록 하라" 하셨다. 착한 행실을 하려면 편하게 믿음 생활을 해서는 안 된다. 전적으로 수고해야 한다. 그런 상태가 바로 기름이 있는 상태다. 기름이 없거나 조금만 있어도 안 된다. 주님이 오실 때까지 충분한 기름을 가지고 있어야 한다. 천국은 대표만 들어가는 곳이 아니다. 우리 각자 모두가 충분한 기름을 가지고 있어야 한다.

그리고 서 있어야 한다. 서 있다는 것은 깨어 있는 것을 말한다. 마치 5분 대기조처럼 깨어 있다가 한밤중에 주인이 혼인 잔치를 마치고 돌아오시면 얼른 문을 열 수 있어야 한다. 주인이 온 것도 모르고 잠에 취해 있다면 결코 칭찬받지 못할 것이다. 우리도 주님이 다시 오실 때 즉시 맞을 수 있도록 깨어 있어야 한다. 종이 깨어 있었음을 보았을 때 주인은 마음이 기뻐 혼인 잔치에서 가져온 음식을 기꺼이 종들에게 내놓으며 칭찬할 것이다. 요한계시록 7:17에 "이는 보좌 가운데에 계신 어린 양이 그들의 목자가 되사 생명수 샘으로 인도하시고 하나님께서 그들의 눈에서 모든 눈물을 씻어 주실 것임이라."라는 말씀이 있다. 주님은 바로 우리의 눈물을 씻어 주시는 아버지이시다.

이 비유는 우리에게 종말적 삶의 기독교적 자세를 일깨워주고 있다. 종말은 특정한 날이 아니라 지금 어느 순간에도 임할 수 있는 현실이다. 따라서 성도는 늘 깨어 있어야 한다(항상 깨어 있음). 또한 맡은 바 직무에 충실한 종처럼, 하나님께서 맡기신 삶의 자리에서 성실하게 살아가는 것이 종말적 삶이다(신실한 섬김과 책임). 종말은 심판이기도 하지만, 하나님 나라의 완성이기도 하다. 따라서 성도는 두려움보다 소망으로 그날을 기려야 한다(두려움이 아닌 소망으로 준비함). 그리고 세상의 유혹과 거짓에 흔들리지 않고, 말씀에 근거한 분별력으로 살아가는 것이 중요하다(지혜로운 분별력).

누가복음 12장의 비유들은 단순한 경고가 아니라, 종말을 살아가는 성도의 삶의 방향을 제시하는 말씀이다. 깨어 있고, 신실하며, 소망 가운데 살아가는 삶이 바로 누가복음 12장이 말하는 종말적 삶이다.

그렇다면 예수님은 종말에 대해 어떻게 가르쳤을까? 예수님은 종말을 두려움의 사건이 아니라, 소망과 책임의 순간으로 가르치셨다. 깨어 있고 준비된 삶, 윤리적 책임, 그리고 구속의 희망이 핵심이다.

예수님의 종말 가르침의 핵심은 크게 다섯 가지로 집약된다.

첫째, "깨어 있으라!" 하셨다. 마태복음 24장과 누가복음 21장에서 예수님은 "그날과 그때는 아무도 모른다." 하시며, 항상 깨어 있을 것을 강조하셨다. 이는 종말의 시기를 계산하기보다 지금, 이 순간을 신실하게 살아가라는 뜻이다.

둘째, 윤리적 책임을 강조하셨다. 예수님은 종말을 핑계로 도피하거나 세상을 버리라고 하지 않으셨다. 오히려 가정, 직장, 교회에서 충실하게 살아가며 종말을 준비하라고 하셨다. 종말론적 삶은 도피가 아니라 책임의 삶이다.

셋째, 우주적 재난과 인자의 재림이다. 종말에는 해와 달이 어두워지고 별들이 떨어지는 등 우주적 징조가 나타난다고 하셨다. 그 가운데 인자(예수님)께서 구름을 타고 다시 오신다고 예언하셨다.

넷째, 구속의 날, 소망의 날이다. 누가복음 21:27~28에서 예수님은 "그때 사람들이 인자가 구름을 타고 능력과 큰 영광으로 오는 것을 보리라 이런 일이 되기를 시작하거든 일어나 머리를 들라 너희 속량이 가까웠느니라." 말씀하셨다. 즉, 종말은 심판의 날이자 구원의 날이며, 성도에게는 환희의 날이다.

끝으로, 시한부 종말론을 경계하셨다. 예수님은 종말의 정확한 시기를 알려주지 않으셨고, 시한부 종말론을 경계하셨다. "밤에 올 것이다"라는 문자적 해석에 집착하지 말고, 언제든 올 수 있는 종말을 준비하라고 하셨다.

종말에 대한 예수님의 가르침은 단순한 경고가 아니라, 현재를 어떻게 살아야 할지에 대한 깊은 통찰이다. 두려움이 아닌 소망으로, 도피가 아닌 책임으로, 깨어 있고 준비된 삶을 살아가는 것이 예수님의 종말론이다.

그렇다면 신학자들의 생각은 어떨까? 신학에서 종말에 대한 견해는 다양하다. 대표적으로 전천년설, 세대주의적 전천년설, 후천년설, 무천년설 등 네 가지가 있다.

전천년설은 예수님의 재림이 천년왕국 이전에 일어난다고 보는 견해(재림 → 천년왕국 → 최후 심판'이다. 세대주의적 전천년설은 전천년설의 한 분파로, 휴거와 7년 대환난을 강조한다. 그 순서는 교회 휴거 → 대환난 → 재림 → 천년왕국이다. 후천년설은 복음이 전 세계에 전파되어 점차 세상이 개선되고, 그 후 예수님이 재림하신다는 견해이다. 그 순서는 천년왕국(상징적 또는 실제) → 재림 → 심판이다. 무천년설은 천년왕국은 상징적이며, 현재 교회 시대가 곧 천년왕국이라는 해석이다. 현재가 천년왕국이고, 그 후 재림과 심판은 동시에 이뤄진다고 믿는다.

종말론에는 두 가지 범주가 있다. 개인적 종말론과 역사적 종말론이다. 개인적 종말론에서는 개인의 죽음, 부활, 영생, 심판 등을 다룬다. "내일 일을 자랑하지 말라"는 말씀처럼, 개인의 종말은 언제든지 올 수 있기에 늘 준비된 삶이 강조된다. 역사적 종말론은 예수님의 재림, 죽은 자의 부활, 최후의 심판, 새 하늘과 새 땅 등 인류 전체의 종말을 다룬다.

신학적으로 볼 때 종말론은 희망의 메시지, 윤리적 동기부여, 그리고 하나님 나라의 완성이라는 의미가 있다. 기독교 종말론은 단순한 파멸이 아니라 하나님의 정의와 구원의 완성을 의미한다. 이것은 희망의 메시지이다. 나아가 종말은 현재의 삶을 더욱 성실하고 거룩하게 살도록 이끈다. 이것은 윤리적 동기부여다. 그리고 종말은 하나님 나라가 완전히 실현되는 시점으로, 새 하늘과 새 땅이 도래하는 순간이다. 이것은 하나님 나라의 완성을 뜻한다.

종말에 대한 다양한 신학적 견해는 해석의 차이를 보여준다. 하지만 하나님의 주권, 예수 그리스도의 재림, 그리고 궁극적인 심판과 구원의 완성을 중심으로 한다는 점에서 공통된다. 이 모든 견해는 성도들에게 현재를 어떻게 살아야 할지에 대한 방향을 제시한다.

그렇다면 우리는 어떻게 종말을 살아가야 할까? 기독교적 안목에서 종말을 살아가는 자세는 '현재를 진지하게, 그리스도 중심으로 살아가는 삶'이다.

기독교는 종말을 단순히 미래의 사건으로 보지 않고, 이미 시작된 현실로 이해한다. 따라서 종말론적 삶은 두려움이나 회피가 아니라, 깨어 있고 성실하며 소망을 품는 삶의 태도를 요구한다. 다음은 종말을 살아가는 기독교적 자세다.

첫째, 현재를 마지막처럼 살아가기다. 사도 바울은 고린도전서 7장에서 "아내 있는 자들은 없는 자 같이, 우는 자들은 울지 않는 자 같이"라고 했다. 이는 세상의 일시적인 것에 집착하지 말고, 영원한 것을 바라보라는 뜻이다.

둘째, 그리스도 중심의 삶이다. 종말론적 삶은 세상에 몰두하기보다, 그리스도께 집중하는 삶이다. 헛된 것에 집착하지 않고, 예수님의 재림과 하나님의 나라를 소망하며 살아가는 것이다.

셋째, 윤리적 책임과 성실함이다. 종말을 살아가는 신앙은 우리의 윤리와 삶의 자세를 바꾸어 놓는다. 시간의 문턱에서 우리는 더욱 정직하고 책임감 있게 살아야 한다.

넷째, 깨어 있음과 준비된 삶이다. 디모데후서 3장에 따르면, 마지막 날에는 위험한 시대가 닥친다고 경고한다. 따라서 성도는 영적으로 깨어 있고, 말씀과 기도로 준비된 삶을 살아야 한다.

끝으로, 소망과 위로의 시선을 가져야 한다. 종말은 두려움이 아니라, 하나님 나라의 완성을 향한 소망이다. 고난 속에서도 위로를 얻고, 믿음으로 견디는 자세가 중요하다.

이러한 종말론적 삶은 단순히 종말을 기다리는 것이 아니라, 종말 속을 살아가는 신앙이다. 오늘 하루를 마지막처럼 살아가며, 하나님 앞에서 진실하고 성실한 삶을 살아가는 것이 기독교적 종말론의 핵심이다.

예수님은 이 땅에 오셔서 우리 가운데 하나님의 나라가 이미(already) 임했음을 선포하셨다. 그러나 아직 완전히 하나님의 나라가 임한 것은 아니다 (not yet). 그것은 예수님의 재림으로 완성된다. 우리는 '이미'와 '아직은 아닌' 그 사이에서 살아가고 있다. 이 땅에서 우리 가운데 임한 하나님의 나라를 맛보고, 주님이 다시 오시면 완전히 실현될 그 나라를 기대하며 살아가고 있다. 종말론적 삶은 주님 재림 전까지 우리가 마땅히 허리에 띠를 띠고, 등불을 켜며, 서 있어야 하는 시간이다. 영광중에 다시 오실 주님을 기다리는 아름다운 시간이다. 그것은 성도가 가질 수 있는 특권이자 의무다.

# 15. 천국과 지옥, 그리고 하나님의 나라

성경에서 천국은 하나님과 함께하는 영원한 기쁨의 장소이며, 지옥은 하나님과의 단절 속에서 고통받는 영원한 형벌의 장소로 묘사된다. 성경은 천국과 지옥을 인간의 죽음 이후 존재하는 영적 실재로 설명하며, 각각은 믿음과 삶의 선택에 따라 도달하는 곳으로 그려진다.

다음은 성경에서 묘사된 천국과 지옥의 특징이다.

천국은 하나님의 집이다. 요한복음 14:2, 3에서는 예수님이 "내 아버지의 집에 거할 곳이 많다"라고 말씀하시며, 믿는 자들을 위해 준비된 장소임을 밝히셨다. 천국은 영원한 생명과 기쁨이 있는 곳이다. 요한계시록 21:4는 "다시는 사망도 없고 애통도 없고 곡도 없을 것"이라며 천국의 평화와 위로를 강조한다. 천국은 하나님과의 관계가 있는 곳이다. 마태복음 5:8은 "마음이 청결한 자는 하나님을 볼 것"이라며, 천국에서 하나님과 직접 교제하는 기쁨을 나타내고 있다. 천국은 보상의 장소이다. 마태복음 25:34에서는 "복 받은 자들아… 너희를 위하여 예비된 나라를 상속하라"고 하며, 믿음의 삶에 대한 보상이 주어지는 곳으로 설명됩니다.

지옥에는 영원한 불이 있다. 마태복음 25:41은 "마귀와 그의 사자들을 위하여 예비된 영원한 불"로 지옥을 묘사하며, 하나님을 거역한 자들의 최종 심판처임을 나타낸다. 지옥에는 꺼지지 않는 불과 고통이 있다. 마가복음 9:43, 44는 "꺼지지 않는 불"과 "범죄하게 하는 손을 찍어 버리라"는 극단적 표현으로 지옥의 고통을 강조하고 있다. 지옥에는 음부의 고통이 있다. 누가복음 16:23, 24에서는 부자가 음부에서 고통받으며 나사로에게 물 한 방울을 구하는 장면이 나온다. 이는 지옥의 고통과 절망을 생생하게 보여준다. 지옥은 둘째 사망이 있는 곳이다. 요한계시록 20:14, 15는 지옥을 '불 못'이라 부르며, 생명책에 기록되지 않은 자들이 던져지는 곳으로 묘사된다.

이로 미루어 천국과 지옥은 단순한 장소가 아니라 하나님과의 관계의 결과로 이해된다. 천국은 하나님과의 영원한 연합이며, 지옥은 그와의 영원한 단절이다. 성경은 이를 통해 인간의 삶과 선택이 영원한 운명을 결정짓는다는 메시지를 전하고 있다.

기독교 신학에서 천국은 하나님과의 영원한 연합과 기쁨의 장소이며, 지옥은 하나님과의 단절과 형벌의 장소로 이해된다. 이 두 개념은 인간의 삶과 선택, 그리고 하나님의 심판과 구원에 대한 핵심적인 신학적 주제이다.

신학적으로 볼 때 천국은 하나님의 임재와 연합이 있는 곳이다. 천국은 하나님이 거하시는 곳이며, 구원받은 자들이 그분과 영원히 함께하는 장소이다. 이는 단순한 공간이 아니라 하나님과의 관계가 완전히 회복된 상태를 의미한다. 나아가 천국은 영원한 생명과 기쁨이 있는 곳이다. 요한계시록은 천국을 '새 예루살렘', '생명수 강', '영원한 빛' 등으로 묘사하며, 고통과 죽음이 없는 완전한 평화의 상태를 강조한다. 그리고 천국은 변화된 존재가 거하는 곳이다. 천국에 들어가는 자들은 영화롭게 변화된 몸을 입고 하나님을 섬기며, 죄와 악으로부터 완전히 자유로운 존재가 된다.

이에 반해 지옥은 하나님의 심판 결과가 있는 곳이다. 지옥은 하나님의 뜻을 거부하고 죄를 택한 자들이 가게 되는 장소로, 영원한 형벌과 단절의 상태이다. 그곳엔 불 못과 영원한 불이 있다. 성경은 지옥을 '불 못'(계 20:15), '영원한 불'(마 25:41) 등으로 묘사하며, 고통과 절망의 장소로 설명하고 있다. 일부 신학에서는 죽은 자들이 임시로 머무는 '음부'(Hades)와 '낙원'

(Paradise)을 구분하며, 최종 심판 이후 지옥이 완전히 실현된다고 본다.

천국과 지옥에 대해 기독교와 천주교 모두 공통점과 차이점이 있다. 두 전통 모두 구원받은 자는 천국에, 죄인은 지옥에 간다는 기본 신앙을 공유하고 있다. 그러나 천주교는 연옥(Purgatory) 개념을 통해, 일부 영혼이 정화 과정을 거쳐 천국에 들어간다고 본다. 반면 개신교는 죽음 이후 바로 천국 또는 지옥으로 간다고 보는 경향이 강하다.

천국과 지옥은 단순한 종착지가 아니라, 하나님과의 관계에 대한 신학적 선언이다. 이 개념은 인간의 자유의지, 죄, 구원, 심판, 그리고 하나님의 사랑과 공의에 대한 깊은 성찰을 요구한다.

그렇다면 천국은 예수님이 말씀하신 '하나님의 나라'(Kingdom of God)와 어떤 차이가 있을까? 예수님이 말씀하신 '하나님의 나라'는 단순히 죽은 후 가는 장소인 '천국'과는 개념적으로 다르다. 성경에서는 이 둘이 겹치기도 하지만, 예수님의 가르침에서는 '하나님의 나라'가 훨씬 더 넓고, 역동적인 의미가 있다.

'하나님의 나라'는 무엇일까? 예수님은 '하나님의 나라'를 현재와 미래, 내면과 외면, 개인과 공동체 모두에 적용되는 개념으로 말씀하셨다. 하나님의 나라는 하나님의 통치가 임한 상태이다. 단순한 장소가 아니라, 하나님이 왕으로서 다스리시는 영역을 뜻한다. 이는 마음속, 공동체 안, 세상 속에서 실현될 수 있다. 하나님의 나라는 이미 임했다. 하지만 아직 완성되지 않았다. 예수님은 "하나님의 나라가 너희 가운데 있다"(눅 17:21)라고 하셨다. 하지만, 동시에 "하나님의 나라가 가까이 왔다"(막 1:15)라고도 하셨다. 이는 지금도 진행 중이며, 미래에 완성될 나라라는 뜻이다. 하나님의 나라는 삶의 방식과 가치관이 다르다. 하나님의 나라에서는 사랑, 정의, 자비, 겸손, 섬김이 중심 가치이다. 예수님은 산상수훈(막 5~7장)에서 이 나라의 시민이 어떤 삶을 살아야 하는지 가르치셨다.

예수님은 단지 '천국에 가는 법'을 가르치신 것이 아니라 지금, 이 순간부터 하나님의 나라를 살아가는 법을 가르치셨다. 즉, 하나님의 나라란 우리가 하나님의 뜻을 따라 살아갈 때 이미 시작되는 현실이며, 그 완성은 천국에서 이루어진다.

그렇다면 사복음서에서 하나님의 나라 또는 천국 등 그 표현이 왜 서로 다를까? 사복음서에서 '하나님의 나라'와 '천국'이라는 표현이 다른 이유는 주로 복음서 저자의 대상 독자와 문화적 배경에 따른 언어 선택 때문이다. 의미적으로는 거의 동일하게 사용된다.

'천국'(Kingdom of Heaven)은 마태복음에서만 등장하며, 약 32회 사용된다. 마태는 유대인을 대상으로 복음을 전했기 때문에, 유대 전통에서 하나님의 이름을 직접 언급하는 것을 피하는 경향이 있었다. 그래서 '하나님의 나라' 대신 '천국'이라는 표현을 사용한 것으로 보인다. '하나님의 나라'는 마가복음, 누가복음, 요한복음에서 사용되고 있다. 이 복음서들은 이방인 독자를 염두에 두고 쓰였기 때문에, 하나님의 이름을 직접 언급하는 데 거리낌이 없었다.

같은 사건이나 비유를 다룰 때, 마태는 '천국'이라 표현했고, 마가와 누가는 '하나님의 나라'라고 표현했다. 예를 들어 마태복음 13:31에서 "천국은 마치 사람이 자기 밭에 갖다 심은 겨자씨 같으니"라 했다. 그러나 마가복음 4:30에서는 "하나님의 나라를 무엇으로 비교할까? 겨자씨와 같으니"라 했다. 이처럼 같은 의미를 지닌 표현이 저자에 따라 달리 사용된 것이다.

일부 학자들은 '천국'이 더 미래적이고 장소적인 개념이며, '하나님의 나라'는 하나님의 통치와 현재적 실현을 강조한다고 보기도 한다. 하지만 예수님은 두 표현을 서로 바꿔가며 사용하셨고, 문맥상 동의어로 간주하는 것이 일반적이다. 예를 들어 마태복음 19:23, 24에서 예수님은 "부자는 천국에 들어가기 어렵다"라고 하신 후, 바로 다음 구절에서 "하나님의 나라에 들어가는 것보다 어렵다"고 말씀하셨다. 이는 두 표현이 같은 개념임을 보여준다. 이런 차이를 이해하면 복음서의 메시지를 더 깊이 있게 받아들일 수 있다.

그렇다면 각 복음서에서 '하나님의 나라' 는 어떻게 전개되는가? '하나님의 나라' 는 하나님이 주권적으로 다스리시는 영역이며, 예수님을 통해 시작된 구속의 역사 속에서 현재와 미래에 걸쳐 실현되는 하나님의 통치이다. 성경에서 '하나님의 나라' 는 단순한 장소가 아니라 하나님의 뜻이 이루어지는 상태를 의미한다. 예수님은 이 나라의 도래를 선포하며, 그 나라의 백성으로 살아가는 삶의 방식과 가치관을 가르치셨다.

성경적으로 볼 때 하나님의 나라는 하나님의 통치와 다스림이 있는 곳이다. 하나님 나라란 하나님이 왕으로서 만물을 다스리시는 영역이다. 이는 물리적 장소가 아니라, 하나님의 뜻이 실현되는 모든 영역을 포함한다. 하나님의 나라는 현재와 미래의 이중적 성격을 가진다. 예수님은 "하나님의 나라가 너희 가운데 있다"(눅 17:21)라고 하셨다. 이는 믿는 자의 삶 속에서 이미 시작된 나라로, 현재의 의미를 담고 있다. 동시에 "하나님의 나라가 가까이 왔으니 회개하고 복음을 믿으라"(막 1:15)라고 하셨다. 이것은 완성될 하나님 나라가 미래에 도래할 것을 가리킨다. 하나님의 나라는 복음의 핵심이다. 예수님의 사역은 '하나님의 나라' 의 선포로 시작되며, 이는 복음의 중심 메시지이다. 마태복음 6:33에서 "너희는 먼저 그의 나라와 그의 의를 구하라" 하셨다. 이 말씀은 삶의 우선순위를 하나님 나라에 두라는 뜻이다.

하나님 나라의 특징은 무엇일까? 의와 평화와 기쁨이다. 로마서 14:17은 "하나님 나라는 먹고 마시는 것이 아니요, 성령 안에서의 의와 평화와 기쁨"이라 했다. 또한 겸손과 섬김의 가치를 중시한다. 예수님은 나귀를 타고 입성하시고, 제자들의 발을 씻기며, 세상의 왕과는 다른 방식으로 하나님 나라를 보여주셨다. 그리고 기도와 삶 속에서 실현하도록 하셨다. 주기도문에서 "나라가 임하시오며 뜻이 하늘에서 이루어진 것같이 땅에서도 이루어지이다"(마

6:10)라고 기도하라고 하신 것은, 하나님 나라가 우리의 삶 속에서 실현되기를 바라는 마음을 담고 있다. 하나님의 나라는 예수님의 핵심 메시지이자 삶의 방향을 가르쳐준다. 그 나라는 단지 죽은 후 가는 천국이 아니라 지금 이 땅에서 살아내야 할 삶의 방식이다.

하나님 나라에 관한 신학적 견해는 어떠할까? 신학자들에 따르면 하나님 나라는 하나님이 주권적으로 다스리시는 영역이며, 예수 그리스도를 통해 시작된 구속의 역사 속에서 현재와 미래에 걸쳐 실현되는 하나님의 통치이다. 하나님 나라는 성경 전체를 관통하는 핵심 주제 중 하나로, 단순한 장소가 아니라 하나님의 뜻이 이루어지는 상태와 관계를 의미한다.

신학적으로 볼 때 하나님 나라의 핵심 개념은 하나님의 주권과 통치에 있다. 하나님 나라는 하나님이 왕으로서 다스리시는 모든 영역을 뜻한다. 이는 물리적 장소가 아니라 하나님의 뜻이 실현되는 삶과 공동체를 포함한다. 하나님의 나라는 '이미'와 '아직'의 긴장 사이에 있다. 예수님의 오심으로 하나님 나라는 이미 시작되었다. 하지만, 그 완전한 실현은 예수님의 재림을 통해 이루어진다. 이를 '이미(already) 도래했으나 아직 완성되지 않은(not yet) 나라'라고 표현한다. 하나님의 나라는 예수님의 사역과 직결된다. 예수님은 병자를 고치고 죄를 용서하며 하나님 나라의 실제 모습을 보여주셨다. 그의 핵심 메시지는 "하나님 나라가 가까이 왔다"는 것이었다.

예수님의 가르침에 따르면 하나님 나라는 다음과 같은 특징이 있다. 점진적 성장이다. 겨자씨 비유처럼 하나님 나라는 작게 시작해 점차 확장된다. 개인의 회심이 강조된다. 사회 변혁보다 개인의 내면 변화와 회개를 통해 하나님 나라가 확장된다. 하나님의 선물과 잔치로 묘사된다. 하나님 나라는 인간의 공로가 아닌 은혜로 주어지는 선물이며, 잔치로 묘사된다. 또한 책임 있는 동참을 요구한다. 하나님 나라의 백성은 단순히 수혜자가 아니라, 적극적으로 참여하고 실천해야 한다. 역사성과 초월성도 있다. 하나님 나라는 역사 속에서 실현되지만, 동시에 초월적인 성격을 지닌다. 그리고 하나님의 나라는 모든 사람을 포함한다. 인종, 계층, 성별을 초월해 모든 이에게 열려 있는 매우 포용적 나라이다.

하나님 나라는 단순히 죽은 후 가는 천국이 아니다. 지금, 이 순간부터, 바로 이 땅에서 우리가 살아내야 할 삶의 방식과 가치다. 예수님의 비유와 사역은 이 나라의 성격을 드러내며, 그리스도인들은 이를 실천함으로써 하나님 나라를 확장해 간다. 우리가 그 나라의 백성임을 잊지 말자.

# 16. 세계는 하나님의 주권 아래 있다

"세계는 하나님의 주권 아래 있다"는 말은 기독교 신앙의 핵심 진리 중 하나로, 하나님께서 온 우주와 역사를 다스리시는 절대적인 통치자이심을 고백하는 표현이다.

하나님의 주권이란 무엇인가? 주권(sovereignty)은 하나님이 모든 것을 창조하시고, 유지하시며, 목적대로 이끄시는 권한과 능력을 의미한다. 성경은 "하나님은 하늘에서 자기 뜻대로 모든 것을 행하시나니"(시 135:6)라고 선언하며, 하나님의 뜻이 궁극적으로 이루어진다는 확신을 주고 있다.

세계의 역사와 질서 속에 하나님의 손길이 작용하고 있다. 창조, 섭리, 종말에도 하나님의 주권이 작용한다. 하나님은 "태초에 천지를 창조하시니라"(창 1:1)로 시작하여 우주의 질서와 생명의 기원을 주관하신다(창조). 인간의 역사 속에서 하나님의 계획은 때로는 숨겨져 있다. 하지만 결코, 멈추시 않는다. 예를 들어, 요셉의 고난은 결국 이스라엘을 구원하는 길이 되었고(창 50:20), 예수님의 십자가는 인류 구원의 문이 되었다(섭리). 기독교는 역사의 끝도 하나님의 손에 달려 있으며, 예수 그리스도의 재림과 하나님 나라의 완성을 믿는다(종말, 계 21장).

기독교는 하나님의 절대 주권과 인간의 자유의지가 동시에 존재한다고 본다. 인간은 선택할 수 있지만, 그 선택조차 하나님의 계획 안에 포함되어 있으며, 하나님은 모든 것을 합력하여 선을 이루신다(롬 8:28). 이는 운명론이나 숙명론과는 다르며, 하나님의 사랑 안에서 자유롭게 살아가는 삶을 강조한다.

믿는 자는 하나님의 주권을 깊이 신뢰한다. "세계는 하나님의 주권 아래 있다"는 믿음은 불확실한 세상 속에서도 평안과 희망을 주는 진리이다. 고난 속에서도 "하나님이 나를 잊지 않으셨다"는 확신은 믿음의 힘이 되며, 기도와 순종으로 이어진다. 이는 개인의 삶뿐 아니라 사회, 정치, 자연, 문화 모든 영역에서 하나님의 뜻을 구하는 자세로 연결된다.

"세계는 하나님의 주권 아래 있다"는 이 고백은 단순한 신학적 선언이 아니라, 삶의 모든 순간에 하나님이 함께하시며, 모든 것을 주관하신다는 믿음의 고백이다. 혼란과 불안 속에서도 "하나님이 다스리신다"는 확신은 믿는 자에게 평안과 용기를 준다.

세계 정세는 언제나 요동치고 있다. 이 글을 쓰는 지금도 우크라이나 전쟁은 끝나지 않았고, 이스라엘과 중동의 상황은 늘 불안하다. 가자에서 하마스 공격으로 빚어진 전쟁은 많은 인명을 잃었다. 트럼프 대통령의 주도로 인질이 모두 풀려나 다행이다. 그러나 앞으로 어떤 변화가 있을지 마음을 놓을 수 없다. 북한은 많은 수의 핵을 보유하고 있고, 미국 본토를 공격할 수 있을 만큼 미사일 수준을 계속 높여가고 있다.

이런 일은 20년 전에도 다르지 않았다. 당시 세계는 북한의 핵 문제, 우즈베키스탄에서의 유혈사태, 쿠란 모독 사건 등으로 홍역을 앓았다. 그때도 이 문제가 어떻게 풀리는가에 따라 세계 정세도 크게 달라질 것으로 전망했다.

그때로 잠시 돌아가 보자. 북한의 핵 문제의 경우 북한과 미국 사이에 미묘한 감정적 싸움이 일고 있어 대화 성사 자체가 불투명한 상태다. 북한은 6자 회담을 거부하면서 미국을 비난하고 있고, 미국은 북한의 핵 문제를 유엔에 상정함으로써 이 문제를 국제적 문제로 이끌어 갈 준비를 하고 있다. 게다가 북한의 핵시설에 대한 공격설마저 나오고 있어 한반도 위기 가능성마저

배제할 수 없다. 북한은 벼랑 끝 전략을 사용하고 있는데도 당사국들은 협상용일 것이라며 애써 수위를 낮추고 있다. 북한이 핵 보유나 핵실험 가능성을 흘리는 것은, 조금씩 문제를 썰어 내놓는 살라미 전략이거나 누구를 잡아먹지는 못하지만, 최소한 잡아먹히지 않겠다는 약소국의 고슴도치 전략 정도로 간주한다. 그런 가운데 북한은 더 극단적인 방법을 선택할 가능성이 높다는 것이 문제다. 북한이 핵을 가지면 일본과 한국도 핵을 보유하려 할 것이므로 동북아 정세는 더욱 위험 상황에 빠질 우려가 있다. 20여 년 전 얘기이지만 지금도 남북 간 긴장 관계는 풀리지 않고 있다.

당시 우즈베키스탄의 안디잔에서 정부군이 반정부 시위대에 발포하여 적어도 600명의 사망자가 발생했다. 이 반정부 시위는 정부 전복을 노린 이슬람 원리 단체가 주도한 것이라는 시각도 있지만 15년간 독재를 해온 카리모프 대통령에 대한 염증과 민주화에 대한 열망 작용도 무시할 수 없다. 대통령은 발포라는 초강수 수단을 동원했다. 하지만 그 여파는 만만치 않을 것이다. 왜냐하면 키르기스스탄 등 당시 중앙아시아에 일고 있는 민주화 여망과 무관하지 않기 때문이다. 이 지역은 연고권을 내세운 러시아, 민주화 열망을 부추기는 미국, 신정국가 건립을 꿈꾸는 무슬림으로 인해 복잡한 양상을 띨 것으로 예측되었다.

아프가니스탄에서는 쿠란 모독 사건으로 대규모 반미데모가 일었고, 15명이 죽었다. 콴타나모 베이에서 미국 심문관이 쿠란을 찢어 변기에 흘려 내보냈다는 뉴스위크지의 보도가 나간 뒤 항의 시위가 이슬람국가 전반으로 번지고 성난 무슬림들이 연일 쿠란을 손에 들고 지하드를 촉구했다. 문제가 심각해지자 뉴스위크는 오보라며 사과했다. 하지만 그 기세는 쉽게 꺾이지 않았다.

과거나 현재나 이런 여러 사태가 지금 우리를 어지럽게 하고, 세계 정세를 혼미하게 만들고 있다. 세계가 어떤 방향으로 나가게 될지 예측할 수도 없다.

이런 때일수록 그리스도인이 알아야 할 것은 혼돈 가운데서도 하나님의 주권은 확고히 선다는 사실이다. 세계는 하나님의 주권 아래 있다. 핵이든 데모든 하나님의 주권과 섭리를 흔들 수는 없다. 관련 당사국의 지도자들뿐 아니라 세계의 모든 그리스도인도 주님의 평화가 이 땅에 임하도록 더 겸손히 하나님 앞에 무릎을 꿇어야 한다.

혼란스러운 세계 정세 속에서도, 기독교는 하나님의 주권과 섭리를 믿으며 희망과 책임의 시선을 유지해야 한다. 고난은 끝이 아니라 하나님의 뜻을 이루는 과정일 수 있기 때문이다.

2025년 세계 정세의 혼돈 요인은 다양하다. 전쟁과 내전이 끊이지 않고 있다. 미얀마, 수단 등에서는 내전과 종교 박해가 심해지며 수백만 명이 강제 이주를 겪고 있다. 기독교 박해는 증가하고 있다. 중앙아시아와 사하라 이남 아프리카에서는 교회에 대한 폭력과 권위주의적 억압이 증가하고 있으며, 50개 박해국 중 39개국에서 박해 지수가 상승했다. 종교 갈등과 극단주의도 난무하고 있다. 이슬람 극단주의의 확산으로 사헬 지역에서 기독교인들이 표적이 되고 있으며, 예배조차 위험한 상황이다. 사헬 지역은 사하라 사막과 사하라 이남 아프리카 북부 사바나 사이의 경계에 있는 점이지대로서, 서쪽으로는 세네갈 북부, 동쪽으로는 수단 남부에 이르기까지 약 6,400km 폭의 사막화가 진행 중인 지역이다. 이름의 유래는 '해안'을 뜻하는 아랍어에서 왔다. 복음 접근의 불균형도 문제이자 과제다. 현재 22억 명이 복음을 접하지 못한 상태이며, 이는 세계 기독교가 직면한 중요한 과제이다.

우리는 그리스도인으로서 하나님의 주권과 섭리를 믿는다. 하나님은 역사의 주관자이시다. "여호와께서 그의 보좌에 계시고 그의 왕국은 만유를 통치하시도다"(시 103:19). 혼란은 하나님의 뜻을 이루는 과정일 수 있으며, 고난 속에서도 하나님은 선을 이루신다(롬 8:28). 그리스도인은 두려움보다 믿음으로 반응해야 하며, 세상의 어둠 속에서 빛과 소금의 역할을 감당해야 한다.

이럴수록 믿는 자의 자세는 분별과 사랑의 실천이다. 분별력 있는 시선을 가지자. 세상의 뉴스와 정보에 휘둘리기보다, 성경적 가치로 세상을 해석하는 눈이 필요하다. 기도와 중보가 필요하다. 고통받는 이들을 위해 기도하고, 박해받는 교회를 위해 중보하는 자세가 중요하다. 복음의 확장은 우리의 사명이다. 혼란 속에서도 복음은 확장되고 있으며, 특히 남반구에서 기독교 인구가 급증하고 있다. 지속적으로 사랑을 실천하자. 난민, 빈곤, 질병 등 고통받는 이웃에게 예수님의 사랑을 행동으로 보여주는 삶이 필요하다.

혼돈의 시대는 믿음의 진정성을 시험하는 시기이다. 기독교인은 하나님의 주권을 신뢰하며, 세상의 고통 속에서 희망과 사랑을 전하는 사명자로 살아가야 한다. 혼란은 끝이 아니라, 하나님의 뜻이 드러나는 시작일 수 있다. 혼란스러울수록 믿음에 굳게 서자.

# 17. 예배를 다시 생각하다

경주에서 APEC이 열렸다. 세상이 놀랍게 바뀌고 있어, 지도자들의 관심도, 주제도 달라질 수밖에 없다. 20년 전 부산에서 APEC이 열렸을 때도 그랬다.

APEC 회의나 그 결과도 중요하다. 그 당시 나의 관심을 끈 것 가운데 하나는 부시 대통령이 부산 APEC 정상 회담을 마친 뒤 중국을 방문한 일이었다. 마침 주일을 맞아 그가 중국 교회를 방문해 예배를 드렸다는 점에서 우리의 관심을 모으기에 충분했다.

그의 중국 교회 방문은 매우 의도적인 것이기도 하다. 일부러 주일이 있는 주간에 중국을 방문하고자 했고, 중국 당국에 교회 방문을 하겠다고 사전에 통고하기도 했다. 미국 대통령의 중국 교회 방문 예배는 이번만이 아니다. 클린턴 대통령도 중국을 방문했을 때 베이징에 있는 삼자교회를 방문한 적이 있다.

미국 정부는 중국이 기독교 확산을 저지하고 있고, 직간접으로 교회를 탄압하고 있다고 생각한다. 미 국무부는 '종교 자유에 관한 2005년 보고서'에서 중국에서 "종교의 자유 존중과 양심의 자유가 아직 열악하며, 특히 많은 비인가 종교 단체들은 다양한 정도의 정부 간섭과 박해를 지속적으로 경험한다."고 공식적으로 밝힌 바 있다. 차제에 부시는 중국 교회를 방문하고, 중국 당국에 종교의 자유를 촉구하고자 하는 뜻을 행동으로 보여준 것이다.

중국 국가종교사무국은 부시 대통령이 베이징 시내에서 가장 오래된 개신교 교회인 강와스(缸瓦市) 교회의 예배에 참석할 것이라고 공식적으로 밝혔고, 그대로 이루어졌다. 이 교회는 외국인 선교사의 주도로 중국과 서구 양식을 혼합해 목재와 벽돌로 1922년 지어졌다. 라이스 미 국무장관도 이번뿐 아니라 지난 방중 때도 이 교회 예배에 참석한 바 있다.

교회를 방문한 부시는 방명록에 "하나님이여, 중국 기독교인들에게 축복을 주소서"라 썼고, 그는 교인들로부터 환영을 받았다. 그는 중국이 공개적인 예배를 허락한 것은 최근이며, 중국 정부가 예배를 드리기 위해 모이는 기독교인들을 더 이상 제재하지 않기를 바랐다. 대통령 선거 당시, 부시는 "40대 이전의 나를 묻지 말라. 40대 이후의 나는 거듭난 크리스천이다."라고 할 만큼 변화된 신앙인이었다. 나는 그런 그의 태도를 긍정적으로 본다.

중국 정부는 그동안 종교의 자유를 법적으로 인정하면서도 종교가 세력화되는 것을 경계해 왔다. 그 수가 많아지면 당으로서는 부담이 되기 때문이다. 부시 대통령은 후진타오와의 회의에서도 선진 사회일수록 종교를 용납한다며 중국이 종교에 대해 과거보다 개방적인 정책을 취하도록 요구했다. 부시의 이런 당당한 요구는 그의 신앙에서 비롯된 것이며, 이것이 부시 행정부의 일관된 정책이기도 하다.

부시 대통령의 이런 행보가 중국의 종교정책에 어떤 영향을 주게 될지 아무도 예측할 수 없다. 그러나 종교에 대해 여러모로 제한 조치를 하는 중국 정부에 모종의 도전이나 신호가 될 수 있음은 확실하다. 부시의 신보수주의에 대해 논란이 있기는 하다. 하지만 무엇보다 그의 중국 교회 방문이 중국 복음화에 큰 전기가 되기를 소망했다.

훗날 나는 프랑스의 개신교도로 심한 핍박을 받아 해외로 이주해야 했던 위그노의 역사를 살펴보았다. 연구 과정에서 위그노의 후예에 대해 관심이 컸는데, 부시 가문이 바로 위그노의 후예라는 것을 알고, "그러면 그렇지"라는 생각이 들었다. 부시가 대선에 나섰을 때 자기의 잘못된 과거에 대해 용서를 빌고, 앞으로 거듭난 자가 되겠다고 했다. 나는 그 말이 그저 나온 말이 아니라는 생각이 들었다. 하나님을 사랑하는 자는 어디서든 표가 난다. 믿음의 후손들이 여기저기서 더욱 일어나기를 기대한다.

왜 예배가 중요할까? 예배는 하나님과의 만남이며, 그리스도인의 정체성을 형성하는 핵심적인 행위이기 때문이다. 하나님을 높이고 그분의 가치를 인정하는 예배는 영적 성장과 공동체의 생명력을 유지하는 데 필수적이다. 예배는 단순한 종교적 의식이 아니라 하나님과의 깊은 교제이며, 그리스도인의 삶 전체를 방향 짓는 중심이다.

예배의 본질과 목적은 하나님을 향해 있다. 예배는 하나님을 찬양하고 그분의 가치를 공적으로 인정하는 것이다. 우리는 예배를 통해 영적으로 재충전된다. 우리의 영은 예배를 통해 새로워지고, 하나님의 자녀로서의 확신과 성령의 능력을 경험한다. 하나님을 예배하는 것은 그리스도인의 정체성을 드러내는 가장 본질적인 행위이다.

왜 교회에서 예배를 드려야 하나? 성전은 하나님과 만나고, 그 이름을 높이는 곳이다. 교회 공동체는 예배를 통해 하나님을 경험하고, 서로를 격려하며 영적 유대감을 강화한다. 예배는 다음 세대에게 신앙을 전수하고, 그들이 하나님과 연결되도록 돕는 중요한 수단이다. 그래서 교회 공동체 예배는 중요하다.

우리는 예배의 회복과 갱신을 위해 노력해야 한다. 먼저 균형 잡힌 예배를 회복해야 한다. 설교 중심의 예배에서 벗어나 성경적 구조(말씀, 성찬, 파송 등)를 회복해야 한다. 그리고 역동성과 기쁨을 회복해야 한다. 초대 교회의 예배처럼 기쁨과 소망이 넘치는 예배가 필요하다.

예배는 현대 사회에서 중요한 역할을 한다. 예배는 삶의 방향을 제시한다. 예배는 개인의 삶에 의미와 목적을 부여하며, 공동체의 윤리적 기준을 형성한다. 그리고 가치 중심의 삶을 형성한다. 무엇을 예배하느냐에 따라 삶의 방향이 달라진다. 하나님을 예배하는 삶은 영원한 가치를 추구한다. 예배는 단순한 종교 행위가 아니라 삶의 중심이자 영원의 기준이다. 예배를 통해 우리는 하나님과 연결되고, 그분의 뜻에 따라 살아가는 힘을 얻게 된다.

그렇다면 가장 바람직한 예배는 무엇일까? 그것은 '신령과 진정으로' 드리는 예배이다. 이는 하나님을 중심에 두고, 성령의 인도하심과 진리 안에서 마음과 삶을 다해 드리는 예배를 의미한다. 예배는 단순한 형식이나 감정의 표현을 넘어서, 하나님과의 인격적인 만남이며 삶 전체를 드리는 헌신의 행위이다. 바람직한 예배의 모습은 다음과 같은 요소들을 포함한다.

첫째, 신령(영)과 진정(진리)의 예배(요 4:24)이다. 신령(Spirit)은 성령의 인도하심에 따라 드리는 예배를 말한다. 감정이나 분위기에 치우치지 않고, 성령의 역사 속에서 하나님께 나아가는 것이다. 진정(Truth)은 하나님의 말씀에 근거한 진리 안에서 드리는 예배를 말한다. 감정이 아닌 진리에 뿌리내린 예배이다.

둘째, 하나님 중심의 예배이다. 예배의 대상은 오직 하나님이시다. 사람을 기쁘게 하거나 감동을 주는 것이 목적이 아니라, 하나님을 영화롭게 하는 것이 중심이 되어야 한다. 설교, 찬양, 기도, 성찬 등 모든 요소가 하나님을 향한 경배로 연결되어야 한다.

셋째, 공동체적 참여다. 예배는 개인의 신앙고백이자 공동체의 연합된 고백이다. 회중이 수동적인 관객이 아니라, 적극적으로 참여하는 구조가 바람직하다. 예를 들어, 찬양과 기도에 함께 참여하고, 말씀에 응답하며, 성찬에 동참하는 방식이다.

넷째, 질서와 자유의 균형을 이뤄야 한다. 고린도전서 14:40은 "모든 것을 품위 있고 질서 있게 하라"고 말한다. 예배는 혼란스럽지 않고 질서 있게 진행되어야 하며, 동시에 성령의 자유로운 역사를 제한하지 않아야 한다.

끝으로, 역사와 전통에 뿌리내린 형식을 무시하지 않아야 한다. 성경은 고정된 예배 형식을 명시하지 않지만, 역사적 전통과 성경적 원칙에 따라 형식이 발전해 왔다. 구약은 의식과 형식을 강조했고, 신약은 자유와 내면의 태도를 강조했다. 이 둘의 균형이 중요하다.

예배는 단순한 주일 행사가 아니라, 삶 전체를 하나님께 드리는 중심축이다. 바람직한 예배는 형식과 감정, 진리와 자유, 개인과 공동체가 조화를 이루며 하나님께 향하는 전인격적 응답이다.

그렇다면 우리는 어떻게 해야 하나? 이것은 중요한 질문이다. 앞서 나눈 예배의 중요성과 바람직한 모습에 비추어 볼 때, 우리가 해야 할 일은 단순히 예배에 '참석'하는 것이 아니라 예배자로 '살아가는' 것이다. 구체적으로는 다음과 같은 실천이 필요하다.

첫째, 예배를 삶의 중심에 두는 것이다. 예배를 주일 하루의 의무로 여기지 않고, 삶 전체가 하나님께 드리는 예배가 되도록 해야 한다. 직장, 가정, 학교, 일상생활 속에서 하나님의 임재를 인식하고, 그분을 영화롭게 하는 삶을 살아야 한다.

둘째, 말씀과 기도로 준비된 예배자가 되어야 한다. 예배는 준비된 마음으로 드릴 때 더 깊은 은혜를 경험한다. 주중에 말씀을 묵상하고 기도하며, 하나님과의 관계를 지속적으로 유지하는 것이 중요하다.

셋째, 공동체와 함께 예배한다. 혼자만의 신앙생활이 아니라, 공동체 안에서 서로를 세우고 격려하며 함께 예배하는 것이 건강한 신앙의 모습이다. 예배 후에도 교제와 나눔을 통해 삶의 예배로 이어지도록 노력해야 한다.

넷째, 겸손한 마음으로 하나님께 나아간다. 예배는 내가 원하는 감정이나 위로를 얻기 위한 수단이 아니라, 하나님께 나를 드리는 자리이다. 겸손히 하나님의 뜻을 구하고, 그분의 말씀에 순종하는 자세가 필요하다.

끝으로, 예배의 회복을 위해 기도하고 헌신해야 한다. 교회의 예배가 형식에 치우지지 않고, 성령의 역사와 진리의 말씀으로 충만해지도록 기도해야 한다. 예배팀, 찬양, 봉사 등 다양한 방식으로 예배를 세우는 일에 동참할 수 있다.

무엇보다 우리가 해야 할 일은 예배를 '드리는 사람'이 아니라 '예배하는 사람'이 되는 것이다. 예배는 단지 교회 안에서의 행위가 아니라, 하나님과 동행하는 삶 전체를 의미하기 때문이다. 우리 모두 참된 예배자가 되자. 주님이 기뻐하시는 예배자가 되자. 그것이 우리가 이 땅에서 해야 할 일이다.

# 18. 청지기 정신으로 하나님께 영광을

하나님은 우리에게 청지기(steward)라는 사명을 주셨다. 과연 우리는 얼마나 하나님께 충성된 청지기인가 묻지 않을 수 없다.

기독교에서 청지기 개념은 하나님께서 인간에게 맡기신 모든 것을 책임감 있게 관리하고 돌보는 삶의 자세를 의미한다. 청지기는 단순한 관리자가 아니라 하나님의 뜻에 따라 창조 세계와 자원을 섬기고 돌보는 책임 있는 존재이다. 청지기 정신은 성경 전반에 걸쳐 강조되고 있다.

청지기의 성경적 의미는 하나님은 모든 것의 주인이시고, 인간은 하나님의 위탁을 받은 관리자라는 사실이다. 시편 24:1은 "땅과 거기 충만한 것과 세계와 그 가운데 사는 자들은 다 여호와의 것이로다"라고 말한다. 인간이 가진 모든 것은, 하나님으로부터 온 것임을 강조하고 있다. 나아가 창세기에서 하나님은 인간에게 땅을 정복하고 생육하며 다스릴 책임을 주셨다. 이것은 단순한 지배가 아니라 보호하고 돌보는 사명이다. 청지기 직분의 헬라어 '오이코노모스'(Oikonomos)는 '집을 다스리는 자', 즉 주인의 소유를 맡아 관리하는 사람을 뜻한다.

청지기 정신의 실천 영역은 물질과 재산, 시간과 재능, 자연과 환경 등 아주 넓다. 물질과 재산의 경우 자신의 소유처럼 보이는 것들도 하나님께 맡겨진 것으로, 지혜롭게 그리고 정직하게 사용해야 한다. 시간과 재능도 마찬가지이다. 하나님께서 주신 시간과 능력을 하나님의 뜻을 이루는 데 사용하는 것이 청지기의 삶이다. 자연과 환경의 경우, 창조 세계를 보존하고 회복하는 책임도 청지기의 중요한 역할이다.

청지기 삶의 목적은 무엇보다 하나님께 영광을 돌리는 데 있다. 모든 삶의 영역에서 하나님을 섬기고 그분의 뜻을 실현하는 것이 청지기의 궁극적 목표이다. 나아가 이웃에게 덕을 끼쳐야 한다. 청지기의 삶은 공동체와 이웃을 위한 섬김으로 이어져야 한다. 청지기가 자신의 사명을 인식하고 성실히 감당할 때, 참된 자아와 삶의 의미도 발견하게 된다.

기독교에서 청지기는 단순한 종교적 교리가 아니다. 삶의 모든 영역에서 하나님께서 맡긴 것을 책임감 있게 관리하는 윤리적, 영적 존재이다. 청지기로서 그리스도인의 자세는 하나님께서 맡기신 모든 것을 책임감 있게 관리하며, 삶의 모든 영역에서 하나님의 뜻을 실천해야 한다. 이 자세는 단순한 관리자가 아니라 하나님의 뜻에 따라 삶을 살아가는 제자로서의 정체성과 연결된다.

청지기 정신의 핵심은 하나님의 주권을 인정함으로 시작된다. "사나 죽으나 자기 자신이 예수 그리스도의 것"이라는 고백이 청지기의 출발점이다. 청지기는 맡겨진 것에 책임감이 있어야 한다. 시간, 재물, 재능, 관계 등 모든 자원은 하나님께서 맡기신 것으로, 지혜롭고 충성스럽게 관리해야 한다. 청지기는 끊임없이 자신의 삶을 돌아보고, 하나님의 뜻에 따라 살아가기로 결단해야 한다. 자기 점검과 결단은 필수다.

청지기는 겸손한 태도, 섬김의 삶, 신실함과 충성, 영적 분별력을 가져야 한다. 모든 것이 하나님의 것이요 그로부터 왔다는 것을 인정하고 교만하지 않아야 하고, 자신에게 맡겨진 자원을 통해 이웃과 공동체를 섬겨야 하며, 주인이 돌아올 때까지 성실하게 맡은 일을 감당해야 한다. 그리고 세상의 가치보다 하나님의 뜻을 우선하며 살아야 한다.

청지기의 모범 사례는 하나님께서 맡기신 자원과 사명을 충성스럽게 관리하며, 공동체와 창조 세계를 섬긴 삶의 모습에서 드러난다. 성경 속 청지기의 모범 사례로는 요셉, 다니엘, 바울 등을 들 수 있다. 요셉은 이집트의 총리로서 하나님의 뜻에 따라 나라의 자원을 지혜롭게 관리하며, 기근 속에서도 백성을 살린 대표적 청지기였다. 다니엘은 바벨론에서 고위 관직을 맡았다. 하지만 하나님께 충성하며 정직과 절제의 삶을 실천한 청지기였다. 그리고 바울은 복음의 청지기로서 자신의 생명까지도 아끼지 않고 복음을 전하며 교회를 섬겼다.

현대를 살아가는 우리도 청지기로서의 삶을 살아야 한다. 창세기의 "땅을 다스리라"는 명령에 따라, 자연을 보호하고 지속 가능한 삶을 추구해야 하고, 마태복음 25장의 '달란트 비유'처럼, 하나님께서 맡기신 재물과 재능을 공동체와 선교를 위해 사용할 수 있어야 하며, 베드로전서 4:10의 말씀처럼, 각자의 은사를 따라 교회를 섬기며 하나님의 은혜를 나누는 삶을 살아야 한다.

청지기는 소유자가 아니라 관리자이다. 모든 자원은 하나님께 속하며, 우리는 그것을 하나님의 뜻에 따라 사용해야 할 책임이 있다. 청지기는 임시적이며 평가받는 자리이다. 주인이 돌아올 때, 충성된 청지기는 칭찬받고, 게으른 청지기는 책망받는다(마 25). 청지기 정신은 시간, 재능, 관계, 자연, 재정, 직분 등 삶의 모든 영역에 적용된다.

새해를 맞을 때마다 우리가 새롭게 다짐해야 할 것 가운데 하나가 '청지기 정신'(stewardship)이다. 하나님은 우리를 이 땅에 하나님의 청지기로 보내셨고, 우리는 철저히 그 정신에 입각한 삶을 살아야 마땅하다. 청지기는 예수님이 나의 삶에서 '주인 됨'(Lordship)을 고백하며, 우리 자신은 주님의 종임을 철저히 인식한다. 목회의 현장이든 기업이든 가정이든 우리 삶의 주인은 주님이심을 드러내야 할 곳이다. 이런 의식에 충실할 때 우리 삶의 모습은 달라질 것이다.

교회는 하나님이 우리에게 맡겨주신 하나님의 일터요 우리는 그 일터의 청지기다. 직분이나 직업 모두 우리에게 주신 일이며 우리 각자는 하나님으로부터 일을 잘 하도록 임명받은 청지기일 뿐이다. 그리스도의 사람은 목회자든 일반 성도든 이 땅에서 주님의 청지기로 살아야 할 의무가 있다.

그럼에도 주어진 일을 통해 하나님보다 자기의 명예를 높이는 데 사용했다면 청지기 정신을 훼손시킨 것이다. 직장에서 사욕을 위해 불법적으로 자금을 활용하고 이를 덮기 위해 뇌물을 제공해 왔다면 그것은 사회뿐 아니라 하나님을 향한 직무 유기이다. 이중삼중으로 죄를 짓는 행위이다. 하나님은 우리로 하여금 모든 영역에서 선한 청지기가 될 것을 요구하신다.

그리스도인은 이 땅에서 하나님 나라를 건설해야 할 사람들이다. 그 나라는 우리의 작은 실천에서 시작된다. 정직하게 땀 흘려 일하는 것을 자랑스럽게 생각하고, 사치가 아니라 절제를 사랑해야 한다. 새로운 해에도 생활에서 어떤 변화를 보여주지 못하고 늘 사회로부터 지탄받는 행동을 일삼는다면 한국기독교의 앞날은 너무 암담하다.

그리스도인은 언제, 어디서나 하나님이 각자에게 주신 사명을 다할 책임과 의무가 있다. 그 일터는 하나님이 우리에게 부여한 문명적 활동 영역이다. 이 활동은 각 개인의 삶뿐 아니라 사회의 삶을 질적으로 높이기 위한 목적도 포함되어 있다. 그리스도인은 일터를 창조주의 의도를 구체적으로 실현하는 작업 현장으로 인식하고 그 부르심에 따라 적극적으로 일을 실현해야 한다.

우리의 일터는 단지 효율성과 생산성을 높이는 곳이 아니다. 주어진 일을 통해 하나님이 바라시는 결과를 산출해야 한다. 그리스도인은 이 땅에서도 하나님 나라의 시민임을 인식하고 그 나라의 삶을 성실하게 구현해야 한다. 우리가 만들어낸 모든 산출에 책임을 지고 하나님의 선한 청지기로 살아가야 한다. 이것이 바로 그리스도인이 이 세상을 살아가는 방법이다. 새해 첫날부터 청지기 정신으로 무장해 모든 삶의 영역에서 하나님의 영광을 드러낸다면 후회하지 않을 것이다.

목회자도 청지기로서 해야 할 본분이 있다. 하나님께서 맡기신 교회와 성도들을 사랑과 진리로 섬기며, 말씀과 삶으로 본을 보이는 것이다. 목회자는 단순한 종교 지도자가 아니라 하나님의 집을 맡은 청지기로서, 교회를 돌보고 성도들을 양육하며 하나님의 뜻을 실현하는 사명을 더 충실히 감당해야 한다.

청지기의 관점에서 볼 때 목회자는 그리스도의 일꾼이자 하나님의 비밀을 맡은 자라는 정체성을 가지고 있다. 고린도전서 4:1~2는 "사람이 마땅히 우리를 그리스도의 일꾼이요 하나님의 비밀을 맡은 자로 여길지어다… 맡은 자에게 구할 것은 충성이니라"라고 말한다. '일꾼'이라는 단어는 헬라어로 '노예'를 뜻하며, 목회자는 주인의 뜻을 따르는 종의 자세로 사역해야 한다. 목회자는 하나님의 집을 관리하는 청지기이다.

목회자는 청지기로서 충성, 겸손, 분별력, 사랑의 자세를 가져야 한다. 맡은 일에 끝까지 책임을 다하고(충성), 자기의 뜻보다 하나님의 뜻을 우선하며(겸손), 시대와 상황 속에서 하나님의 뜻을 올바로 해석하고 적용한다(분별력). 그리고 성도와 공동체를 진심으로 사랑하며 섬긴다(사랑). 목회자는 단순히 교회를 운영하는 관리자가 아니라, 하나님의 뜻을 따라 성도들을 인도하고 공동체를 섬기는 청지기이다.

목회자는 자신의 목회 패러다임을 늘 점검해야 한다. 앞으로 교회가 문제없이 모든 일이 순조로울 것으로 생각한다면 잘못이다. 언제라도 인간적인 면이 개재될 수 있기 때문이다. 따라서 우리가 기도해야 할 것은 목회의 패러다임이 크로노스에서 카이로스로 대전환을 하도록 하는 것이다. 크로노스가 인간 중심이라면 카이로스는 하나님 중심이다. 이를 위해 우리가 해야 할 일은 무엇일까?

첫째, 교회의 계획과 모든 일정에 하나님이 개입하시고, 그 뜻이 이루어지도록 한다. 교회 임직원은 하나님의 일을 하는 사람들이다. 주어진 임기 동안에 하나님을 위해 의미 있는 계획을 세우고, 그 일에 하나님이 함께 하도록 기도해야 한다.

둘째, 우리의 시각을 인간이 아니라 하나님의 시각으로 바꾼다. 크로노스가 자신의 시각으로 세상을 보려 한다면 카이로스는 하나님의 시각으로 보는 것이다. 그리스도인의 특징은 자기의 고집이 밴 렌즈를 버리고 하나님의 렌즈로 바꾸었다는 데 있다. 자기를 내세울 것이 아니라 하나님의 시각에서 하나님 나라의 유익을 생각하면 교회의 과제도 쉽게 풀릴 수 있다.

셋째, 목회자도 자신을 넘어선 목회를 해야 한다. 야고보는 이 말세에 물질을 쌓은 것을 질타하고 있다. 개인적으로나 교회적으로 우리가 해야 할 일은 자신의 이익을 넘어서고, 개인의 명성과 성취를 넘어서 진정 주의 일을 하는 것이다. 목회는 목회자 자신의 유익을 위해 존재하는 것이 아니라 하나님을 위해 존재한다는 것을 잊어서는 안 된다.

끝으로, 한국교회도 교회를 넘어선 나눔이 있어야 한다. 주님이 교회를 향해 바라시는 코이노니아는 교인들끼리 사이좋게 지내는 것에 있지 않다. 언제나 가난한 자와 소외된 자를 돌아보고자 하는 하나님의 사랑과 직결되어야 한다.

지금까지 크로노스 목회를 해왔다면 이제 카이로스로 목회 패러다임을 바꿔야 한다. 진정 우리가 해야 할 일은 더 이상 자신의 유익을 구하지 않고 주님의 유익을 헤아리고 실천하는 일이다. 그래서 하나님께 영광을 돌리는 청지기가 될 수 있다.

우리는 모두 하나님 앞에서 청지기이다. 그리스도인은 하나님의 청지기로서 하나님께 영광을 돌리고, 겸손과 사랑으로 이웃을 섬기며, 삶에서 거룩함을 드러내야 한다. 성경은 그리스도인이 세상 속에서 어떻게 살아가야 하는지를 명확히 가르친다. 이는 단순한 도덕적 삶을 넘어, 하나님과의 관계, 이웃과의 관계, 자신에 대한 태도를 포함한 전인적 자세를 요구한다.

먼저 하나님께 대한 자세를 바로 한다. 우리의 삶의 목적은 하나님의 영광이다. "먹든지 마시든지 무엇을 하든지 다 하나님의 영광을 위하여 하라"(고전 10:31). 또한 거룩한 삶을 추구해야 한다. 로마서 12장에서는 "너희 몸을 하나님이 기뻐하시는 거룩한 산 제물로 드리라" 했다. 그리고 순종과 헌신이다. 끝까지 하나님의 뜻에 따라 살아가는 것이 그리스도인의 기본이다.

나아가 이웃과 사회에 대한 자세를 순간순간 점검한다. 무엇보다 사랑과 화평을 중시한다. "악을 악으로 갚지 말고 모든 사람 앞에서 선한 일을 도모하라"(롬 12:17). 겸손과 섬김은 필수다. "서로 마음을 같이하며 높은데 마음을 두지 말고 도리어 낮은 데 처하라"(롬 12:16). 그리고 관용과 용서로 나아간다. 불신자나 적대자에게도 선으로 대하며, 복수하지 않고 하나님께 맡긴다.

그리고 자신에 대한 자세도 바로 한다. 예수님의 말씀대로 자기 부인의 삶을 산다. 예수님을 따르기 위해 자신의 욕심과 자아를 내려놓는다. 경건과 절제의 삶을 산다. 세상의 유혹에 흔들리지 않고, 말씀과 기도로 자신을 지킨다. 그리고 소망과 긍지를 잃지 않는다. 거룩한 사람이라는 긍지와 예수님을 닮겠다는 소망을 품고 살아간다.

그리스도인의 바른 삶의 자세는 단순한 종교적 규범이 아니다. 삶의 모든 영역에서 하나님의 성품을 드러내는 것이자 주님의 청지기로서 마땅히 해야 할 일이다.

# 19. 하나님 앞에 무릎 꿇고, 그의 얼굴을 구하는 기도

우리는 기도한다. 홀로 기도도 하지만 함께 하기도 한다. 기도회는 모두 중요하다. 우리가 하나님 앞에 서있기 때문이다. 그러나 모든 기도가 아름다울까? 그에 대해서는 깊이 생각해 봐야 한다. 하나님 중심이 아니라 자기중심인 경우도 있기 때문이다.

바람직한 기도회는, 하나님 중심의 신뢰와 공동체적 사랑을 실천하는 기도모임이다. 기복적 목적보다는 영적 성숙과 하나님의 뜻을 구하는 자세가 중요하다. 기도회는 단순히 소원을 이루기 위한 수단이 아니다. 겸손히 하나님 앞에 무릎 꿇고 자신보다 하나님의 뜻을 구하며, 영적으로 새롭게 태어나는 시간이다. 주님과 더 깊은 교제의 자리로 함께 나아가며 공동체의 영적 성숙을 위한 아주 특별한 시간이다.

바람직한 기도회의 핵심 요소는 첫째, 하나님 중심의 신뢰 고백이나. "우리가 어떤 상황에 있다 해도, 그것 역시 전능하신 하나님의 손 아래 있음을 믿습니다"라는 고백은 하나님 주권에 대한 신뢰를 표현한다. 둘째, 기복적 성향을 지양한다. 단순히 어떤 일에 대한 좋은 결과나 성공을 위한 기도가 아니라, 하나님의 뜻을 구하고 그 뜻에 순종하는 마음을 갖는 것이 중요하다. 셋째, 공동체적 연합과 중보 기도이다. 개인의 필요뿐 아니라, 이웃과 공동체를 위한 중보 기도를 포함함으로써 사랑과 연합을 실천한다. 넷째, 감사와 회개가 균형을 이뤄야 한다. 기도회 때, "주님의 은혜로 오늘을 맞이할 수 있음에 감사를 드리며 저희는 여전히 연약하고 부족하여 주님 앞에 온전히 설 수 없는 죄인임을 고백합니다" 기도한다. 이 고백은 감사와 회개의 균형을 보여준다. 끝으로, 말씀 중심의 인도가 필요하다. 기도회 주제와 성경 말씀을 중심으로 진행하며, 기도회장과 외부 강사 간의 협력을 통해 영적 흐름을 유지하는 것이 좋다.

기도회는 찬양과 경배, 말씀 묵상, 개인기도, 중보 기도, 마무리 찬양과 축복기도로 진행한다. 하나님을 높이는 찬양으로 시작하고, 주제에 맞는 성경 말씀을 나눈다. 각자의 필요와 회개, 감사를 하고, 공동체, 나라, 교회, 이웃을 위한 기도로 나아간다. 그리고 찬양과 축복기도로 마무리한다. 기도회는 단순한 종교 행사가 아니다. 하나님과 깊이 만나고, 삶의 방향을 재정립하는 시간이다.

식구들은 일마다 때마다 마음을 합해 기도한다. 교회는 주중 새벽기도회, 수요저녁기도회, 토요 특별새벽기도회 등 다양한 기도회 시간을 갖는다. 그밖에 연합기도회도 갖는다. 이것만봐도 기도회는 그리스도인의 삶에서 중요한 자리를 차지하고 있음을 알 수 있다.

해마다 전국 목사 장로 기도회가 교단마다 열린다. 교회에서 중추적 역할을 담당하는 목사와 장로가 함께 손잡고 하는 기도인 만큼 의미도 깊다. 기도회 참가자들 모두 하나님을 향해 더욱 겸손하게 무릎을 꿇었으리라 생각된다. 전국 교회는 이 기도회가 앞으로 더 뜨겁고 결실이 있는 기도회가 되기를 바라고 있다.

대회를 계속하다 보면 기도회가 일상성 또는 이벤트성으로 바뀌어 생명력을 잃기 쉽다. 따라서 앞으로 기도회는 기도의 생명력을 회복하고, 그것이 한국교회를 변화시키는 전기를 마련할 수 있기를 기대한다.

기도회의 주제는 해마다 다르지만 "새롭게 하소서"(시 51:10)는 변함없는 소망이다. 언제나 이 주제에 부합한 기도의 결실이 있어야 한다. 특히 각 교회가 개혁교회로서의 자기 정체성을 확보하고, 교회, 가정, 일터 등 여러 차원에서 그 진가를 발휘해 사회를 힘 있게 변혁시킬 수 있기를 바란다.

이를 위해서는 기도회 자체부터 순수해야 한다. 과거에는 9월의 총회를 앞두고 여러 정치적 네트워크를 확보하려는 움직임이 강했고, 그만큼 기도회의 순수성은 상실했다. 기도회에는 사람이 모이기 때문에 그때를 이용하려는 움직임이 있기 마련이다. 그러나 기도회의 목적은 겸허히 하나님을 만나는 것이다. 이 목적이 희석되어서는 안 된다. 기도회를 통해 교단의 지도자들이 먼저 하나님과의 관계에 있어서 생명력 있는 관계를 회복해야 한국교회에 희망이 있다.

목사 장로 기도회는 1907년 평양 대부흥 운동을 계승하여 한국교회의 부흥을 재현한다는 목적도 있다. 1907년은 조선 역사에서 매우 어려운 시기였다. 헤이그 밀사 사건으로 고종은 일본으로부터 퇴위를 요구당했고, 나라가 위기에 처했었다. 지금 한반도는 위기 상황으로 치닫고 있다. 북한이 핵으로 무장하고, 심지어 전쟁이 예고 없이 일어날 수 있다는 말까지 나오고 있다. 이런 때 교단의 목사와 장로가 앞서 우리의 잘못을 회개하고, 하나님의 자비와 긍휼을 구하는 것은 당연하며, 이 기도의 제목은 각 교회에서 계속 이어져야 할 것이다.

1907년에 일었던 회개 운동이 한국교회를 새롭게 했듯이 우리의 눈물 어린 기도와 회개를 통해 한국과 한국교회가 다시 새롭게 되기를 희망한다. 각 교회는 지금까지 개 교회의 성장에만 몰두해 온 것을 반성해야 하며, 한국교회가 다시금 도덕적 주도권을 회복하고 국가와 사회에 선한 영향력을 발휘할 수 있도록 해야 한다. 누구보다 목사와 장로부터 스스로 겸비하고 기도하며 하나님의 얼굴을 구할 때 하나님은 정녕 이 땅을 고치실 것이다.

나아가 해마다 총회가 개회되고 중요한 안건이 다뤄지고 있다. 사안 하나하나 중요하고, 심지어는 격돌이 예상되는 문제도 있다. 이런 때 우리가 해야 할 일은 모두 하나님 앞에 겸손히 무릎 꿇어야 한다는 것이다. 우리가 기도하지 않고 각자의 소견이나 정치적 야욕에 따라 이 일들을 처리한다면 결국 사람의 일이 되고 말 확률이 높기 때문이다. 따라서 총회 현장에 순간순간 성령께서 역사 하시기를 기도해야 한다.

하만의 유대인 전멸 계획을 앞에 놓고 모르드개를 비롯한 유대인들 모두 그 옷을 찢고 굵은 베를 입으며 재를 무릅쓰고 통곡하며 기도했다. 왕후 에스더도 금식했다. 에스더서는 중대한 일을 앞에 두고 우리가 어떤 자세를 취해야 하는가를 잘 보여준다. 유대인에게 영광과 기쁨과 존귀함을 가져다준 하나님의 동일한 역사가 총회에 나타나 그 결과를 손꼽아 기다리는 한국 교계에 희망을 안겨 주어야 한다.

교단의 모든 교회는 총회를 위해 기도하고 있다. 형제가 하나 되는 일, 총회가 바른 신앙 위에 든든히 서는 일 모두 중요하다. 잃었던 신뢰감을 회복하고, 개혁 교단으로서의 정체성을 바로 하며, 거룩한 공교회성을 회복해야 한다.

총회는 미래를 준비해야 한다. 어떻게 할 것인가? 대책은 있는가? 기구를 마련하고 전문가를 키워야 한다. 노회, 지회마다 각 지역의 변화와 그 특성을 파악하고 지방부터 살려야 교회 생태계가 건전하게 유지될 수 있다. 교회는 한 교인이 필요로 하는 모든 것(all for one)을 제공할 수 있는, 섬세한 서비스가 필요하다.

오늘날 한국교회가 지탄받게 된 것은 누구 때문이 아니라 바로 나 자신 때문임을 인식하며 하나님 앞에 눈물 뿌리며 회개해야 한다. 지금 우리는 하나님 앞에 어떤 변명도 할 수 없고, 이 사회에 고개조차 들 수 없다. 이번 기회에 우리 교단이 성경적으로 건강한 교회로 새롭게 서지 않으면 안 된다. 더 이상 하나님과 이 사회에 부끄럽지 않도록 겸비하고 낮아지는 가운데 업무에 임해야 할 것이다. 그러면 하나님이 우리를 고쳐주시고, 우리의 상처를 싸매

주실 것이다. 한국교회가 진정 거룩함과 순결을 회복하고, 영적으로 성숙하는 기회가 되기를 바란다. 우리가 진정으로 하나님 앞에 무릎 꿇으면 상처를 싸매시고, 고쳐주신다.

# 20. 새바람을 일으키는 영적 리더가 되라

이런 유머가 있다. 제목은 "교회 가기 싫어요"

주일 아침에 어머니가 교회에 가라며 아들을 깨운다.

아들: "가기 싫어요."

정말 가기 싫은가보다.

어머니: "왜 그러는데?"

아들: "첫째, 그 사람들이 저를 싫어해요. 그리고 저도 그 사람들이 싫어요."

어머니: "네가 교회를 가야 할 두 가지 분명한 이유가 있지. 첫째, 네 나이
　　　　가 59살이야. 그리고 둘째, 네가 그 교회 목사잖니."

이 유머를 접하고, 생각했다. "그래, 목사님도 사람이지."

목사만 그런 것은 아니다. 성도들도 가나안 성도가 많다. 코로나 이후 '떠
도는 그리스도인'(floating Christian)이 늘었다는 기사가 자주 떴다. 떠도는
그리스도인이란 코로나로 교회 중심의 신앙생활을 할 수 없게 되자 그것에
익숙한 크리스천을 말한다. 온라인이든 오프라인이든 여기저기 기웃거리며 떠
도는(붕 떠 있는) 그리스도인, 뿌리조차 흔들리는 성도, 새로운 형태의 가나안
성도를 가리킨다. 발붙이고 다닐 마음이 없는 것이다.

가톨릭 교인으로서 교회에 잘 나가지 않고 쉬게 되는 경우를 '냉담'이라

한다. 가톨릭 교인은, 고해성사를 하면 보속을 해야 한다. 그래야 성체 의식에 참가할 수 있게 된다. 고해 성사를 몇 번 하다 보면 잘못했을 경우가 발생한다. "아, 그건 아닌데." 그러면 고해성사를 다시 해야 한다. 같은 건으로 같은 신부를 찾아가기도 민망하고, 그래서 다른 교회 신부를 찾아가 고해성사를 하기도 한다. 그런데 안 하다가 보면 자연 교회와 멀어지게 된다. 결국 냉담하게 되는 것이다.

나는 "목회에 새바람을 일으키라"는 글을 쓴 적 있다. 각기 처한 상황이 다를지라도 목회에 새바람을 일으켜 교회도 달라지고, 교인들도 달라진다면 얼마나 좋겠는가.

덴마크 신문에서 무하마드를 초상화로 그리고 자폭 터번까지 씌웠다 해서 이슬람의 분노가 유럽은 물론 무슬림 국가 전반으로 확산한 적이 있다. 자칫 이슬람과 기독교의 문명충돌로 재연되지 않을까 걱정하는 소리가 높았다. 그래서 덴마크 사람들은 어서 이 겨울이 지나갔으면 하는 마음이 깊었다.

우리 목회 현장에도 겨울은 있다. 처처에서 교회에 대한 공격이 가해지고 있고, 한국교회에 대한 시각이 옛날 같지 않다. 이런 겨울에 목회자에게 필요한 것은 새로운 결단과 각오이며, 한국교회를 새롭게 할 수 있는 역량을 키우는 일이다. 자연도 겨울을 거치며 찬란히 피울 봄을 준비한다. 목회자도 이 겨울에 각 사역 장에서 새봄을 맞을 수 있도록 준비할 필요가 있다. 목회에 새바람을 일으키라.

이를 위해 목회자가 먼저 해야 할 일은, 자신의 정체성을 확고히 하는 일이다. 최근 어떤 목사님이 편지를 쓰면서 끝에 자신을 가리켜 '주님의 노예'라는 단어를 사용해 읽는 이에게 감동을 주었다. 목회자는 하나님 나라의 삶을 이 땅에 실현하는 청지기이자 헌신해야 할 주의 종이다. 따라서 목회자는 교인 위에 군림하는 상전이 아니라 그리스도의 종으로서 철저히 자신을 낮추지 않으면 안 된다. 목회자가 겸손하면 할수록 주님이 높아진다.

그다음, 목회자가 유념해야 할 것은 교인들이 좋아하는 것(likes)과 싫어하는 것(dislikes)이 무엇인가를 구분하고, 좋아하는 것을 찾아 그것을 통해 충성할 수 있도록 만드는 일이다. 현대 교인들이 싫어하는 것은 물질주의, 형식주의, 권위주의 등 다양하다. 이런 것들을 버리고 높은 영성, 감동을 주는 말씀과 그에 따른 실천의 기회가 주어진다면 교인들은 달라진다.

목회자가 언제나 잊어서는 안 될 일은 교회를 살아 움직이도록 해야 한다는 것이다. 주님은 날마다 일하시는데 목회자가 잠자고 있다면 문제가 있다. 기업이 구조조정을 하는 것도 살리기 위한 것이다. 예술에서 아르비방(art vivant)을 말하고, 철학에서 삶의 양식(modus vivendi)을 강조하는 것도 마찬가지다. 교회가 살아 움직이기 위해서는 그리스도의 지체 의식을 가지고 서로 격려하고 세우는 작업을 해야 한다. 이것이 바로 주님이 원하시는 방법이다.

끝으로, 정보화와 창의를 중시하는 시대에 교회도 스피드 있게 움직이고, 교회 활동의 모든 영역에서 교인들이 창의성을 발휘할 수 있도록 배려할 필요가 있다. 교인이나 목회자 자신이 완전하지 않기 때문에 날마다 배운다는 심정으로 학습하고, 교회도 학습하는 교회로 성장하면서 무너진 성벽을 쌓아가야 한다. 이런 노력이 지속된다면 한국교회는 달라지고, 교회를 보는 사회의 시선도 달라질 것이다.

시대는 변하고 있다. 그것도 너무나 빠르게 변한다. 교회도 예외일 수 없다. 새 시대의 목회자는 변화하는 사회 속에서 본질을 지키며, 소통과 공동체 회복에 집중해야 한다. 기술과 가치관이 급변하는 시대일수록 영적 깊이와 인간 중심의 돌봄이 더욱 중요해진다.

새 시대, 특히 4차 산업혁명과 AI 확산, 인구감소, 교회 성장 정체 등 복합적인 변화 속에서 목회자의 역할은 단순한 설교자나 관리자에 머물 수 없다. 다음은 새 시대 목회자가 지향해야 할 핵심 방향이다.

첫째, 시대 변화에 대한 민감한 이해이다. 무엇보다 디지털 환경에 적응해야 한다. 온라인 예배, SNS 소통, 디지털 콘텐츠 활용 등 새로운 플랫폼에 익숙해져야 한다. 사회적 이슈에 대한 공감과 대응도 속도감 있게 해야 한다. 청년 세대의 가치관 변화, 정신 건강, 기후 위기 등 시대적 과제에 교회가 응답할 수 있도록 인도해야 한다.

둘째, 본질 회복과 영적 깊이를 유지해야 한다. 복음 전파와 말씀 중심의 설교는 필수다. 시대가 변해도 복음의 본질은 변하지 않는다. 성경 연구와 강해 설교를 통해 진리를 선포하는 설교자로서의 정체성을 강화해야 한다. 그리고 예배를 회복한다. 현장 예배의 감동과 공동체적 예배 경험을 강화하는 것이 중요하다.

셋째, 공동체 중심의 목회다. 먼저 소그룹을 강화하고, 관계 중심의 사역을 넓힌다. 개인주의가 강해지는 시대일수록 소그룹을 통한 돌봄과 영적 성장이 중요하다. 목회자의 돌봄과 상담 기능도 강화한다. 새 시대 목회자는 설교자로 그쳐서는 안 된다. 삶의 동반자로서 성도들의 아픔과 고민을 함께 나누는 역할이 더욱 요구되고 있다.

넷째, 창의적 사역과 공간 재해석이다. 탈공간화, 탈시간화의 접근이 필요하다. 교회 공간을 넘어서 다양한 장소에서 사역이 이루어질 수 있도록 유연한 접근이 필요하다. 지구적 영적 공동체의 일원으로서 소통하려면 과거의 제한된 공간개념, 시간 개념을 넘어서야 한다.

끝으로, 지속적인 학습과 리더십을 개발할 필요가 있다. 목회자는 평생 학습자이다. 신학뿐 아니라 심리학, 사회학, 기술 등 다양한 분야에 대한 이해가 필요하다. 또한 개인 중심의 리더십에서 벗어나, 팀과 공동체 중심의 협력적 목회가 강조되고 있다.

새 시대의 목회자는 단순히 '변화에 적응하는 사람'이 아니라, 변화를 이끄는 영적 리더이다. 바로 당신이 그런 리더가 되기를 바란다.

# 21. 교회의 부흥은 교회학교에서 시작된다

최근 이런 말을 들었다. "지금은 AI 시대다. 이젠 과거와는 달리 어른 세대가 배워야 한다. 시대는 하루가 무섭게 변하고 있다. 지식도 날로 새로워지고 있다. 혹시 자식들이 말을 잘 안 듣는가? 교회도 가지 않으려 하는가? 그렇다면 나이 든 세대는 생각해야 한다. 무조건 강요해서는 안 된다. 배워야 한다. 교회도 배우고, 목회자도, 선생도 배워야 한다." 시대가 달라졌으니, 과거와는 다른 접근방법, 다른 교육 방법이 필요하다는 것이다. 어른 세대가 주목해서 들어야 할 말이다.

예장 통합 2021년 교회학교 학생 수가 전년보다 30%나 감소했다. 교회학교의 위상이 크게 흔들리고 있다. 인구감소 때문이라기도 하고, 교육 방법이 문제라기도 하고, 심지어 교사 때문이라 하는 등 여러 요인이 복합적으로 작용하고 있다. 이제 메타버스나 인공지능 등 시대에 맞는 창의적 교육 방법을 찾아야 한다는 목소리도 높고, 유대인의 교육처럼 생애 설계를 해야 한다는 주장도 있다. 교인 수도 급감하면 폐쇄하는 교회가 늘어나고 미래 교회 존립 자체도 어려워질 수도 있다. 이럴수록 교회학교에 대한 우리의 인식을 새롭게 할 필요가 있다.

전국교회학교연합회는 그간 어려운 환경 속에서도 교회학교 성장과 발전을 이끄는 역할을 하며 기독교문화 정착에 결정적 역할을 해 왔다. 그동안 성경 고사대회는 물론 성가 경연대회 및 율동 경연대회 등 여러 행사를 주도함으로써 전국의 교회학교의 구심점 역할을 충실히 감당했다.

그러나 전국교회학교연합회는 과거의 업적에만 매여서는 안 된다. 앞으로 100년을 바라보며 한국교회를 변혁시킬 수 있는 리더를 배출해야 한다. 초기 교회학교의 교육은 사회교육의 벤치마킹 대상이 될 만큼 앞서 있었다. 활동적이고 창의적이었다. 그래서 다른 부서와는 달리 성장세를 거듭해 왔다. 하지만 지금 교회학교의 교육은 지속적인 노력과 기도에도 불구하고 부진한 상태이며 학생들마저 줄어들고 있어 전국 교회의 기도 제목이 되고 있다. 전국 교회학교연합회도 이 문제에 대해 심각하게 고민해 왔을 것이다.

한국교회는 교회학교가 발전하기 위해 과거와는 아주 다른 인식과 함께 학교의 지속성을 높이기 위해 노력하지 않으면 안 된다. 무엇보다 교회의 부흥은 교회학교에서 시작된다는 사고가 절실하다.

19세기 말 미국 교회학교 표어는 "미국을 복음화하자 그래서 미국이 세계를 복음화하게 하자."였다. 교회학교는 선교에 활기를 불어넣었다. 그 열기가 세계 복음화에 불을 붙였고, 한국도 그 혜택을 보았다. 그러나 지금 교회학교 교육은 일상화되고 있고, 미래에 대한 비전이 매우 부족하다는 평가를 받고 있다. 미래의 교회는 오늘의 교회학교에 달려있다는 점을 깊게 인식하고 교회학교가 발전해야 교회가 발전한다는 사고의 전환이 필요하다.

나아가 교사의 철저한 사명감이 요구되고, 교회학교를 놓고 고민하는 교사들이 많아져야 한다. 우리는 확신이 있는 교사 한 사람이 얼마나 학생들을 변화시킬 수 있는가를 보아왔다. 교사는 일반 학교 교사와는 달리 하나님 나라의 교사라는 신념을 가지고 21세기를 이끌어갈 주역들을 길러내야 한다.

앞으로 개 교회뿐 아니라 전국의 교회학교가 더욱 활성화되기를 기도한다. 교회학교의 중요성을 강조해도 지나치지 않는다. 오늘의 교회학교가 발전하지 못한다면 한국교회의 내일은 어둡다. 교회학교에 대한 인식을 새롭게 하고 보다 과감한 투자를 해야 한다.

이스라엘 역사에서 신앙의 주인공 가운데는 나실인이 있었다. 개인은 자원하여 하나님 앞에 거룩하게 살겠다 서원을 하고, 일정 기간 온몸과 생활 전체로 규정된 법을 지키며 헌신하는 삶을 살았다. 삼손, 사무엘, 세례 요한처럼 태어나기도 전에 부모가 자녀를 일생 하나님께 바칠 것을 서원하기도 했다. 일정 기간 나실인으로 산 사람도 많지만 삼손이나 세례 요한처럼 평생 나실인으로 산 경우도 있다. 지금 우리에게 필요한 것은 하나님을 위해 헌신할 믿음의 거룩한 인물들이다. 한국교회를 이끌 미래의 주인공이다.

교회의 지속적인 부흥은 교회학교의 건강한 성장과 영적 교육에서 시작된다. 다음 세대를 세우는 교회학교는 교회의 미래를 결정짓는 핵심 사역이다.

최근 교회학교의 중요성과 부흥 전략에 관한 다양한 연구와 제안들이 이어지고 있다. 특히 다음과 같은 요소들이 교회학교를 통한 교회 부흥의 핵심으로 강조되고 있다.

첫째, 교회학교는 교회의 미래이다. 이를 위해 3040세대를 위한 목회 전략을 다시 세워야 한다. 교회학교 학생들의 부모 세대인 30~40대가 교회의 허리 역할을 하기 때문이다. 이들의 신앙 회복이 교회학교 부흥과 직결된다. 영적으로 성숙한 교회학교 교사를 확보하고 훈련하는 일도 급하다. 헌신된 교사 확보는 교회학교의 질적 성장을 좌우하며, 인턴교사 제도와 교육 디렉터 양성이 제안되고 있다.

둘째, 시대에 맞는 교육 방식이다. AI 시대의 정체성 교육이다. 알파 세대와 메타버스 환경 속에서 성경 중심의 정체성 교육이 강조되며, "메타버스를 타기 전에 바이블 버스를 타야 한다"는 표현이 주목받고 있다. 거꾸로 학습, 곧 플립러닝을 도입한다. 가정에서 먼저 공과 내용을 공부하고 교회에서 토론과 적용을 하는 방식으로, 이 경우 교육의 효율성과 참여도를 높일 수 있다.

셋째, 공동체적 연계와 멘토링 확대이다. 이를 위해 부모 교육과 가정 신앙 회복이 중요하다. 부모가 자녀의 신앙 교사로 세워질 수 있도록 정기적인 부모 교육이 필요하다. 멘토링 교회학교를 세우는 것도 좋은 방법이다. 장년 성도와 아이들이 영적 부모-자녀 관계를 맺는 멘토링 시스템은 세대 간 신앙 전수를 돕는다.

끝으로, 교회 부흥의 실제 사례를 조사하고 연구한다. 고등부 중심 성장 사례의 경우, 동산고등학교와 유기적 관계를 맺은 교회는 고등부 출석 인원의 70%가 해당 학교 학생으로 채워지며 청소년 선교에 성공한 사례로 소개되고 있다. 부흥하는 교회의 특징으로, 예배와 설교(45%), 교인 간의 친밀한 교제(39%), 소그룹 활성화(29%)가 핵심 요인으로 분석되며, 교회학교는 이 모든 요소의 출발점이 될 수 있다.

교회학교는 단순한 아동, 청소년 교육이 아니라, 교회의 영적 생태계를 회복하고 다음 세대를 세우는 사역의 중심이다. 나는 오랫동안 초등부, 중고등부, 대학부, 청년부, 그리고 장년부 교사로 활동한 바 있다. 그런 과정을 통해 교회학교가 얼마나 중요한가를 깨달았다. 내가 대학교수가 되어 교내에서 신앙 활동을 한 것도 마찬가지다. 제자들 가운데 목사도 나왔고, 선교사도 나왔다. 그리고 다양한 일터에서 사명자로서의 역할을 하는 제자도 많다. 중요한 것은 사명자들이 계속 이어져야 한다는 것이다.

과거 영국을 비롯한 유럽은 많은 교회와 주요 사역자들이 있어 세계 교회를 이끌었다. 그러나 지금은 영적으로 폐허가 되었다. 고작 2~3% 기독교인이 있다. 한국이 이런 유럽의 전철을 밟아서는 안 된다.

유럽 교회학교도 전반적으로 쇠퇴하고 있다. 하지만, 일부 지역에서는 젊은 세대의 신앙 회복 움직임이 나타나고 있다. 프랑스는 청년층 중심의 영세자 증가로 희망을 보이고 있으며, 독일 등 다른 지역은 여전히 심각한 세속화와 교회 이탈 현상을 겪고 있다. 유럽의 교회학교는 오랜 전통에도 불구하고 현대 사회의 변화에 적응하지 못하면서 위기를 맞고 있다. 하지만 지역별로 상반된 흐름도 존재한다.

프랑스의 경우 젊은 세대의 신앙이 회복되고 있다. 신규 영세자 수가 증가하고 있다. 2025년 부활절 기준, 프랑스에서 세례받은 성인은 1만 384명으로 전년 대비 45% 증가했다. 10년 전과 비교하면 160% 증가다. 그 가운데는 청년층 중심의 성장세가 뚜렷하다. 예비 신학생도 증가하고 있다. 2년 연속 33% 증가하며, 교회학교와 신앙 교육의 회복 가능성을 보여주었다.

이에 반해 독일은 세속화와 교회 이탈이 지속되고 있다. 무종교 비율도 증가하고 있다. 독일 인구의 47%가 무종교다. 종교세 부담과 신뢰도 하락이 주요 원인이다. 교회학교 운영 도 어렵다. 예배 참석자가 노인 30~40명 수준인 교회가 많고, 유지비 부담으로 교회 건물을 민간에 매각하는 사례가 증가하고 있다.

유럽 전반의 과제는 교회 건물 유지 문제와 교회학교의 위기다. 수백 년 된 교회들이 보수비용을 감당하지 못해 방치되거나 매각되고 있다. 코로나 이후 어린이, 청소년의 신앙 약화와 교회학교 학생 수 감소는 유럽뿐 아니라 한국에서도 공통된 문제로 지적되고 있다.

이러한 현상은 우리에게 시사하는 바가 크다. 우선 청년층을 위한 맞춤형 사역이 필요하다. 프랑스 사례처럼 젊은 세대의 신앙 회복은 교회학교 부흥의 핵심이다. 나아가 디지털 시대에 맞는 교육 방식을 도입할 필요가 있다. 온라인 콘텐츠, 멘토링, 가정 중심 신앙 교육 등 새로운 접근이 요구된다. 그리고 교회학교는 교회 부흥의 출발점이라는 점을 잊어서는 안 된다. 다음 세대를 세우는 사역은 교회의 미래를 결정짓는 핵심이다.

여호수아가 죽자, 가나안에 살던 이스라엘은 달라졌다. 하나님께서 그렇게 염려하던 일이 일어난 것이다. "그 세대의 사람도 다 그 조상들에게로 돌아갔고 그 후에 일어난 다른 세대는 여호와를 알지 못하며 여호와께서 이스라엘을 위하여 행하신 일도 알지 못하였더라." 사사기 2:10의 사건이 이 땅에서 재생되어서는 안 된다. 후대를 양육할 책임은 우리 모두에게 있다.

# 22. 이단의 대학 침투, 예사롭지 않다

기독신문을 보니 이문장 목사와의 인터뷰가 실려있다. 내용인즉, 고든 콘웰 신학교 교수로 있던 그에게 두레교회가 지속적으로 요청해 20년 외국 생활을 접고 구리시에 있는 두레교회로 부임했는데, 이 교회는 이단 추수꾼들이 오래 전부터 대거 들어와 소위 말하는 '산 옮기기' 작업을 끝내 놓은 상태였고, 그는 그런 사실을 모른 채 교회에 부임해 10년 동안 혹독한 시련을 겪었다는 것이었다. 이것은 이단이 얼마나 집요하게 기존 교회를 무너뜨리고 있는가를 보여주는 사례이다.

나는 대학에 있으면서 이단이 학원에 침투하는 모습을 보았고, 중국에 있으면서도 이단이 중국 가정교회에 침투하고 있다는 소식을 들었다. 중국 정부도 이단 경계에 적극적이다.

나는 기독신문 공동 주필로 있을 때 "이단의 대학 침투, 예사롭지 않다" 제목으로 다음과 같은 글을 쓴 적이 있다. 이단에 대한 경각심을 높이기 위해서였다.

> 지금 각종 형태의 이단이 중고등학교뿐 아니라 대학에도 강하게 침투하고 있다. 이단은 교회 교인만 노리는 것이 아니라 이단의 사각지대인 대학가에 침투해 학생들을 영적으로 혼미하게 만들고 있다.
>
> 제90회 총회는 이단에 대해 입장을 대내외로 단호하게 천명했다. 이단에 대한 이 조치는 당연한 것이며, 앞으로 계속 도전해 올 이단들에 대해 우리가 어떤 자세를 가져야 하는가를 보여주었다. 그러나 이번 조치에 만족

하고 이단에 대해 경계심을 늦추고 안일하게 대처한다면 더 큰 화를 불러올 수 있다. 이단은 지금도 집요하게 우리 울타리를 무너뜨리고 있기 때문이다.

우리가 특히 관심을 가져야 할 곳은 대학이다. 사회 경험도 적고 영적 분별력도 약한 학생들을 유혹해 이단의 맹렬 신도로 만들고 있고, 그 수가 날로 늘어가고 있다는 점에서 적지 않은 충격을 주고 있다. 그들은 영어 공부, 성경 공부, 동아리, 사회봉사, 끈끈한 인간관계의 조성, 수련회 등 각종 명목으로 학생들을 유혹한 뒤 자신의 집단에서 빠져나올 수 없도록 만든다.

현재 대학 내 대표적 이단 동아리로 IYF(구원파), CBA(캠퍼스 베뢰아 아카데미), JMS(정명석계), 댄스동아리 맥스(JMS계), 봉사활동을 위한 아름다운 사람들의 모임(CBA계), 파이오니아선교회(베뢰아에서 분리된 단체)와 스킨스쿠버(통일교) 등 다양하다. 이들은 선교단체 흉내를 내기도 하지만 대부분 종교색채를 감추고 봉사와 학술·문화 동아리로 포교 활동을 하고 있다.

교회 내의 활동만으로 학생들의 신앙생활을 평가한다면 너무나 현실을 모르는 일이다. 학생들은 교회에만 있지 않다. 그들의 주요 활동 근거지는 학교와 그 주변이다. 이단은 대학을 중심으로 동아리를 만들고 학생들을 집중적으로 공략하고 있다. 학생들은 예배나 활동만으로 이단의 정체를 확인하기 어렵다. 교리나 신학적인 부분에서 잘 나가다가 '끝만 다르게'(異端) 말하기 때문이다. 교회는 이단의 독침을 맞고 비틀거리고 있는 학생들에 관심을 가져야 한다.

교회는 대학의 복음화를 위해 기도하되 학생들이 바른 신앙과 그릇된 신앙이 어떻게 차이가 있는지 분별할 수 있도록 철저히 교육하며, 적어도 피해야 할 이단 집단이 무엇인지 지목하고, 이단이 접근할 때 대처 방법을 확실히 가르쳐 줄 의무가 있다. 앞으로 총회는 이단 대책기구를 상설화해 대학가에서의 피해사례를 수집하고, 그 피해가 더 이상 확산하지 않도록 해야 한다. 나아가 건전한 크리스천 동아리들이 자리를 잡을 수 있도록 대학 당국과 긴밀히 협조할 필요가 있다.

그렇다면 지금은 어떨까? 최근 이단 전문 연구기관인 현대종교(소장 탁지일)가 3월 4일 '2025 캠퍼스 이단 현황'을 발표했다. 조사에 따르면 올해도 전국 대학에서 신천지, 하나님의교회, IYF(국제청소년연합), 여호와의 증인 등의 이단 단체가 활발하게 활동 중인 것으로 나타났다. 현대종교에 따르면 이들은 설문조사, 동아리 위장, 해외 봉사 프로그램, 성경 공부 모임 등을 통해 학생들에게 접근하고 있다. 대학별 활동 방식도 다양해 강원대 춘천캠퍼스에서는 신천지가 애니어그램 등 심리학 기법을 활용하고 있고, 경희대 서울캠퍼스에서는 한국 학생뿐 아니라 외국인 유학생까지 포섭 대상으로 삼고 있다. 세종대에서는 축제 기간 심리검사 부스를 운영했다. 이단 단체들이 건전한 기독교 동아리로 위장하거나 학습·취미 동아리처럼 홍보하며 신입생과 대학생들을 미혹하는 것은 오래전부터 해온 일이다. 지금은 각종 온라인 플랫폼은 물론 유튜브를 이용한 활동도 강화되고 있다. 대학생들이 주로 이용하는 온라인 커뮤니티 '에브리타임'에서도 이단이 침투하고 있다. 이것은 이단의 활동이 다양화, 세분화, 정교화되고 있음을 보여준다.

교계와 교회는 이 같은 흐름에 주목하고, 예방 교육을 강화하고 있다. 경계와 예방은 늘 필요하다. 대한예수교장로회총회(통합)는 제95총회에서 8월 첫 주일을 '이단 경계 주일'로 지키도록 했고, 다른 총회들과 교회들도 뜻을 같이했다. 대학도 캠퍼스에서 불건전한 이단의 활동을 묵인하지 말고, 학생들의 건전한 종교활동이 이뤄지도록 해야 할 책임이 있다.

대학가 이단 침투가 심각해지며, 교계와 선교단체들이 공동 대응에 나서고 있다. 특히 신입생 대상 포교 활동이 활발해지는 새 학기에는 예방 교육과 네트워크 구축이 절실하다. 부산성시화운동본부 이단상담소와 학교복음화협의회는 '캠퍼스 이단·사이비 대책 세미나'를 개최하며 대학 내 이단 활동에 대한 경각심을 높였다. 이들은 신천지, 구원파, 하나님의교회 등 이단 단체들이 설문조사, 봉사활동, 문화행사 등을 통해 학생들에게 접근하고 있다고 경고했다.

그리고 대응 방안으로 여러 대안을 제시했다. 먼저 이단 정보 공유 네트워크 구축이다. 지역 교회와 대학 선교단체 간 협력으로 이단 동향 및 대응법을 공유한다. 정기적으로 이단 세미나를 개최한다. 그리하여 학생들이 이단의 교리와 접근 방식을 정확히 인지할 수 있도록 교육한다. 신뢰할 수 있는 단체를 검증한다. 교회나 선교단체 외 성경 공부나 집회 참석 시 반드시 사역자에게 검증받도록 한다. 그리고 건전한 기독교 동아리를 안내한다. CAM, CCC, CMF, CMI, DFC, DSM, ESF, IVF, JDM, JOY, SFC, YWAM 등이 건전 동아리로 소개되고 있다. 특히 주의할 사례로, 김천대학교의 구원파 침투 사례가 있다. 김천대학교는 원래 기독교 학교였지만 운영이 어려워 박옥수 측에 팔려 구원파의 거점으로 변모했다. 이는 이단이 대학 교육과정에까지 영향을 미친 대표적 사례이다. 신학과도 개설되어 있다.

이단은 청년층의 신앙적 혼란과 정보 부족을 이용해 침투하므로, 교회와 선교단체의 선제적 대응과 학생들의 분별력 강화가 무엇보다 중요하다. 지금이 바로 캠퍼스 복음화와 이단 예방을 위한 실질적 행동이 필요한 시점이다.

# 23. 이제는 영적 광복이 필요한 때

2025년 광복 80주년을 맞았다. 의병 전쟁으로부터 치면 일본 제국주의 침략과 강점에 맞서 독립투쟁을 벌인 것이 50년, 통치권을 빼앗긴 것으로 치면 36년이나 되는 항쟁의 역사다. 미국을 비롯하여 세계 우방 국가들은 종전 80주년이라 하고, 독일과 일본은 패전 80주년이라 하며, 우리는 광복 80주년이라 한다. 해방 기념일이다.

그러나 동아시아는 아직도 진정한 해방감을 가지지 못하고 있다. 일본 총리는 겉으로는 주변국에 사죄하고 평화를 말한다. 하지만 진정 일본이 회개했는가에 대해서는 의문이다. 총리가 전범의 위패를 안치한 야스쿠니 신사에 참배하고, 우익은 30만의 인명을 앗아간 남경 사건을 아예 없었던 일이라 우기며, 731부대의 산학상을 축소하기에 급급하나. 교과서를 통해 역사를 왜곡하고 독도를 일본의 섬이라고 우긴다. 일본이 군사 대국화를 꿈꿀 때마다 주변국은 긴장한다. 특히 중국과 일본과의 관계는 심상치 않다.

이런 때 필요한 것은 진정한 회개와 용서이다. 일본이 진정 회개하는 자세를 보일 때 주변국은 기꺼이 관용의 태도를 보이며 동아시아가 통합하는 길로 나갈 수 있다. 일본이 계속 과거를 미화하는 일에 몰두한다면 아시아 국가들이 서로 힘을 합하는 일은 어려워질 것이다.

일본만 탓할 것이 아니라 우리 자신도 돌아보아야 한다. 광복 중에 가장 위대한 광복은 영적인 광복이다. 광복(光復)은 '빛을 되찾다'는 뜻이다. 신앙적으로 보면 가장 위대한 광복은 하나님께서 우리를 죄에서 구속하신 것이다.

잃었던 하나님의 형상을 회복한 것만큼 더 위대한 광복은 없다. 그러나 예수님이 십자가에 달리심으로 우리의 광복이 끝난 것은 아니다. 우리가 죄악으로 가득한 이 땅에 사는 한 매일 매 순간 영적인 광복이 필요하다. 이를 위해 우리를 어둠 속으로 끌고 가는 여러 질곡으로부터 참으로 자유 하여 빛의 세계로 나가야 한다.

우리가 그리스도인으로 살면서 이 땅에서 해방해야 할 것들, 곧 원형을 회복해야 할 것은 한둘이 아니다. 예를 들어 우리 각자가 아직도 정직의 문제를 해결하지 못함으로 인해 우리 사회는 각종 부정과 비리로 가득 차 있다. 개인적으로는 우리 속에 있는 악의 요소와 옛 습관을 깨뜨려 원형을 회복할 필요가 있으며, 우리 사회도 정직을 회복함으로써 광복해야 한다. 우리 민족이, 교회가 영적으로 매일 매일 달라질 때 광복의 폭은 커지고 기쁨은 더해질 것이다. 우리 안에 진정 영적 광복이 이루어질 때 사회도, 국가도 달라질 것이다.

과거 기독교인들은 영적 광복을 위해 독립운동, 교육, 사회개혁, 교회 재건 등 다양한 방식으로 신앙과 민족의 회복을 추구했다. 1945년 광복 직후 교회 재건과 함께 국가 건설에 집중했다. 그들은 기독교가 민주주의와 인권, 평화의 기반이 되어야 한다고 강조했다. 목회자들은 설교를 통해 기독교적 가치에 기반한 국가 재건을 설파했다. 교회의 공공성과 사회적 책임을 강조하며, 영적 회복과 민족의 미래를 연결했다. 그들은 독립운동과 사회개혁에 적극 참여하며, 어둠 속에서 빛의 길을 제시했다.

신앙의 선배들은 영적 광복을 위한 실천 행동에 힘썼다. 그들은 일제강점기 동안 억압받던 예배와 성경 교육을 되살리기 위한 노력을 했다. 신앙의 자유를 회복하고자 한 것이다. 나아가 교회 재건 운동도 폈다. 폐허가 된 교회를 다시 세우고, 신학교를 설립해 지도자를 양성했다. 그리고 사회 참여와 봉사에 적극적이었다. 특히 교육, 의료, 구제 활동을 통해 기독교의 사랑과 정의를 실천했다.

이처럼 과거의 기독교인들은 단순히 종교적 회복을 넘어서, 민족의 정체성과 미래를 위한 영적 기반을 세우는 데 헌신했다. 오늘날 우리에게도 그들의 신앙과 비전은 깊은 울림을 주고 있다.

지금은 단순한 정치적 해방을 넘어, 영적 광복이 절실히 요구되는 시대이다. 교회와 성도들이 어둠을 밝히는 빛으로 다시 서야 할 때이다.

영적 광복이란 무엇인가? 광복은 일본 제국으로부터 빼앗긴 국권을 되찾는 것이었다. 1945년의 해방은 정치적, 국권적 회복이었다. 하지만, 오늘날 우리가 말하는 영적 광복은 믿음의 회복, 진리의 회복, 교회의 정체성 회복을 의미한다. 예수님은 세상의 빛이며, 성도는 그 빛을 반사하는 존재다. 이제 성도들이 착한 행실로 세상에 빛을 비추는 삶을 살아야 한다.

왜 지금 영적 광복이 필요한가? 그것은 한국교회가 세속화와 이단의 침투, 교회의 분열, 신앙의 타성화 등 여러 심각한 위기에 직면해 있기 때문이다. 그리고 교회가 사회적 영향력을 잃고, 성도들이 진리보다 감정과 문화에 휘둘리는 현실은 영적 암흑기라 할 수 있기 때문이다.

최근 한국교회 연합기관들도 8.15 광복절 메시지를 통해 "통일과 함께 진정한 광복이 완성되기를" 기도하며, 하나님의 은혜로 다시 빛을 회복해야 한다고 강조했다. 그들은 영적 광복을 위한 실천 방안으로, 말씀 중심의 신앙 회복을 강조했다. 성경을 삶의 기준으로 삼고, 진리를 분별하는 능력을 강화하자는 것이다. 기도와 회개 운동도 강조했다. 개인과 공동체가 하나님 앞에 겸손히 나아가 회복을 구하자는 것이다. 교회의 연합과 정체성 회복도 주문했다. 교단과 지역을 초월한 연합으로 복음의 본질에 집중하자는 것이다. 그리고 세상 속 빛과 소금의 역할을 강조했다. 착한 행실과 사랑으로 세상에 선한 영향력을 발휘하자는 것이다.

지금은 단순한 종교활동을 넘어, 예수님의 빛을 반사하는 삶으로 돌아가야 할 때이다. 이것이 바로 우리가 맞이해야 할 영적 광복절이다.

# 24. 엘살바도르에 가면 예수가 보인다

  남가주 사랑의교회 김승운 목사가 북아프리카에서 선교하는 독일인 목사님을 만나 물었다. "혹시 북아프리카에 성령의 바람이 일고 있다는 징후가 있습니까?" 독일 목사님은 그 질문이 반갑다는 듯 안색을 달리하며 아주 감격스럽게 대답했다.

  "그렇습니다. 성령님이 강하게 역사하고 있어요. 그곳에 교회 수만 4만 6천이 넘는답니다."

  "4만 6천이라니요? 혹시 교인 수를 말씀하시는 건가요?"

  "아닙니다. 교회 수예요."

  김 목사는 놀라지 않을 수 없었다. 알제리는 무슬림 국가다. 그런데 수십 년 전 수니파와 시아파들이 서로 테러를 벌림으로 많은 사람이 죽었다. 알제리는 이미 테러를 경험한 나라이다. 알제리 국민은 이슬람엔 희망이 없다는 것을 깨닫게 되었다. 그들은 예수님에게 희망이 있음을 발견하고 교회를 찾게되었다는 것이다. 하나님은 테러의 아픔을 통해 주님을 발견하게 하셨다.

  세계적으로 가장 큰 기독교 대성당은 아프리카 국가 코트디부아르에 있다. 야무수크로에 있는 평화의 성모 대성당으로, 최대 18,000명을 수용할 수 있는 공간을 가지고 있다. 이 교회는 1980년대 펠릭스 우푸에-부니 대통령 재임 시절에 건립되었다. 이 교회는 코트디부아르 국민의 변함없는 신앙과 헌신을 보여주는 증거이자 코트디부아르의 화합과 영성의 상징으로 자리 잡고 있다. 그리고 세계적으로 가장 크리스천이 많은 국가는 중국이다. 아프리카 기독교인 수가 미국보다 많다. 이러한 사실은 우리를 놀라게 만든다. 그뿐 아니다. 중남미 국가들을 보면 국가 명칭이나 도시 명칭에 기독교적인 이름들이 많다. 그 가운데 하나가 바로 엘살바도르다.

유엔세계관광기구(UNTWO)가 내놓은 세계 관광 통계를 보면 엘살바도르가 현재 중동 국가 카타르와 동유럽 국가 알바니아에 이어 전 세계에서 세 번째로 빠르게 성장하고 있는 관광국으로 나타났다. 중미 국가 엘살바도르가 고질적인 치안 문제의 획기적 개선을 발판 삼아 관광업 '신흥 강자'로 떠오른 것이다. 범국가적 '갱단 소탕 작전'을 내세워 재선에 성공한 나이브 부켈레(Nayib Bukele) 대통령의 성과이기도 하다. 그는 압도적 지지율을 기록하며 국민적 신임을 얻었다. 오랜만에 듣는 반가운 소리다.

엘살바도르(El Salvador)는 중앙아메리카(中美) 국가 중 하나로, 예수 그리스도의 이름을 딴 나라다. 스페인어로 '구세주'(the Savior)라는 뜻을 가지고 있기 때문이다. 원래 이름은 '우리 주 예수 그리스도, 세상의 구세주의 지방'(Province of Our Lord Jesus Christ, the Savior of the world)이다. 엘살바도르에 가면 예수가 보인다.

수도 '산살바도르'(San Salvador)는 스페인어로 '성 구세주'(Holy Savior) 또는 '성스러운 구세주'라는 뜻이다. 이 이름은 예수 그리스도를 가리키며, 엘살바도르의 수도인 산살바도르가 기독교적 신앙과 역사적 배경을 바탕으로 명명되었음을 보여준다.

'살바도르'(Salvador)는 라틴어 '살바토르'(Salvator)에서 유래된 것으로, '구세주'(Savior)를 뜻한다. 이는 예수 그리스도의 칭호 중 하나다. 따라서 엘살바도르나 산살바도르는 예수님과 직접 관련된 종교적 이름을 가지고 있다.

이 나라는 왜 이런 이름을 가지게 되었을까? 그것은 16세기 스페인 식민

정책에 따른 것이다. 스페인 정복자 페드로 데 알바라도(Pedro de Alvarado)는 1525년경에 스페인 정책에 따라 이 이름을 붙였다. 그는 1524년부터 엘살바도르 지역을 정복하기 시작했고, 1525년에는 산살바도르라는 도시를 세웠다. 그 후 이 지역 전체를 'Provincia De Nuestro Senor Jesucristo, El Salvador del Mundo', 즉 '우리 주 예수 그리스도, 세상의 구세주의 지방'이라 했다. 이 이름은 단순한 지명이 아니라, 스페인 제국의 가톨릭 신앙을 반영한 상징적 명칭이었다. 이 땅에서 예수 그리스도의 정신을 실현하라는 것이다.

당시 스페인 정복자들은 새로 정복한 땅에 종교적 의미를 담은 이름을 붙이는 관행이 있었고, 엘살바도르 역시 그 전통에 따라 예수 그리스도를 기리는 이름을 갖게 된 것이다. 오늘날에도 엘살바도르라는 국명은 신앙과 역사적 정체성을 상징하며, 국민적 자부심과 문화적 뿌리로 이어지고 있다. 특히 산살바도르 축제나 기념비 등에서 그 이름의 의미가 강하게 드러난다.

엘살바도르의 토착민들은 스페인 정복자들이 붙인 종교적 명칭과 문화적 지배에 대해 저항과 거부감을 보였다. 단순히 이름을 바꾸는 문제를 넘어서, 자기들의 삶의 방식, 언어, 신앙, 토지가 위협받는 상황이었기 때문이다.

초기에 피필(Pipil)족의 반발이 있었다. 엘살바도르 중부에 살던 피필 족은 스페인 제국의 남하에 맞서 군사적 저항을 펼쳤다. 이들은 '쿠스카틀란'(Cuzcatlan)이라는 독자적인 왕국을 이루고 있었고, 스페인의 기독교적 명명과 문화 강요에 자신들의 정체성을 지키려 했다.

1833년에는 아나스타시오 아키노(Anastasio Aquino)의 반란이 있었다. 그는 피필 족 출신의 지도자로, 스페인과 이후 정부의 토지 수탈과 강제 노동에 반발해 무장봉기를 일으켰다. 그는 '인디언의 왕'이라는 칭호를 사용하며, 토착민의 권리와 자율성을 주장했다. 이 반란은 결국 진압되었지만, 토착민의 저항 정신과 정체성 회복 운동의 상징으로 남아 있다.

1992년 내전 종식 이후, 엘살바도르에서는 토착민 정체성 회복 운동이 활발해졌다. 오랜 시간 동안 "우리는 모두 메스티소(혼혈)"라는 국가적 정체성이 강조되며, 토착민은 사라진 존재처럼 취급되었다. 하지만 최근에는 인권 단체와 문화 운동을 통해 토착 언어, 의식, 전통 복원이 이루어지고 있고, 이는 기독교 중심의 국가 정체성과 충돌을 일으키기도 한다. 현대의 토착민 운동과 문화적 긴장 관계에 있는 것이다. 엘살바도르의 토착민들은 종교적 명명과 문화적 지배에 대해 역사적으로 강한 저항을 보여왔고, 지금도 자기 정체성을 되찾기 위한 노력이 계속되고 있다.

하지만 엘살바도르라는 이름은 이 나라의 깊은 종교적 뿌리를 반영하고 있다. 중앙아메리카에서 가장 활기차고 영적인 축제 중 하나인 '8월 축제' (Fiestas Agostinas)를 통해 그 전통이 이어지고 있다. 이 축제는 매년 8월 1일부터 6일까지 열리는 것으로, '산살바도르', 곧 세상의 구세주를 기리는 행사이다. 음악, 장식 차량, 가면을 쓴 인물들이 등장하는 퍼레이드로 시작하여 지역 상점과 시장의 창의적인 행렬이 있고, 예수 그리스도의 조각상을 대성당으로 옮기는 장엄한 '라 바하다'(La Bajada) 행렬과 예수님의 변모를 기념하는 변모 축일 미사로 종교적 행사는 절정에 이른다.

산살바도르시 중심에 '세상의 구세주 기념비'(Monumento al Divino Salvador del Mundo)가 있다. 이 상징적인 기념비는 예수님의 조각상으로, 엘살바도르의 영적 유산을 나타낸다. 축제 동안 이곳은 국민적 자부심과 신앙의 중심지로 변한다. 이 이름은 단순한 역사적 유물이 아니다. 오늘날에도 엘살바도르 사람들의 문화와 신앙 속에 살아 숨 쉬는 정체성의 일부이다.

엘살바도르의 종교적 전통은 오늘날에도 예술과 문화 전반에 깊은 영향을 미치고 있다. 엘살바도르의 현대 미술은 선사 시대의 상징, 식민지 시대의 가톨릭 이미지, 그리고 현대적 표현 기법이 융합된 독특한 스타일을 보여준다. 예를 들어, 원주민의 기하학적 문양과 기독교 성화가 함께 등장하는 작품들이 많다. 산살바도르에 있는 엘 로사리오 교회(Iglesia El Rosario)는 현대 건축과 종교적 상징성이 결합한 대표적인 건물이다. 외관은 콘크리트 벙커처럼 단순하다. 하지만, 내부는 무지개 스테인드글라스로 가득 차 있어 영적 분위기를 극대화한다. 이 교회는 엘살바도르 독립운동의 영웅인 호세 마티아스 델가도의 묘소이기도 하다. 여러 지역 축제에서 종교적 행렬, 성인 조각상, 전통 의상 등이 등장하며, 이는 지역 예술가들에게 영감을 준다. 특히 8월 축제 기간에는 예수 그리스도의 형상을 주제로 한 설치미술이나 공연이 자주 열린다. 이처럼 엘살바도르의 예술은 단순한 미적 표현을 넘어서, 신앙과 정체성의 통로로 기능하고 있다.

엘살바도르의 종교적 전통은 문학과 음악에서도 깊은 흔적을 남기고 있다. 식민지 시대 문학은 대부분 가톨릭 신앙을 중심으로 한 작품이 많다. 예수회 출신 작가 후안 안토니오 아리아스는 '예수 갓 태어난 모습' 같은 신비주의적 종교 작품을 집필했다. 현대 작가들 가운데 살라루에(Salarrue)의 작품에는 영적 상징과 토착 신앙이 자주 등장한다. 클라우디아 라르스(Claudia Lars)의 시에는 신과 인간의 관계, 자연 속의 신성함 같은 주제가 섬세하게 표현되어 있다. 로케 달톤(Roque Dalton)는 정치적이면서도 종교적 아이러니를 담은 시를 통해 신앙과 혁명을 동시에 탐구했다.

그레고리안 성가, 라틴 합창, 튜블러 벨 같은 전통적인 교회 음악은 성탄절, 성인 축일, 지역 축제에서 자주 연주된다. 특히 산살바도르 축제에서는 예수 그리스도를 기리는 찬송가와 함께 행렬이 진행된다. 마림바, 실로폰, 전통 북 등 토착 악기와 함께 종교적 테마를 담은 노래들도 연주된다. 대표곡으로는 '엘 카르로네로'(El Carbonero), '엘 토리토 핀토'(El Torito Pinto) 등이 있다. 이들은 농촌의 삶과 신앙을 동시에 표현하고 있다. 현대 음악에도 종교적 요소가 담겨 있다. '새 노래 운동'(Nueva Cancion)과 같은 사회 참여 음악에도 신앙과 정의를 연결하는 가사가 자주 등장한다. 일부

아티스트는 우울함, 희망, 구원 같은 종교적 감정을 전자음악이나 재즈로 표현하기도 한다. 이처럼 엘살바도르의 문학과 음악은 단순한 예술을 넘어서, 신앙과 정체성, 공동체의 기억을 담아내는 매개체로 기능하고 있다.

그렇다면 엘살바도르 사람들의 신앙심은 어떠할까? 그들은 매우 깊은 신앙심을 가지고 있다. 최근 여러 조사 결과를 보면, 종교적 믿음은 여전히 그들의 삶에서 중심적인 역할을 하고 있다. 엘살바도르는 기독교 중심 사회이다. 약 80% 이상의 국민이 기독교 신앙을 가지고 있다. 가톨릭이 약 36~42%이고, 복음주의 개신교가 약 40~47%로 빠르게 증가하고 있다. 무종교도 약 19%지만, 이들 중 대부분도 신의 존재를 믿는다고 응답했다. 2022년 조사에 따르면, 98%의 국민이 신의 존재를 믿는다고 답했으며, 90% 이상이 천국, 지옥, 기적, 사탄의 존재를 믿는다고 응답했다. 이는 단순한 종교적 소속을 넘어서, 삶의 방식과 가치관에 깊이 스며든 신앙을 보여준다.

한때 중남미에 해방신학이 강했다. 빈부 차이가 컸기 때문이다. 엘살바도르의 이그나시오 엘라쿠리아(Ignacio Ellacuria)는 예수회 사제이자 철학자, 신학자로서 중남미 해방신학의 핵심 인물 중 하나로 평가받았다. 그는 신학이 단순한 이론이 아니라 억압받는 사람들의 현실을 변화시키는 실천이어야 한다고 주장했다. 그는 '역사의 현실을 구속하는 것'을 신학의 핵심 과제로 보았다. 그는 구원을 단지 영적인 차원에서가 아니라 사회적, 정치적 억압으로부터의 해방으로 이해했다. 이 사상은 엘살바도르 내전과 같은 폭력적 현실 속에서 더욱 강력한 의미를 지녔다. 그는 예수의 삶과 가르침을 따라, 가난하고 억압받는 자들의 관점에서 신학을 재해석했다. 그는 "가난한 자들의 현실을 외면하는 신학은 진정한 신학이 아니다"라 했다. 그는 1989년 엘살바도르 군에 의해 살해당했다. 이는 그의 신학이 단지 말이 아니라 삶으로 실천되었음을 보여주는 상징적 사건이다. 그의 죽음은 해방신학의 상징이 되었고, 많은 이들에게 영감을 주었다.

엘라쿠리아 외에도 존 소브리노(Jon Sobrino)도 엘살바도르 해방신학의 중요한 사상가다. 그는 예수의 십자가와 고난을 통해 억압받는 자들과의 연대를 강조했다. 이들의 사상은 단지 신학적 담론을 넘어서, 정의와 평화, 인간 존엄성을 위한 사회적 실천으로 이어졌다는 평가를 받고 있다.

지금은 복음주의의 성장이 크게 주목을 받고 있다. 특히 오순절 교회(Pentecostal)와 같은 복음주의 교단은 열정적인 예배, 공동체 중심의 활동, 치유와 기적에 대한 믿음으로 많은 사람들의 신앙을 이끌고 있다. 예를 들어, '엘림 국제 기독 미션'(Mision Cristiana Elim Internacional) 교회는 산살바도르 본당에만 약 12만 명의 신자가 모인다.

엘살바도르 사람들의 신앙은 단순한 종교적 관습을 넘어서, 희망, 공동체, 정체성의 원천이 되고 있다. 특히 어려운 사회적 상황 속에서도 신앙을 통해 삶의 의미와 위로를 찾는 모습이 인상적이다.

엘살바도르의 복음주의 교회는 단순한 종교 집단을 넘어서 강력한 공동체, 사회적 안전망, 그리고 때로는 정치적 영향력까지 발휘하는 중요한 문화적 중심지이다. 열정적인 찬양과 음악이 있다. 예배는 보통 밴드 스타일의 찬양팀이 이끌며, 기타, 드럼, 키보드 등 현대 악기를 사용해 활기찬 분위기를 만든다. 찬양은 단순한 노래가 아니라 영적 체험의 통로로 여겨지며, 많은 신자가 눈물을 흘리거나 손을 들고 기도 한다. 목회자의 설교는 실생활 문제, 신앙의 회복, 기적과 치유를 중심으로 구성된다. 특히 가난, 폭력, 가족 문제 등 엘살바도르 사회의 현실을 반영한 메시지가 많아, 신자들에게 큰 위로와 동기부여가 된다. 예배 중간이나 끝에는 개인기도, 안수, 치유 기도 시간이 있으며, 많은 사람이 영적 회복을 경험했다고 말한다. 이 시간은 공동체 간의 정서적 연결을 강화하는 중요한 순간이다.

복음주의 교회는 폭력과 빈곤 속에서 피난처가 되어주며, 청소년 프로그램, 식량 지원, 상담 서비스 등을 제공한다. 특히 갱단의 영향력이 큰 지역에서는 교회가 중립적이고 안전한 공간으로 기능한다. 최근 몇 년간, 일부 정치인들이 복음주의 신자들의 지지를 얻기 위해 교회와 협력하는 사례가 늘고 있다. 예를 들어, 대통령 나이브 부켈레는 선거 당시 복음주의 커뮤니티와 긴밀한 관계를 맺으며 지지를 얻었다. 과거에는 해방신학을 따르던 가톨릭교회가 사회운동의 중심이었다면, 오늘날에는 일부 복음주의 교회도 빈곤, 인권, 교육 문제에 적극적으로 참여하고 있다. 엘살바도르의 복음주의 교회는 단순한 종교 기관을 넘어서, 신앙과 삶이 맞닿아 있는 공간이다. 아무쪼록 하나님께서 이 나라를 보호하시고, 영적으로나 경제적으로 평화로운 나라가 되며, 세계 평화에 도움을 주는 국가 되기를 기도한다.

# 25. 기독교 문학에 거는 기대가 크다

기독교 문학은 기독교 신앙과 세계관을 바탕으로 인간과 삶을 성찰하는 문학이다. 성경을 중심으로 한 신앙적 경험과 상상력을 문학적 형식으로 표현하며, 독자에게 영적 감동과 신학적 통찰을 제공한다. 그래서 나는 기독교 문학에 거는 기대가 크다.

기독교 문학은 단순히 종교적 내용을 담은 글을 넘어서, 기독교적 세계관과 인간 이해를 바탕으로 한 문학적 창작물을 의미한다. 기독교 문학은 성경과 기독교 신앙을 중심으로 인간의 삶과 존재를 탐구하는 문학이다. 문학적 형식, 곧 소설, 시, 수필 등을 통해 신앙적 경험, 구속의 이야기, 영적 갈등과 회복을 표현한다.

기독교 문학은 기독교적 경험과 상상력을 바탕으로 한 문학이다. 그 안에는 성경적 메시지가 있다. 인간의 타락, 구속, 회복, 사랑, 희생 등 성경의 핵심 주제를 문학적으로 풀어낸다. 기독교 문학은 신앙과 문학을 통합한다. 문학을 통해 신앙을 설명하거나, 신앙을 통해 문학을 해석하는 방식이 공존한다. 기독교 문학은 영적 감동을 주고, 아울러 윤리적 성찰을 하게 한다. 독자에게 단순한 감정이 아닌 영적 각성과 도덕적 고민을 유도한다.

기독교 문학의 대표적 작가로 C.S. 루이스, 톨스토이, 그리고 T.S. 엘리엇을 든다. C.S. 루이스의 「나니아 연대기」(*The Chronicles of Narnia*)는 기독교적 구속과 희생을 판타지로 풀어낸 대표작이다. 서점에서 C.S. 루이스의 판타지 소설 「나니아 연대기」 열풍이 일고 있고, 그것이 영화화됨으로써 세계적인 주목을 받았다. 「나니아 연대기」 시리즈 가운데 '사자, 마녀 그리고 옷장' (The Lion, the Witch and the Wardrobe)가 2005년에 나왔고, 이것을 시작으로 7편의 시리즈를 선보일 예정이었다. 2008년에 '캐스피언 왕자', 2010년에 '새벽 출정호의 항해'가 나왔다. 2024년부터 넷플릭스에서 리부트 영화 시리즈가 제작 예정이다. 따라서 나니아 연대기 열풍은 한동안 계속될 전망이다.

「나니아 연대기」는 톨킨의 「반지의 제왕」, 어슐러 르 귄의 「어스시의 마법사」와 함께 세계 3대 판타지 소설로 손꼽히며, 1956년 출간 이후 29개 언어로 번역된 인기 작품이다. 여러 복음적 저서를 통해 한국 기독교인에게 널리 알려진 루이스가 쓴 작품이라는 점에서도 관심을 끈다.

우리의 관심은 C.S. 루이스의 작품이 '해리 포터'나 '반지의 제왕' 못지않은 열풍을 일으킬지, 특히 기독교인의 반응은 어떨지에 있다. 책으로 볼 때 우선 7편의 전작을 한 권으로 담은 「나니아 연대기」(시공주니어)가 인기 작품으로 올라섰으며, 청소년과 어른들을 순수한 동화의 세계로 돌려놓는 마술 같은 책이라는 호평과 함께 편협한 세계관에 갇힌 작품이라는 비판도 받고 있다.

교계에서는 일찍이 '해리 포터' 시리즈를 뉴에이지 문화로 보는 등 대중 문화에 대한 경계심을 늦추지 않아 왔다. 이런 와중에 정작 복음적 의도를 담은 그의 작품이 교계로부터 불온물 취급을 당하지 않을지 염려되기도 한다.

C.S. 루이스와 톨킨은 서로 영향을 주고받은 사이다. 두 사람은 옥스퍼드 대학의 동료 교수이자 친구 사이로, C.S. 루이스는 톨킨의 '반지의 제왕' 구상에도 영향을 줄 만큼 그의 작품에 관심을 가졌다. 톨킨은 어린 시절 기독교 신자였다가 어머니가 암으로 세상을 떠난 후 신앙의 길을 떠났던 C.S. 루이스를 주님의 품으로 돌아오게 하는 데 결정적 도움을 주었다. 이런 관계 속에서

나니아 연대기가 탄생했다. 나니아는 가공의 나라로 창조되고 번영하다가 멸망하는 구속사적 서사를 담고 있으며, 그 연대기는 창조-타락-구속으로 이어지는 구속사와 대비된다. 또 나니아의 위대한 지도자 아슬란의 운명 속에서 예수의 죽음과 부활의 의미가 재현되기도 한다.

이 작품 속에서는 하나님, 예수, 성령님, 십자가, 구속, 교회 등 기독교적 용어가 등장하지 않는다. 그러나 많은 그리스도인이 이 작품을 통해 그리스도의 수난과 부활, 구원자 예수를 만난다. 비기독교인도 루이스의 작품을 통해 단지 통속적 판타지에 몰입할 것이 아니라 진정 이 시대의 소망이신 예수 그리스도를 만날 수 있기를 기대한다.

톨스토이와 T.S. 엘리엇은 각기 다른 시대와 배경 속에서 기독교 신앙을 문학에 깊이 녹여낸 대표적인 작가들이다. 두 사람 모두 삶의 전환점에서 기독교를 통해 인간 존재와 사회를 성찰하며, 문학을 통해 신앙적 메시지를 전달했다.

톨스토이는 「부활」등에서 인간의 죄와 회개, 구원을 깊이 있게 다루었다. 그는 중년의 위기를 극복하고 회심한 인물이다. 그는 50세 무렵, 삶의 허무와 자살 충동을 겪으며 깊은 실존적 위기를 맞았다. 이를 계기로 기독교 신앙을 받아들이고 참회록을 집필하며 새로운 삶을 시작했다. 그의 신앙적 작품으로, 「이반 일리치의 죽음」은 죽음을 앞둔 인간의 영적 각성과 회개를 다루었고, 「사람은 무엇으로 사는가」사랑과 나눔의 기독교적 가르침을 이야기 형식으로 전달하고 있으며, 그의 대표작 「부활」은 죄와 구속, 정의와 회복을 다룬 작품으로, 기독교 윤리와 사회 비판이 결합되었다. 그는 러시아 정교회의 형식주의와 권위주의를 비판하며 사랑과 비폭력의 신앙을 강조했다. 그의 사상은 간디와 한국의 함석헌, 다석 류영모에게도 영향을 주었다.

T.S. 엘리엇은 「황무지」를 통해 현대인의 영적 공허와 문명 붕괴를 기독교적 시각으로 조명했다. 그는 모더니즘 문학의 선구자이면서도, 전통과 기독교

적 질서를 중시했다. 그는 서구 문명의 붕괴 원인을 기독교 가치의 상실에서 찾았다. 그는 이외에도 종교적 순교와 인간 구제를 다룬 종교극「성당의 살인」이 있고, 인간의 내면 갈등과 회복을 기독교적 시각으로 풀어낸「칵테일 파티」가 있다. 그는 유니테리언 가정에서 자랐지만, 점차 기독교 정통 신앙으로 회귀하며 교회의 역할과 도덕적 질서의 중요성을 강조했다.

C.S. 루이스, 톨스토이, T.S. 엘리엇 모두 각기 다른 방식으로 기독교 신앙을 문학적 언어로 표현하며, 독자에게 깊은 영적 통찰을 선사했다.

한국에도 기독교 문학 작가들이 많다. 기독교 소설가로는 김동리, 김정한, 김성일 등이 있으며, 이들은 신앙과 인간 존재, 사회적 갈등을 문학적으로 탐구했다. 김동리는「등신불」,「무녀도」등을 통해 기독교와 무속의 갈등을 표현하면서 신앙의 본질과 인간의 구원을 탐구했다. 김정한은「사하촌」을 통해 기독교적 윤리와 사회적 정의를 결합해 리얼리즘 소설을 구현했다. 김성일은「하늘의 문」을 통해 신앙의 회복과 인간 내면의 갈등을 섬세하게 묘사했다. 김형석은 수필과 소설을 넘나들며 기독교적 인문학을 소개했다.

시인으로는 윤동주, 김현승, 박두진, 박목월, 구상 등이 있다. 이들은 시를 통해 기독교적 세계관과 신앙의 고뇌, 구원, 희망을 문학적으로 표현했다. 윤동주는 '서시', '십자가', '또 다른 고향' 등 여러 시를 통해 일제강점기의 암울한 현실 속에서 기독교 신앙을 통해 내면의 정화와 저항의 의지를 표현했다. '하늘'은 신의 상징으로 자주 등장하고, '십자가'는 고난과 구원의 상징으로 사용되었다. 김현승은 목사의 아들로서 깊은 신앙심과 인간 내면의 고독, 존재의 의미를 시로 형상화했다. 까마귀, 눈물, 침묵 등 상징을 통해 기독교적 세계관을 드러냈다. 그의 대표작으로 '눈물', '가을의 기도', '절대고독'이 있다.

박두진은 자연과 신앙의 조화를 노래하며, 창조주 하나님에 대한 찬미와 인간 존재의 경건함을 시로 표현했다. 그의 대표작으로 '해', '청록집'이 있고, 그는 청록파 시인으로 유명하다. 그는 개인적으로 나를 시의 세계로 인도하고 격려해 준 분이다. 내가 첫 번째 시집과 두 번째 시집을 냈을 때 서문을 써주셨다. 박목월은 서정성과 기독교적 사유가 어우러진 시 세계로, 자연과 인간의 삶을 통해 하나님의 섭리와 은혜를 노래했다. 대표작으로 '나그네', '산도화'가 있다. 구상은 가톨릭 신앙을 바탕으로 고통과 구원, 인간의 실존적 고뇌를 시로 형상화했고, 전쟁과 인간성에 대한 깊은 성찰을 담았다. 대표작으로 '초토의 시', '절대 고독'이 있다.

한국기독교 문학은 일제강점기와 전쟁, 산업화의 격동 속에서 신앙을 통한 인간 구원과 희망의 메시지를 문학으로 풀어내며, 한국 문학사에 깊은 족적을 남겼다.

기독교 문학은 단순히 종교적 글쓰기를 넘어서, 인간 존재에 대한 깊은 성찰과 영적 진리를 탐구하는 예술적 표현이다. 문학을 통해 복음을 전하고, 신앙의 깊이를 더한다는 점에서 기독교 문학은 신앙 교육과 전도에 아주 유용하다. 세속 문학과의 대화를 통해 기독교적 가치관을 문화 속에 녹여낸다는 점에서 기독교 문학은 문화적 대화 도구로서의 역할을 하고 있다. 그리고 기독교 문학은 기독교인의 정체성과 삶의 방향성을 문학적으로 제시한다는 점에서 유익하다. 나는 기독교 문학에 거는 기대가 크다. 물론 다른 예술 분야도 마찬가지다.

# Part II

# 우리 모두 주님의 깃발 되어

기독교에서 청지기는 단순한 종교적 교리가 아니다.
삶의 모든 영역에서 하나님께서 맡긴 것을
책임감 있게 관리하는 윤리적, 영적 존재이다.
청지기로서 그리스도인의 자세는
하나님께서 맡기신 모든 것을 책임감 있게 관리하며,
삶의 모든 영역에서 하나님의 뜻을 실천해야 한다.
이 자세는 단순한 관리자가 아니라
하나님의 뜻에 따라 삶을 살아가는
제자로서의 정체성과 연결된다.

# 1. 잊을 수 없는 두 제자, 배형규와 권지상

나에겐 잊을 수 없는 두 제자가 있다. 한 사람은 아프가니스탄에서 순교한 배형규 목사이고, 다른 한 사람은 말리에서 순직한 권지상 선교사다. 모두 한양대학교 제자이다.

배형규는 제주도 출신으로 한양대 경상대 경영학과에서 공부한 뒤, 서강대학교 대학원을 거쳐 회사에 취업했다. 그러나 직장을 그만두고 목사가 되기 위해 장로회신학대학원에 들어갔다. 청년 사역에 관심을 두어 서울 영동교회에서 수년간 전도사로 섬겼고, 1998년 샘물교회의 창립에 참여했다. 샘물교회에서 청년부 전도사로 활동하다 청년부 전임 목사가 되었다. 그는 매년 청년들과 봉사활동을 떠날 정도로 왕성하게 활동했다.

2007년 샘물교회 아프가니스탄 단기선교 팀장이 된 그는 7월 13일 19명의 팀원을 이끌고 출국했다. 당시 한국 정부는 아프가니스탄을 여행자제 국가로 지정했다. 선교팀은 제3국으로 우회해 아프가니스탄에 입국했다. 하지만 칸다하르로 이동 중 한국인 23명이 무장 탈레반에 피랍되었다. 한국 정부는 1차 협상에 들어갔다. 하지만 불행하게도 결렬되었다. 7월 25일 탈레반은 본보기로 인솔 책임자인 배 목사와 팀원인 심성민 형제를 처형했다. 그는 아프가니스탄 땅에서 순교했다.

배 목사의 시신은 가즈니주 서쪽 카라바그 지구에서 발견되었고, 심성민 형제는 안다르 지구 한 마을 도로변에서 발견되었다. 그들의 시신을 인수한 한국 국립과학수사연구소는 부검 결과 배 목사는 머리에 1발, 몸통에 6발, 모두 7발의 총상을 입었고, 심심민 형제는 머리에 2발, 몸통에 2발을 맞은 것으로 확인되었다. 배 목사는 양팔을 뒤로 묶인 채, 무릎을 꿇은 상태에서 이마쪽에 총을 맞았다. 그런데 두 사람 모두 여러 발의 총상을 입은 것은, 테러범들이 한 명의 인질을 총살한 후에, 다른 동료들이 죽은 시체를 대상으로 사격 연습을 한 것으로 보인다고 했다.

이 피랍 사건으로 한국에서는 하필 여행자제 국가에다 이슬람 국가인 아프가니스탄에 선교여행을 했는가를 놓고 여론이 비등했다. 하지만 배 목사의 선교 열정은 대단했다. 그는 2005년 폐질환으로 1년간 안식을 취했다가 완치된 바 있다. 그 후 매년 두 차례 이상 선교 활동에 나섰다. 2007년만 해도 4월에 방글라데시 봉사활동을 다녀왔다. 그리고 그해 7월에 아프가니스탄 단기 봉사활동을 하려다 희생당한 것이다. 7월 25일은 그의 생일이었다. 그날 7발의 총격을 받은 것이다.

아프가니스탄으로 떠나기 전 그는 생전에 마지막이 될 설교를 샘물교회에서 했다. 단기선교 팀이 가진 세계지도에는 중동 국가 중 아프가니스탄을 주황색으로 칠해놓았다. 이곳을 선교 대상으로 삼고 기도해 온 것이다.

배 목사 소천 후 샘물교회에서 연락이 왔다. 평소 배 목사가 양 교수를 자주 언급했는데, 장례 예배가 샘물교회에서 드려진다는 것이다. 나는 예배에 참석해 그의 마지막 가는 길을 배웅했다. 제자의 장례식에 참석한다는 것은 참 가슴 아픈 일이다. 오래 살아 주님을 위해 많은 일을 하는 것이 스승으로서의 바람이기 때문이다. 그러나 그는 42세의 나이로 순교했다. 자기의 생명까지 주님께 드린 배 목사의 헌신에 고개 숙이지 않을 수 없다.

한양대학교에서는 그를 기리는 예배를 따로 드리고, 그가 평소 가졌던 성경과 그가 청년들을 위해 연구한 칼뱅의 「기독교 강요」 요약 노트를 전시했다. 그것을 보는 순간 배 목사를 보는 듯 했다. 배 목사는 학생 시절 기독동아리 활동도 열심이었고, 점심시간이 되면 자주 찬양팀을 이끌고 교내 식당 입구에서 찬양했었다.

배 목사의 순교는 샘물교회 차원을 넘어 교계도 주목했다. 대한예수교장로회 통합 측은 그를 순교자로 등재했고, 고신 총회도 그를 순교자로 등재했다. 그는 원래 고신 출신이었다.

권지상 선교사는 한양대 영문과를 졸업하고 총신대 신학대학원을 졸업했다. GMS, SIM 선교단체서 간사로 일하고 공항 벧엘교회에서 중고등부 전도사, 의정부 제일교회에서 청년부를 지도하며 다양한 경험을 쌓았다. 2009년 2월 컴미션 선교사가 되었고, 2010년 의정부 제일교회 선교사로 인준받아 서부 아프리카 말리 선교사로 파송 받았다. 프랑스에서 불어 연수를 마치고, 말리의 보조족(Bozo)을 품에 안고 기도하며 말리에서 선교 제2기를 준비하던 중 교통사고로 하나님의 부름을 받았다.

여름이면 40도가 넘는 말리의 기후도 그에게는 문제가 되지 않았다. 약 31만 명의 보조족은 무슬림인 불어권 미전도 종족이다. 당시 보조족 가운데 크리스천은 단 두 명뿐이었다. 보조족보다 열 배가 넘는 투아레그족 역시 무슬림 미전도 종족이다. 그는 말리의 수도 바마코에서 언어 공부를 하며 말리 현지 교회와 미전도 종족 복음화를 위해 현지 크리스천들과 함께 기도 모임을 하고 말씀을 전했다. 또 목회자 양성을 계획하고 젊은 현지인 청년들의 성경 공부도 인도했다. 말리는 내전으로 치안이 불안했다. 투아레그 반군의 무장 공격으로 일부 지역은 여행 금지 구역으로 제한되고 있었다.

권 목사는 2009년 컴미션 선교사로 입회가 허락되자 이렇게 유서를 썼다.

> "자녀들과 사랑하는 사람들에게 하고 싶은 말은 이것입니다. 이 세상에 살 때 가장 가치 있는 일은 하나님을 더 깊이 알아가는 것과 그 하나님을 다른 사람들에게 알리는 것입니다. 거기에 가장 우선순위를 두고 살다 보면 단순하지만 풍성하고 넓은 삶을 살 수 있을 것입니다. 저는 선교지에 가기 전 제 인생의 가장 가치 있는 일이 무엇인가? 마인드맵을 하

면서 두 가지 단어가 최종적으로 남았습니다. 그것은 '선교하는 깃'이고 또 '함께 하는 깃'이었습니다. 제가 사랑하는 가족들과 사랑하는 사람들에게 말하고 싶은 마지막 말은 '당신과 함께 선교할 수 있는 삶을 살아서 행복했습니다'라는 것입니다. 사랑하며 축복하며, 소풍과 같은 삶을 잘 마무리하며 천국에서 뵙길 기대합니다."

그는 보조족 성경 번역을 하는 외국인 선교사의 초대로 사하라 중부에서 보조족과 투아레그족을 위해 진행되고 있는 보조족 사역과 마을들을 둘러보고, 바마코로 돌아오는 길에 갑자기 교통사고를 당했다. 그가 탄 자동차가 젠네 지역 근처를 지날 때 포트홀(도로 웅덩이)에 빠졌고, 타이어 두 개가 연달아 찢어지면서 전복된 것이다. 이것은 아프리카에서 자주 일어나는 사고이다. 사고 직후 뇌출혈 증상에 의식을 잃은 그는 세바레 국립병원에 도착한 지 1시간여 만에 하나님의 품에 안겼다. 응급조치도 제대로 받지 못한 것이다.

입관 예배 때 컴미션 국제 대표 이재환 선교사는 "권 선교사는 많은 사람이 가기를 두려워하는 말리의 가장 소외된 종족인 보조족과 투아레그족 선교를 마음에 품고, 복음을 들고 간 '지행일치' 선교사이다. 권 선교사는 사라지지 않았다. 복음 전파가 계속되는 한 우리 마음속에 영원히 살아 있다." 했다. 컴미션은 그의 죽음을 애도하며 순교자로 불렀고, 파송교회인 의정부제일교회는 그를 위해 순교자기념비를 세웠다.

나는 그를 '기독교와 현대사회' 수업에서 그를 가르쳤다. 수업 시간에 본 그의 천진한 모습과 웃음이 아직도 생생하다. 다른 학생에게는 학점을 좋게 주시되 자기에게는 좋은 학점 주지 않아도 된다던 말도 기억이 난다. 남을 배려하는 마음이 달랐다. 그런 그가 먼저 가다니 가슴 아프다. 인간적으로 무척 아쉽다. 하지만, 배 목사와 권 목사 두 제자가 주의 일에 힘쓰다 부르심을 받았으니, 주님께 감사할 뿐이고, 주님도 기뻐하실 것이다. 우리 모두 천국에서 기쁨으로 만날 것이다.

# 2. 과학자가 하나님을 느낄 때, 황우석 교수 이야기

모 기업에서 사외이사를 하고 있을 때 황우석 교수를 만났다. 복제 사업 전망을 알아보기 위해서였다. 여러 차례 만나 얘기를 나눠보니 아주 신사다웠다. 예의도 바르고, 진솔해서 개인적으로는 아주 좋은 느낌을 받았다.

여러 차례 회의도 하고, 그가 경영하는 수암연구소에서 직접 체세포를 채취하는 모습도 지켜보았다. 그리고 식사도 하며 사업 가능성에 관한 사전 논의도 했다. 가능성이 보여 작게라도 시작하기로 했다. 내 역할은 거기까지였다.

맨 처음 황우석 교수 얘기를 들은 것은, 한양대 정기인 교수로부터다. 기수련을 하는 정 교수는 황 교수도 같은 도장에 나온다면서 여러 얘기를 해준 바 있다. 그리고 한창 줄기세포에 관심이 집중된 시기에 황 교수는 갑자기 유명 인사가 되었고, 그에 대한 국민의 기대 또한 컸다. 그런데 어느 날 갑자기 이른바 '황우석 교수 사건'이 터졌다. 개인적으로나 국가적으로 안타까운 일이었다.

당시 한반도는 한국의 황우석 교수 사건과 북한의 위조지폐 문제로 세계의 주목을 받았다. 두 사건 모두 정직과 진실을 의심받게 한 사건이어서 한반도의 정직성(integrity)을 스스로 훼손시켰고, 세계 앞에 치부를 드러냈다는 점에서 문제가 아닐 수 없었다. 황 교수는 사건이 일어나기 몇 주 전만 해도 세계적인 주목을 받으면서 배아줄기세포로 환자들에게 희망을, 그리고 한국민에게 자긍심을 심어 주었다. 그런데 믿기지 않을 만큼 갑자기 거품처럼 꺼져

버린 것이다.

서울대가 조사위원회를 구성하고 황우석 연구팀에 대해 조사를 시작했을 때만 해도 그 팀에 대한 희망을 버리지 않았다. 그러나 기대와는 달리 조사위원회는 중간보고에서 황 교수에 대해 과학의 근간을 흔든 사건으로 규정하고, 그 결과에 대해 비관적인 전망을 했으며, 중징계까지 언급하였다. 황 교수는 결국 서울대 교수직을 사퇴한다고 선언했다. 그러나 이 사건은 이것으로 끝나지 않고 우리 사회에 더 많은 파장을 몰고 왔다.

이 사건은 배아줄기세포에 대한 원천기술을 한국이 확보하고 있느냐 없느냐 하는 문제를 떠나 과연 우리의 과학자들이 학자로서 기본을 제대로 갖추고 있는가에 대해 의구심을 갖게 했다는 점에서 가슴이 아픈 사건이었다. 진실에 바탕을 두어야 할 과학자들이 그것과는 거리가 먼 행동을 했다는 점에서, 그리고 조작을 참으로 위장하여 세계 앞에 선전해 왔고, 그 과정이 적나라하게 노출되고 있다는 점에서 국민은 참담함을 느꼈다. 한국의 정직성이 크게 손상되었음은 말할 필요가 없다.

그때 나는 "도마에 오른 한국의 정직성 문제"라는 제목의 글을 썼고, 이 두 사건을 언급하며, 나음과 같이 주장했다.

"자세에 우리가 해야 할 일은 기본을 제대로 갖추는 것이다. 아무리 기술이 뛰어나다 할지라도 기본을 잃는다면 모든 것을 잃는 것이나 다름이 없다. 기술적 성과만 있으면 과정을 문제 삼지 않았던 관례가 더 이상 통하지 않는 세상이 되었다. 세계화는 글로벌 스탠더드에 입각한 윤리 실행을 요구한다. 구미인들은 이 사건이 한국인의 '빨리빨리' 병에서 온 것이라고 지적하였다. 하루라도 더 빨리 앞서고 싶은 욕구, 뭔가 빨리 보여주고 싶어 급급한 마음 등이 이런 참담한 결과를 초래했다는 것이다.

이 사건은 더 이상 황 교수만의 일이 아니다. 한국교회도 이 사건을 거울삼아 하나님과 국민 앞에 과연 진실하고 성실했는지 반성할 필요가 있다.

목회자가 먼저 그간 하나님 앞에 바로 서지 못했음을 깊이 회개하고 그 앞에 무릎을 꿇어야 한다. 이제 한국교회도 원점으로 돌아가 기본이 바로 서는 나라를 만드는 데 이바지함으로써 사건을 전화위복의 전기로 삼아야 한다. 그래야 잃었던 국가의 품위도 회복되고, 깊게 파인 상처도 아물 수 있다."

하여튼 황우석 사건은 한 마디로 충격이었다. 그럼에도 성체줄기세포 연구에 대한 기대는 접지 않았다. 천주교 서울대교구가 생명위원회를 발족시키고 성체줄기세포 연구 발전을 위해 100억을 지원키로 했다. 그에 따라 그동안 황우석 박사의 배아줄기세포 열기로 인해 밀려나 있던 이 분야에 대한 관심이 높아졌다.

서울대교구는 주교를 생명위원장으로 하고 그 아래 연구와 임상을 위한 의료연구본부, 생명존중문화를 이끌어갈 생명운동본부, 대내외 홍보와 교육을 맡을 기획홍보단을 두었다. 이 조직은 우리 사회에 깔린 생명복제, 낙태 등 생명 경시 현상을 개선하기 위한 목적을 가지고 있었고, 이 기금은 전 세계 가톨릭 교구에서 성체줄기세포의 연구진흥과 발전을 위해 지원한 것 가운데 가장 규모가 컸다.

성체줄기세포 치료법은 신생아의 탯줄혈액(제대혈), 환자의 골수나 간, 췌담도, 지방 등에 존재하는 줄기세포를 뽑아 이를 실험실에서 분화·증식시킨 뒤 다시 환자에게 이식하는 방법이다. 내 몸속의 줄기세포로 나를 치료하는 개념으로, 배아가 아닌 다 자란 인체조직에서 세포를 얻기 때문에 성체줄기세포라 한다.

오래전부터 진행되어 온 성체줄기세포 연구는 현재 백혈병에 대한 조혈모세포 이식과 골수이식에 적용되고 있고, 뇌혈관이나 괴사 된 심장근육을 재생하는 치료법 등이 임상 단계에 와있다. 그러나 성체줄기세포는 이미 다 자란 인체조직에서 세포를 얻기에 새 세포를 만들어내는 증식 능력이 처음부터 시삭하는 배아줄기세포보다 떨어지고, 몸속에 소량만 존재하기 때문에 치료에 충분한 양을 얻기 어려우며, 다른 사람의 세포를 이용하면 면역거부반응이 일어날 수 있다는 단점을 안고 있다.

그럼에도 이 방법은 무엇보다 생명윤리 논란을 피할 수 없는 배아줄기세포 연구에 대안이 될 수 있고, 배아줄기세포로 인한 생명 파괴나 복제 문명에 대한 우려를 씻을 수 있다는 점에서 교계의 관심을 끌었다. 한기총을 비롯해 개신교의 여러 윤리학자도 성체줄기세포치료법을 대안으로 제시해 왔다.

나는 "성체줄기세포 연구에 한국교회도 관심 가져야"라는 제목의 글을 통해 다음과 같이 주장했다.

> "생명공학에 관심이 높아지면서 줄기세포에 대한 연구가 본격화되고 있지만 현재 기독교계의 기대와는 달리 성체줄기세포 연구보다 배아줄기세포 연구에 대한 투자가 크게 이루어지고 있다. 이런 점에서 한국기독교는 이 문제 해결에 적극적인 태도가 요청된다. 교회는 "'성체줄기세포 연구가 대안이다.' 말만 할 것이 아니라 그 연구가 더욱 진척되도록 배려하고 도와줄 책임이 있다. 성체줄기세포 연구가 스스로 한계를 극복하고 더 많은 질병의 치료법으로 자리 잡기 위해 이 연구에 대한 교계의 물질적인 투자와 신앙적인 격려가 필요한 때다."

그 뒤 많은 세월이 흘렀다. 하지만 줄기세포 연구에 대한 국민의 기대는 컸다. 이런 가운데서 기업을 통해 황 교수를 만나게 된 것이다.

황 교수는 당시 러시아의 북부 동토를 방문해 그곳에서 원시 동물의 DNA 채취 작업을 하고 왔다고 했다. 러시아에서도 동물 복원에 관심이 컸다.

우리는 복제 사업 가능성을 놓고, 미국, 중국 등 여러 인물과 접촉하며 모임을 가졌다. 탐지견의 복제 가능성이 주 대상이지만 중국에서는 소나 돼지 같은 동물에도 관심을 두었다.

황 박사에 따르면 돼지의 심장과 인간의 심장은 구별이 안 될 정도로 유사하다. 그런데 사람에게 돼지 심장을 이식하면 사람은 10분 안에 죽는다. 이어주는 혈관이 급속히 썩기 때문이다. 그는 이것을 보면서 '하나님은 존재한다'는 것을 느낀다고 했다. 나는 그 말을 들을 때 과학자들은 과학을 통해서 하나님은 느낀다는 사실을 깨닫게 되었다.

나는 연변과기대의 요청에 따라 챈슬러를 맡게 되어 더 이상 황 박사와 접촉은 없었다. 그런데 갑자기 연변과기대에서 황 박사를 만나게 되었다. 연변과기대를 방문한 것이다. 나도 모르는 일이었다. 나는 그곳에서 재회의 기쁨도 나누었다. 그는 과기대 식구들을 대상으로 특강도 했다.

그는 지금 중동 국가에서 열심히 복제에 관련된 연구도 하고, 실적을 내고 있다. 황 박사에 대한 평가는 지금도 긍정과 부정의 양면성을 가지고 있다. 조작에 대한 질타도 있지만 그를 배려하지 못한 것에 대한 안타까움도 있다. 나는 가끔 황우석 교수 사건에서 황 박사의 잘못도 있겠지만 주변 동료들의 시기심도 작용했을 것이란 생각이 든다. 이런 의미에서 황 박사는 피해자일 가능성도 없지 않다.

한국에서 줄기세포에 관한 관심은 아주 높다. 병원마다 줄기세포에 대한 선전 문구가 즐비하다. 줄기세포를 이용한 화장품도 나오고, 줄기세포 소개업체들도 늘고 있다. 그런 현상을 보며 가끔 황우석 박사를 생각한다. 하지만 한국 정부는 공식적으로 허가하지 않고 있다. 시술을 원하는 한국인을 중국이나 일본에 데려가 미허가 줄기세포 시술 사례가 늘고 있고, 불행히도 여러 명이 사망했다는 소문도 있다. 그만큼 위험성도 있다.

앞으로 생명과학이 어떻게 발전할지 예측할 수 없다. 놀라울 것임은 확실하다. 그때 복제나 줄기세포와 같은 작업은 정말 기초적인 것일 수 있다. 미래에서 현재를 보며 웃는 날이 오기 바란다. 그러나 한 가지 부탁할 것은, 윤리 문제를 통과하고, 인류에게 유익을 가져다 주기 바란다.

# 3. 역사는 살아있다, 김경래 장로의 일화

내 삶에 있어서 연변과기대는 예수 그리스도의 사랑을 실천하는 실천 장이
었다. 1999년에 연변과기대에서 봉사할 마음을 가졌고, 그로부터 16년 동안
한양대학과 연변과기대를 오가며 살았다. 2019년부터 연변과기대 후원재단인
국제교육문화재단에서 감사에 이어 실행이사로 섬긴 지 6년이 넘었다. 그러
니 연변과기대와 인연이 되어 함께 한지 22년이 넘는다. 연변과기대 교직원
들은 전문인 선교사가 되어 하나님의 말씀에 따라 그곳에서 학생들을 사랑하
며 살았다. 주님을 사랑한다는 것, 또 주님을 사랑하는 자가 할 수 있는 것이
무엇인가를 연변과기대를 통해 배웠다.

2019년 12월, 연변과기대(YUST) OB 모임이 합정동에 있는 다운교회에
서 있었다. 송년을 겸해 한 해를 결산하는 모임이다. 그동안 모임을 주도적으
로 이끌었던 김재능 교수가 내년엔 안식년을 맞아 미얀마로 살 예정이다. 이
한 해 김 교수의 수고가 만만치 않았다. "내 백성을 위로하라"는 말씀에 따라
연변과기대에서 자발적, 또는 비자발적으로 나올 수밖에 없었던 분들을 섬겼
다고 했다. 감사한 일이다.

이번 모임에서 하이라이트는 무엇보다 경향신문 편집국장을 지냈던 김경
래 장로의 말씀을 듣는 시간이었다. 92세인 그는 연변과기대 출발에 관한 여
러 에피소드를 소개해 주었다. 그의 얘기는 연변과기대가 어떻게 시작되었는
가를 알게 되는 계기가 되었다.

그는 먼저 김진경을 어떻게 알게 되었는가부터 시작했다. 오래전 일이다. 하루는 숭실대학교의 김진경 학생과 이중 학생이 그를 찾아왔다. 숭실대 학보 기자로 학보 인쇄에 도움이 필요했다. 그래서 그는 학보 편집과 인쇄에 도움을 주었다. 그것이 그와의 첫 만남이었다.

그 후 세월이 지나 김진경이 중국에 대학교 설립 허가를 받았다며 학교 설립에 도움을 요청했다. 고신대 교수를 거쳐 미국에서의 사업을 하던 그가 설립 허가서를 보여주며 "남에서 북으로 올라가는 선교는 안 되니 북에서부터 내려오는 선교를 위해 연변에 세우는 대학이 꼭 필요하다." 했다.

학교 설립에 도움을 주어야겠다는 생각이 들어 그는 김진경을 데리고 한경직 목사를 찾아갔다. 큰 교회 목사님의 도움을 받으려면 역시 한 목사와 같은 분을 움직이는 것이 좋겠다고 생각한 것이다. 한 목사님이 학교 설립에 관해 이야기를 듣더니 도움을 주기로 했다.

김 장로는 협조 대상 목사님들의 이름과 전화번호를 찾아 한 목사님과 그 자리에서 통화하도록 했다. 조용기, 김창인, 곽선희, 옥한흠, 홍정길 목사님들이었다. 전화에서는 모두 협조하겠노라 했다. 이 점에서 한경직 목사는 연변과기대 설립에 지대한 공을 한 셈이다.

쇠뿔도 단김에 빼랬다는 말대로, 김 장로는 김진경을 데리고 협조를 약속한 목사님들을 직접 찾아뵈었다. 하지만 실제 반응은 달랐다. 그의 표현대로 미꾸라지처럼 빠져나간 목사님도 있었고, 할까 말까 망설인 분도 있었다. 그래도 적극적으로 도운 목사님이 바로 곽선희 목사와 옥한흠 목사였다. 그 두 목사님이 학교 설립에 지대한 역할을 했다.

김 장로의 이런 얘기는 참석자 모두 처음 듣는 것이었다. 수수께끼가 하나 풀린 셈이다. 그래서 원로들의 얘기가 중요하다는 생각이 들었다.

김경래 장로는 두 가지 얘기를 더 해주었다. 연변과기대와는 별개의 얘기지만 꽤 들을 가치가 있었다.

하나는, 손봉호 교수 얘기다. 하루는, 손 교수가 총장을 역임한 분들의 모임에 한 마디 해주시라는 청을 해왔다. 총장이 아닌 내가 무슨 말을 하겠느냐며 사양했는데, 아무 말씀이라도 좋다고 해서 그는 이런 말을 해주었다고 했다. "총장님들, 부끄러운 줄 아세요. 이스라엘은 많은 수의 노벨 수상자를 냈고, 일본 대학도 상당수 노벨 수상자를 냈는데, 한국대학은 뭐했나요? 앞으로, 한국대학에서 노벨 수상자가 나오기까지 고개 푹 숙이고 다니십시오."

다른 하나는, 김상복 목사 얘기다. 김 목사는 청년 대학생 시절 김경래 장로가 지휘한 성가대 대원이었다고 했다. 김 목사가 하루는 독립 교단 목사 모임에 한 마디 해달라는 부탁을 해왔다. 자신은 목사가 아니라며 사양했는데, 그래도 한 마디 해달라는 간곡한 부탁에 그 자리에 나아가 다음과 같은 말을 했다고 했다. "목사님들, 한국교회가 처음에는 몇 안 되는 교파로 출발했어요. 그런데 지금은 350여 개 교파로 갈라졌습니다. 그리고 교파마다 매년 총회장이 선출됩니다. 목사님들, 부끄러운 줄 아세요. 앞으로 '총회장'이라 마시고 '총회 종'이라 하세요."

김경래 장로는 한국대학과 교회에 뼈 있는 주문을 하신 셈이다. 역사는 살아있다. 모임이 끝난 후 김 장로를 찾아가 한국기독실업인회(CBMC) 초창기 때 같이 활약했던 선친 얘기를 했더니 반가워했다. 나는 선친을 뵌 듯 기뻐, 그의 손을 꽉 잡았다.

우여곡절 끝에 연변과기대는 1992년 중국 길림성 연길시 북산가, 공동묘지 위에 세워졌다. 최근 안 일이지만 '북산'(北山)은 '북망산천'의 줄임말이라 한다. 전하는 이의 말에 따르면 이곳엔 연길분들뿐 아니라 러일전쟁 후 사망한 러시아 병사의 시신도 있었다고 했다. 학교 옆길을 '행복로'라 부르기도 했다. 학교 옆에 화장터가 있어 인생의 마지막 하늘나라로 행복하게 가는 길로 생각한 것이다. 지금은 '조양(朝陽)가'라 한다. 아침 햇볕이 따사롭게 드는 곳이라는 뜻이다.

연변과기대는 외국어대, 공대, 상대, 간호대 등이 있었고, 학부 체제로 운영되었다. 국제학교답게 영어, 한국어, 중국어로 강의했다. 2021년 6월 졸업식을 끝으로 문을 닫았다. 그동안 1997년 1회 졸업생을 낸 뒤 2021년 25회에 이르기까지 총 8,410명의 학사 졸업생을 배출했다. 그리고 여러 부속기관에서 졸업생 약 27,893명을 배출했다. 그 가운데, 최고경영자과정 1,003명, 세종학당 1,300명, 사회교육원 14,177명, IT교육원 1,300명, 기아훈련원 165명, 국제상무학원 875명이 있다. 모두 합하면 36,303명으로, 적지 않은 수다.

학교가 문을 닫게 된 이유는 여러 가지다. 그동안 연변과기대는 기독교 학교로 낙인되어, 중국 정부로부터 주목 대상이 되어왔다. 많은 학생이 복음을 접하고 교회를 다녔기 때문이다. 또한 평양과기대를 세우면서 부채를 안게 되었다. 연변과기대가 직접 책임이 있는 것이 아니지만 김진경 총장이 두 대학 책임자로 있다 보니 피하기가 어려웠다. 중국 정부는 연변대학과 김 총장이 합작으로 시작한 중외 합작을, 연변대와 외국 대학과의 합작으로 바꾸고자 했다. 외국 대학을 들여오는 방안을 검토하도록 한 것이다. 미국대학과도 접해 보고, 숭실대학과도 협의했지만 실패했다. 숭실대가 재정을 담당할 수 있는 형편이 아니었고, 김 총장의 거취 문제도 있었다. 거버넌스에 관한 한 쉽지 않다. 결국 학교는 문을 닫고, 한족이 받아 새롭게 문 여는 준비를 하고 있다. 국제 정세에 크게 영향을 받는 현 상황에서 평양과기대가 계속 이어져 졸업생을 배출하고 있다. 기적이 아닐 수 없다.

그동안 사랑의교회 옥한흠 목사, 소망교회 곽선희 목사의 앞장서 헌신했고, 국내외 여러 교회와 교인들의 물질적 후원과 기도가 있었다. 연변과기대나 평양과기대는 그들의 눈물과 땀, 기도의 결정체다. 18개국에서 온 800여 외방 교직원들의 헌신도 눈물겹다. 학교는 그들에게 월급을 주지 않았다. 모두 자비량 선교사였기 때문이다. 그래도 기쁨으로 학생들 섬겼다. 학생들이 아프면 그들이 쾌유할 때까지 도왔다. 우즈베키스탄 등 중앙아시아에 사는 고려인 학생들, 심지어 연변지역에 있던 북한 출신 학생도 와서 공부했다. 국내외 수많은 대학은 자매학교가 되어 서로 학생을 받아들였다.

지금 연변과기대 졸업생은 세계 각지에 흩어져 세계인으로 활동하고 있다. 기업인, 교수, 연구원, 목회자 등 각 영역에서 많은 지도자가 배출되었다. 하나님은 그들을 통해 놀라운 일을 행하실 것이다.

# 4. 잊을 수 없는 후원자 이야기

오래전 읽은 글이다. 연변대학을 졸업하고 한때 연변과기대 전산교육원에서 3년간 직원으로 근무한 적이 있다는 분의 "진짜 선교사"라는 제목의 글이다. 그의 말대로 연길에는 선교사라 하지만 별별 선교사도 많았다면서 그래도 그 가운데서도 보석과 같은 '진짜 선교사'가 있었다고 했다. 이름은 밝히지 않았다.

그 선교사는 LA에서 오신 분이었는데, 40대 후반에 늦깎이로 신학을 하셨고, 신학교를 졸업하자마자 50대 초반에 5년 정도 약정하고 연길에 왔다. 아들 중 하나가 몸이 불편하여 자녀들과 사모는 미국에 머물렀다. 연길에 온 그는 부러 침실 4개짜리 아파트 1층을 거처로 삼고, 한 방은 자신이 쓰고, 나머지 세 방은 어려운 학생들이 들어와 사용하도록 했다. 아무나 찾아와도 좋았고, 성경 공부는 거실에서 했다. 학생들은 보통 1년 정도 들어와 거주하고, 특이한 경우 2~3년도 같이 살기도 했다.

룸메이트 중에 연변과기대 학생이 있었는데, 고등학교 때부터 대학교 2학년까지 거의 5년을 사귀던 여자 친구가 북경에 있는 대학으로 가더니, 그 후 이별을 통고하는 바람에 맨 날 술과 담배로 방황하였다. 만취 상태에서 술집에서 싸움도 하고, 술집 기물도 파손해 파출소에 연행되는 일도 있었다. 그때마다 선교사가 적지 않은 치료비와 합의금을 대주고 나서야 풀려났다. 선교사는 먼저 사람을 살려야 한다며 자기 돈 전부를 댔다. 그런데도 그 학생에게는 힘들 터인데 얼른 들어와 밥 먹고 쉬라, 빨리 잊으라고 했다. 그저 실연으로 인한 방황의 시간이 다 끝나기만 기다린 것이다.

결국 그 친구는 연변과기대에서 퇴학당했다. 한 학기 내내 출석한 날이 며칠밖에 되지 않았기 때문이다. 친구들조차 그는 구제 불능이라 하였고, 친부모도 더 이상 인내하지 못할 것이라 했지만 선교사는 아버지의 마음으로 그를 끝까지 믿어주고 품어주었다.

시간이 지나 그가 마음을 잡았을 때는 복학도 어려웠다. 결국 중국에서 대학에 다닐 수 없게 되자 일본으로 건너가 처음부터 시작했고, 일본 여인과 결혼해 가정도 이루고 대학도 졸업했다. 그 후 그에게 있어서 선교사는 하늘 같은 존재가 되어 선교사가 일본을 방문할 때마다 극진히 모셨다. 지금도 생각하면 그 선교사는 이승철의 노래처럼 "그런 사람 또 없습니다."라 할 만큼 진짜 선교사, 지금도 많은 현지인들로부터 인정받고 존경받는 진짜 선교사라는 것이다.

이야기는 여기까지다. 이 글을 연변과기대 교수 카톡방에 올렸더니 그 선교사님이 누구인지 알 듯하다 하였고, 한동안 LA에 조선족 교회를 세워 연변과기대 농분을 놀본 분이라 했다. 그래서 동문 사이에서 자주 언급되는 분이라 했다. 이런 글을 읽을 때마다 연변과기대에서 헌신한 분들을 한 번 더 새겨본다. 진짜 선교사는 이웃을 자기 몸처럼 사랑하는 선교사다. 교수가 몸소 학생들의 후원자가 되었다는 점에서 칭찬을 받을만하다.

연변과기대는 수많은 후원자의 기도와 땀이 어린 학교이다. 특히 사랑의교회와 소망교회는 앞장서 도왔고, 기업가와 목회자들, 세계 각국에 있는 성도들이 십시일반 도왔다. 그들의 도움이 없었다면 연변과기대도 없었을 것이다.

핸즈커피(Hands Coffee) 진경도 사장의 글이 페이스북에 올라왔다. 오늘 날 자로 연변과기대 핸즈커피의 문을 닫았다고 했다. '핸즈커피 유스트점'이다. 그동안 숱한 어려움 속에서 커피숍은 과기대에 대화의 문화를 심으며 사랑방 역할을 해왔다. 심지어 평양에서 온 교육부 직원들이 아예 그곳에 자리를 잡고 수개월 동안 매일 출근하기도 했다. 그들이 평양에 돌아가면서 평양에도 이런 곳이 있어야 한다며 간절히 부탁한 일도 있었다고 했다.

핸즈커피의 핸즈는 '하나님의 손'을 의미한다. 하나님의 손이 되어 섬기겠다는 뜻이다. 학교에 있을 때 이곳에서 자주 모임을 가졌는데, 지금도 잊을 수 없는 것은 곽선희 목사가 졸업식에 참석했을 때 이곳에서 나는 김진경 총장과 함께 자리할 기회가 있었다.

그때까지 동북아교육문화재단 하나밖에 없었는데, 옥한흠 목사님이 교회 사정으로 북한 사역을 함께 할 수 없다며 사직원을 내자 재단을 둘로 갈라, 동북아교육문화재단은 평양과기대 후원재단으로 하고, 새롭게 국제교육문화재단을 만들어 연변과기대만 돕는 재단으로 분리했다. 그래서 옥한흠 목사는 연변과기대를 계속 돕게 되었다.

평양 쪽은 곽선희 목사님이 도와왔는데, 그분이 소망교회에서 은퇴함으로 인해 김 총장은 다소 걱정이 앞섰다. 그래서 걱정하는 말을 하자, 곽 목사님은 "다 하나님께서 하십니다. 걱정 마세요."라는 말을 여러 번 했다. 하나님께 다 맡기라는 것이다.

이런 추억이 있는 핸즈커피도 이제 과기대가 종지 되는 바람에 8년여의 영업 활동을 중지할 수밖에 없어 오늘 문을 닫은 것이다. 그동안 수익구조도 맞지 않은 상황에서 버텨온 것도 감사하지만 직원들의 수고도 이만저만이 아니었다고 고백한다. 다 연변과기대를 사랑하는 마음에서 한 일이고, 주님을 위해서 한 일이다. 핸즈커피 과기대 점이 문을 닫았다. 하지만 우리에게 남겨준 자취는 결코 지울 수 없을 것이다. 진 사장에게 감사하다. 그러나 남아 있는 학생들과 교직원들이 따뜻하게 쉴 수 있는 공간이 없어졌다고 생각하니 마음이 편치 않다.

오늘은 국제교육문화재단의 김종관 국장으로부터 연변과기대 후원금에 관해 옛 얘기를 많이 들었다. 어떤 이는 몇십억을 낼 것처럼 큰소리치다 이런저런 핑계를 대며 없는 것이 되고 만 경우도 많은데 지금까지 잊히지 않은 두 사례가 있다는 것이다.

한 분은, 미국에 사시는 목사님이셨는데 아버지 목사님이 돌아가시고 난 후 남은 1억 8천여만 원을 가방에 넣어 후원회 사무실을 찾아왔다. 허름한 복장이어서 혹시 여러 사무실을 돌아다니며 장사를 하는 분인가 생각했었는데, 뜻밖에도 아버지 목사님이 평소 연변과기대 말씀을 자주 하셔서 남은 유산을 기부해야겠다고 생각해서 찾아왔다는 것이다. 너무 감사해서 누구신지 물어도 자신이 누구인가도 알 필요도 없다 하셨다는 것이다. 그리고 직원들 수고한다며 자신이 된장찌개라도 대접하겠노라 하시며 직원들을 격려하고 가셨다고 했다.

다른 한 분은, 강원도에서 택시 기사를 하시는 분인데 5천만 원을 보내오셨다. 평소에도 후원하시는 분인데, 이번엔 거액을 보내신 것이다. 알고 보니 기사 업무 이외에 양식업을 따로 하시는 데, 이번에 그 사업이 잘되어 보내셨다는 것이다.

이 두 사례는 참으로 순수한 후원이라는 점에서 감동을 준다. 연변과기대는 많은 후원자들의 눈물 어린 후원으로 지금까지 지속된 학교이다. 학교가 종지 되는 상황 속에서도 끊임없이 후원하는 분들도 있다. 하나님께서 이런 분들을 기억하시리라. 오늘은 좋은 얘기를 들은 참 좋은 날이다.

# 5. 청춘불산장, 연변과기대 정신은 살아있다

2021년 6월 17일은 연변과기대 마지막 졸업식이 있는 날이다. 25회 졸업식이자 개교 29회 기념일이다. 그날 400명이 넘는 졸업생이 과기대 간호동 강당에 모여 식을 가졌다. "연변과기대" 이름으로는 마지막 졸업식이라 모두 착잡한 마음이다. 그러나 하나님께서 그다음을 준비하시리라 믿는다.

19일 토요일에는 YUS TOB 모임의 줌 미팅이 있었다. 서른 여명이 참여했다. 연변과기대 출신으로 미국에서 목회하고 있는 강지영 목사가 '기독교'는 예수님을 구주로 믿는 신앙임을 강조하면서, 허드슨 테일러가 중국 선교를 할 때 인간적으로는 몹시 힘들고 그만두고 싶은 이유도 많았다. 하지만 오직 주님의 명령 따라 선교했음을 말해주었다.

주수길 교수는 이번 졸업식장에 '청춘불산장'(靑春不散場)이란 문구가 있었다며 그 뜻은 "청춘은 끝이 없다."는 것이지만 자신은 "YUST는 끝이 없다."고 읽었다며, 과기대의 "시즌 2"를 기대한다고 했다. 그리고 우리 자신을 과대평가하지 말고 외부의 객관적 평가가 필요하다고 했다. 이제 각자의 경험을 글로 남겨야 한다는 주장도 있었고, 자료도 모아야 한다는 주장도 있었다.

나는 연변과기대가 존재할 수 있었던 것은 물질주의에 함몰되어 있는 시대에 정신이 살아있는 모습을 갈구했던 때에 과기대가 물질을 뛰어넘는 겸손한 헌신을 보여줌으로써 더 아름답게 꽃을 피울 수 있게 되었다고 생각한다. 그 모습이 한국교회와 세계에 반향을 일으키자 많은 사람과 기관이 후원을 자청

하였고, 심지어 한국을 비롯한 해외의 유수 대학들이 재학생이나 졸업생들을 받아들여 인물들을 키워냈다. 이것은 과기대 졸업생들이 걸출해서가 아니라 과기대 정신을 높이 산 것이며, 이렇게 하여 모두가 하나의 공동체가 되었다. 나는 이 졸업생들이 미래의 주역이 되어 시즌 2를 이어가고 사도행전 이후, 곧 과기대 이후의 과기대를 써가야 한다고 본다. 이런 의미에서 오늘은 미래를 생각하는 시간이 되었다.

연변과기대 졸업생 Tony Kim이 페이스북에 다음과 같은 글을 올렸다.

> "입사 후 두 번째로 우수 직원상을 탔다. 4년 넘게 일하는 데 2년에 한 번씩 두 번 탔다. 중국의 매체에서 공산당원도 아니고 국가 정식 편제에 있는 것도 아니고, 누구나 다 요사이 다 혐오의 눈으로 보는 교회 다니는 디자인 부서의 한 계약직원이다. 회사에서 나는 거의 열외 직원에 가깝다. 다른 일선에서 일하는 부서는 가끔 2명씩 우수 직원상이 나온다. 하지만 우리 디자인 부서에는 항상 한 명이다. 명단을 보니까 조선인이 일하는 부서에 10명 정도 되는 분들 가운데 3명만 계약직인데, 두 명이 연변과기대 졸업생이다. 서명하고 한화로 25만 원쯤 되는 현금을 탔다.
>
> 연변과기대에서 배운 가치관이나 세상을 보는 태도, 특히 일하는 방식이나 조직에 대한 이해 등 여러 면에서 우리는 지금 이 회사의 기업문화와 달라도 너무 다르다. 이 회사는 국가 편제에 있는 직원이나 공산당에 가입한 직원이 대부분이다. 하지만 그 가운데 몇 안 되는, 연변과기대 정신을 고집하는 우리 '꼰대'들은 일에서만큼은 밀리지 않는다. 이 시점에서 교회에서나 세상에서나 모두 빛과 소금이 되라던 성경의 말씀이 떠오른다. 새로운 한 해도 힘내자. 쟈유, 파이팅."

이 글을 퇴직한 연변과기대 직원들 카톡방에 올리니 다들 좋아하신다. 감사하다. 졸업생들이 자랑스럽다. 과기대 정신은 살아있다.

코로나가 왕성한 시기에 연변과기대 주수길 교수가 서울대 병원에서 재수술을 받았다. 전에 대장암으로 항암치료를 받은 바 있는데, 재발한 것이다. 수

술해 보니 복막이 터졌고, 그래서 장 일부를 밖으로 꺼내 대변을 처리하도록 했다고 한다. 항암치료를 해가면서 괜찮으면 앞으로 장을 다시 잇는 수술을 한다. 또한 위도가 막혀 스텐트(stent)를 삽입하는 시술도 했다. 병원에서는 더 이상 할 것이 없다며 집에서 편안히 쉬도록 해서 퇴원을 했다. 완쾌가 아니라 어쩔 수 없는 퇴원이다. 수술 부위가 아프고, 체력이 진하여 힘들어했다.

졸업생들과 교수들이 십시일반 주 교수를 돕는 일도 했다. 특히 졸업생 동문 270여 명이 모금해 주 교수에게 전했다. 참으로 감사한 일이다. 가끔 내시경 검사를 했으면 이런 지경까지 가지 않았을 것이라는 생각이 들지만 연변과기대 생활하면서 그것까지 신경 쓴 교수들은 거의 없다. 모두 하나님께 맡겼기 때문이다. 김철기 교수를 비롯해 여러분이 암으로 가셨다. 인터넷에서도 주 교수를 위한 기도가 뜨거워지고 있다. "주님, 주 교수님을 불쌍히 여겨주옵소서."

주 교수의 주치의가 호스피스를 알아보라 한다. 주 교수가 의정부에 살고 있어서 의정부성모병원 호스피스 병동에 입원했다. 음식을 섭취하는 것도 문제지만 통증이 심해 집에만 있기 어렵다. 사모님은 이젠 하나님의 시간을 기다릴 수밖에 없다고 했다. 여기까지 왔다고 생각하니 가슴이 아프다. 김동일 교수는 "연변과기대 복도에 바람을 일으키며 걸어 다니던 주수길 형님이 이렇게 되다니." 하며 믿기지 않는다고 했다. 많은 교수가 카톡이나 페이스북에 기도문을 올렸다. 기도가 절실하다.

주수길 교수가 2021년 9월 18일 토요일에 소천 받았다. 서울대와 미시건대학에서 건축공학을 공부하고 육사 교관을 거쳐 연변과기대에서 헌신하셨다. 육사 교관으로 있을 때는 학원 복음화를 위해 노력했다. 유족으로는 정선화 사모와 두 딸 도경, 예경이 있다.

의정부성모병원에서 연변과기대 관련자들이 모여 천국 환송 예배를 드리려 하는데 코로나로 인해서 모임에 제약이 있었다. 하지만 박덕호 교수의 인도로 잘 진행되었다. 과기대 공동체 안에 좋은 형제를 잃은 마음이 가득하다. 사람은 갔지만 그를 향한 그리움과 사랑은 그대로 남는다.

주수길 교수가 소천한 지 일주일도 안 되어 연변과기대 졸업생으로 국제교류처장까지 역임한 손운성 동문이 갑자기 뇌출혈로 소천 받았다. 머리가 아파서 택시를 타고 직접 연변병원을 찾아갔을 정도였는데 뇌출혈로 판명되어 급히 중환자실에 입원했다.

의사는 수술하기 어려운 부위라 했다. 이를 안타깝게 여긴 동문이나 교수님들이 실시간으로 소식을 전해왔다. 검사도 쉽지 않은 상황이라는 소식, 오늘 밤을 넘기지 못할 것이라는 소식, 이미 가망이 없어서 연장 치료는 하지 않을 것이라는 소식, 결국 심폐소생술마저 포기해야 하는 상황이라는 소식이 들리더니 손 처장은 결국 저 하늘의 별이 되었다.

손운성 동문은 제자이기도 하다. 그의 전공은 건축이었고, 매우 활달했다. 우리 내외가 2000년에 연변과기대 갔을 때 총장 내외와 함께 튜터로서 학생 기숙사 학생들을 맡아 지도한 적이 있었다. 손 군은 바로 학생 1숙사의 대표였다. 손봉호 교수가 과기대를 방문했을 때 손 교수를 모시고 그 방을 방문해 찍은 사진도 기념으로 남아 있다. 졸업 후 사회생활을 하다 연변과기대 직원으로 들어와 여러 보직을 맡았고, 최선을 다했다. 그래서 많은 교직원들이 그를 자식처럼 사랑했다. 김 총장은 연길에 있으면서 송별예식을 가슴 아프게 지켜보았다.

지금 그는 갔지만 과기대 상경학부를 나온 부인 박선화와 두 딸 예진, 예은이 있다. 유족들이 힘을 잃지 않고 살아가기를 기도한다. 하나님께서 그 가족들에게 은혜 위에 은혜 더 하시기를 기도한다. 그가 간 오늘 밤은 너무 힘들다. 하지만 그는 큰 별이 되어 우리를 지켜볼 것이다.

연변과기대 자매학교인 평양과기대를 한동안 섬기다 간 강신영 교수 가족도 있다. 2023년 5월, 미국 댈러스 교외에 있는 앨런 프리미엄아울렛 총기 난

사 사고로 여덟 사람이 죽었고, 그중 한인 가족 중 세 사람이 포함되어 있었다. 부부와 세 살 난 아들이다. 남편 조규성은 변호사이고, 아내 강신영(Cindy Cho)은 치과의사다. 죽은 아들은 제임스다. 범인도 죽었다.

아내는 여섯 살 난 아이 윌리엄을 끌어안고 총을 맞았다. 아이도 총을 맞았지만 겨우 목숨을 건졌다. 식구 중 유일한 생존자다. 이 소식이 세계적으로 알려지면서 미국은 물론이고 세계 각지에서 애도를 표하고 생존한 아이를 생각해서 십시일반 물질을 내놓았다.

사건이 발생한 지 하루가 지나 정진호 교수가 죽은 부부 중 아내인 신디 조는 평양과기대에서 섬겼던 교수님이라는 메시지를 카톡방에 올렸다. 알고 보니 2014년에 평양에 치의대를 세우는 일에 관여했다고 한다. 나도 이 소식을 'YUST FOREVER' 사이트에 알렸다. 연변과기대 교수들은 자기의 일처럼 아파하고, 기도했다. 부부는 신앙생활도 열심히 하고, 남을 돕는 일에도 앞장섰다고 한다. 중심에 그런 마음이 있다 보니 평양과기대에도 왔을 것이다. 참으로 귀한 분이 쓰러지셨다.

문제는 미국에서 해마다 너무나 많은 사람이 총기 사고로 죽는다는 것이다. 이 문제를 해결하지 못하는 미국이 안타깝다. 평양과기대 치의대 교수들도 이 사실을 접하고, 도울 수 있는 길을 모색하고 있다고 한다. 아이가 자라는 데 있어서 많은 사람의 도움이 필요할 것이고, 주님께서 길을 열어주시리라 믿는다. 주여, 불쌍히 여겨주옵소서.

# 6. 김동일, 도파민이 부족해도 행복합니다

김동일 교수가 2025년 11월 3일 늦은 밤, 68세로 주님의 품에 안겼다. 연변과기대 구성원들은 목동에 있는 그의 빈소를 찾아가 그의 가는 길을 숙연한 마음으로 지켜보았다. 그는 그동안 파킨슨 질환으로 긴 고통의 터널을 지나왔고, 작년 1월엔 아내마저 먼저 보내야 했던 아픔이 있었다. 빈소엔 두 딸이 손님을 맞았다. 식장엔 '선교사 김동일'이란 이름과 십자가, 그리고 그가 사랑한 성경이 놓여있었고, 그 곁에는 국화꽃들이 함께 했다.

많은 분이 그를 추모했다. 그의 소천 소식에 나는 "아픈 가운데서도 아픈 자를 품으시고, 아픈 가운데서도 가르침의 끈을 놓지 않으며, 주의 말씀대로 실고자 하신 김동일 교수님, 이제 주님은 당신을 안으셨습니다. 감사합니다. 주님. 고맙습니다. 교수님"이라는 글을 올렸다.

김동일은 1958년 1월 경남 고성에서 태어났다. 그는 그곳을 '늘 그리운 고향'이라 했다. 마산중, 마산고를 졸업한 후 부산대에서 기계설계학을 전공했다. 그는 학교를 '억지로' 다녔다고 했다. 왜 그랬을까 싶다. 졸업 후 LG전자 김해공장에서 4년을 근무하면서 인생 수업을 했다. 그는 이 직장을 "4년 동안 나를 힘들게 해서 유학을 부추긴 고마운 회사"라 했다. 1987년 도미하여 플로리다 공대(Florida Institute of Technology)에서 전산학으로 전공을 바꾸어 대학원을 졸업했다. 그는 이 대학을 '전산학에 눈을 뜨게 한 대학'이라 했다. 그는 플로리다대학(University of Florida)에서도 공부했는데, 지독하게 종합시험이 어려웠던 대학이라 했다. 포항공대에서 중·한 번역기 쪽으로 한국인 최초로 박사학위를 받았다. 기계번역 분야로 국제학술지와 국제학회지에 30여 편의 논문을 저술하였다.

1995년부터 연변과학기술대학 컴퓨터전자통신학부 교수로 재직하면서 인공지능 정보검색 자연어처리에 관련 분야를 가르쳤다. 그런데 2003년도에 파킨슨병이 찾아왔다. 그러나 병마에 굴하지 않고 파킨슨병을 지혜롭게 다스리는 길을 찾고자 했다. 유머와 신앙의 힘과 파킨슨병을 아는 지식이 하나의 길임을 깨달아서 그와 관련된 여러 책을 냈다. 좌절보다는 희망을 먹고 살자 한 것이다.

그는 2017년 「세대 간 장벽을 허무는 와르르 아재개그: 즐겁고 유쾌한 하루를 시작할 수 있는 365편의 유머」를 출간했다. 그는 수험생활에 지친 딸을 위해 해줄 수 있는 것을 생각하다가 딸의 웃음을 되찾기 위해 개그를 공부했다. 자상한 아버지다. 이 책은 SBS 방송에 소개되어 4쇄를 찍었고, 개그계에서도 언급될 만큼 파문이 일었다.

2019년엔 「통곡 속에 숨은 유머: 하나님의 말씀과 유머를 병행하여 메시지를 전달하는 60편의 유머」를 내놓았다. 성경이 이야기하고 싶은 고난의 역사를, 피부로 겪은 인생과 유머가 병행된 책이다. 한국에서는 처음으로 하나님의 말씀과 유머를 병행하여 메시지를 전달하는 수미상관식 어법을 써서 신앙의 여유를 누릴 수 있도록 했다. 즉 유머에 관련된 질문을 먼저 던지고 그 유머에 관련된 글을 첨가하고 마지막에 유머의 답이 주어지는 형식이다. 통곡과 유머는 서로 어울리지 않는 말이다. 그러나 인생의 뒤안길을 걷다 보면 눈물과 웃음은 동전의 양면과 같다고 고백하지 않을 수 없다.

2021년에는 「인싸가 되는 팡팡 아재개그 365」를 내놓았다. 개그와는 전혀 상관없는 삶을 살아온 그가 사랑에 굶주린 한국의 온 가족과 온 직장이 유머가 넘실대는 분위기가 된다면 분명 그것은 우리의 저력이며 사회적 문제의

해법이라 본 것이다.

2022년에는 「파킨슨과 나: 도파민이 부족해도 행복합니다」을 내놓았다. 이 책은 파킨슨병과 동행한 그가 투병의 글, 그리고 다른 파킨슨 환우들에게 도움이 될 파킨슨병 관련 정보들을 담았다. 이 책에는 그에게도 유독 마음 저리게 하는 한 단어가 있다. 바로 '어머니' 다. 어머니에게만큼은 파킨슨의 증상을 들키지 않기 위해 부단히도 노력해 온 그의 눈물겨운 이야기들이 그대로 실려있다. "도파민이 부족해도 행복합니다" 라는 이 책의 부제도 읽는 이의 가슴을 저미게 한다.

2022년에는 「공학도가 만난 하나님」을, 마지막으로 내놓았다. 과학자들이 대체로 무신론자인 건 잘 알려진 사실이다. 그도 처음부터 기독교 신자였던 것은 아니다. 어린 시절 독실한 크리스천이던 당숙모의 도움을 받은 기억으로 기독교도에게 호감은 있었다. 하지만 미국에서 유학할 때 전도하러 방문한 한인교회 사람들에게 화를 냈을 만큼 기독교와는 거리가 있었다. 당시 그는, 종교란 인간이 약해질 때 이를 극복하기 위해 만들어낸 심리적인 환각이라 생각했다. 하지만 그들이 전해준 「감옥생활에서 찬송 생활로」라는 책을 읽고, 불신자에서 신자로 돌아섰다. 이 책은 멀린 캐로더스라는 목사님이 쓴 것이다. 캐로더스는 젊은 시절 모험과 스릴을 찾아 헤매다가 군에 입대해서는 탈주병으로 감옥까지 갔던 청년이었다. 그러나, 훗날 예수를 믿게 된 뒤 변화되어 군목까지 된 인생사가 담겨있다. 이 책에서 큰 깨달음을 얻는 김동일도, 손에서 성경을 놓지 않은 인생으로 바뀌었다.

그의 빈소 한쪽 벽에는 "오직 믿음으로 살라" 는 그의 유언이 크게 붙어 있었다. 예수님이 그의 유일한 소망이었음이 뚜렷하다. 연변과기대에 있을 때 불편한 몸으로 학교 이곳저곳을 거닐며 기도했을 그, 그리고 불편한 몸에도 아랑곳 하지 않고 열심히 강의하던 그의 모습이 선하다. 주님을 사랑해 연변과기대에 왔고, 그곳에서 자신의 열정을 불태웠다. 그가 입원했을 때 학생들은 정성을 다해 섬겼다. 지금은 먼저 간 아내 곁에 있다. 그의 곁에는 「와르르 아재개그」와 「파킨슨과 나」가 보초처럼 서 있다. 우리 주님이 그를 보시며 미소 지으셨을 것이 확실하다.

# 7. 연변과기대 개교 30주년, 모두 주님의 깃발 되어

2022년 9월 16일은 연변과기대가 개교 30주년을 맞는다. 30년사 간행 편집위원회 때 개교 30주년이 다가오는데 기념식을 하자는 김종식 교수의 제안으로, 우선 준비위원회를 구성하기로 했다. 재단이 앞장서야 하지만 여러 여건상 나설 수 있는 형편이 아니어서 YUST OB 모임과 총동문회가 주도하되, 교수들과 동문이 자발적으로 참여해 준비위원회를 구성하도록 했다. 9월 24일 오후에 사랑의교회 중국어 예배실에서 기념 예배와 식을 갖는 것으로 했다.

초대장을 만들어야 하는데 초대의 글을 나에게 부탁한다. 다들 열심히 하는데 글로라도 도움을 줘야겠다 싶이 다음과 같이 글을 만들어보았다.

세 2의 수문 잎 광장의 모임에 초대힙니다.

연변과기대가 세워진 지 30년이 되었습니다. 지난 30년 동안 하나님의 크신 은총 아래 학부생 8,410명과 사회교육원, 최고경영자과정, IT 교육원, 세종학당, 기아훈련원, 국제상무학원, 건강교육원 등 부속기관 20,000여 명의 수료생을 포함하여 모두 28,400여 명의 졸업생을 배출했습니다. 이 모든 것은 하나님의 함께 하심의 역사요 이끄심의 역사였습니다. 지금은 제2의 창학을 위해 잠시 심호흡을 하고 있지만 연변과기대의 역사는 앞으로도 주님의 크신 뜻에 따라 여러 형태로 이어지고 발전되리라 믿습니다.

연변과기대 개교 30주년을 맞아 지금까지 눈물과 기도로 양육해 오신 교직원, 자랑스러운 졸업생, 물심양면으로 후원을 아끼지 않으신 동역자, 그리고 평소 연변과기대를 사랑하고 기도해 주신 여러분을 모시고 함께 기뻐하고 축하하는 자리를 마련했습니다.

연변과기대는 지리적으로는 중국에 자리하고 있지만, 영적으로는 중국을 넘어선 하나님의 우주적 계획과 섭리의 놀라운 역사를 담고 있습니다. 하나님은 이 대학을 영적 전진기지로 삼으셨고 풍성한 열매를 맺었습니다. 이 거룩한 사명은 시공을 뛰어넘어 지속될 것입니다. 우리 모두 연변과기대를 통해 이루신 하나님 나라의 역사를 기억하면서 무엇보다 하나님께 감사하고 예배하려 합니다. 나아가 연변과기대를 위해 헌신한 분들의 노고를 기억하며 미래를 향해 꿈을 꾸는 시간도 갖고자 합니다. 이 자리는 예배와 찬양의 자리이자 주안에서 함께 교제하고 위로하며 기쁨을 나누는 자리가 될 것입니다. 제2의 수문 앞 광장의 모임이 될 것입니다.

연변과기대 30주년 기념행사 준비를 위해 자발적으로 참여한 교직원과 졸업생 여러분께 감사드리며, 이 자리가 하나님께 크게 영광 돌리는 자리, 시온의 영광을 바라보는 자리가 되기를 기도합니다. 이 귀한 자리에 사랑하는 여러분을 기쁨으로 초대합니다.

그날 오정현 목사가 설교하고, 연길에 있는 김 총장은 줌으로 참석하기로 했다. 고 옥한흠, 곽선희, 오정현 이사, 김진경 총장 내외에게 감사장을 전달한다. 그날의 행사가 성공적이기를.

개교 30년 기념식에 관련된 일정이 잡혔다. 1부 예배, 2부 기념식, 3부는 교직원과 졸업생의 대화하는 순서다. 위원회에서 2부 기념식 중간에 감사장을 받게 될 총장 내외분과 역대 곽선희, 옥한흠, 오정현 이사장 내외분께 드릴 감사장 초안을 내게 부탁했다. 초창기부터 지금까지 헌신을 마다하지 않으신 분들이다. 그래서 기쁜 마음으로 초안을 마련하게 되었다.

다음은 김진경 연변과기대 설립 총장과 박옥희 사모를 위한 감사장 내용이다.

김진경 총장님은 1992년 중국 최초의 중·외 합작 대학인 연변과기대를 설립하고 '창의, 협력, 봉사'의 기치 아래 설립 총장으로서의 직무를 성실히 수행해 왔으며 이 대학의 국제화와 선진화에 크게 기여하고 동시에 이 대학을 중국의 '중점대학' 반열에 올려놓는 쾌거를 이루셨습니다.

총장님은 연변과기대를 '하나님의 대학, 예수님의 대학, 성령님이 운영하시는 대학'이 되게 해 달라 기도해 왔고, '사랑주의' 정신으로 어려움을 당한 사람들을 눈물로 품으셨습니다.

이에 개교 30주년을 맞아 연변과기대를 섬긴 수천의 교직원, 그리고 연변과기대 8,410명의 학부 졸업생과 부속기관 20,000여 수료생 등 총 28,400여 명의 졸업생 모두 지금까지 보여주신 총장님과 사모님의 눈물 어린 노고와 헌신을 기억하며 가슴 깊이 감사드립니다.

"지혜 있는 자는 궁창의 빛과 같이 빛날 것이요 많은 사람을 옳은 데로 돌아오게 한 자는 별과 같이 영원토록 빛나리라."(단 12:3)

2022년 9월 24일 연변과학기술대학 교직원 및 졸업생 일동

곽선희 명예 이사장, 고 옥한흠 이사장과 김영순 사모, 오정현 (사)국제교육문화재단 이사장과 윤난영 사모를 위한 감사장 내용도 거의 같다.

본죽의 최복이 대표가 200명분의 도시락을 기꺼이 약속했고, 다른 교회에서 기념품을 제공하겠다고 약속했다. 감사한 일이다.

이 일과는 상관없이 재단 이사들에게 기념 예배와 기념식에 관한 사항을 알려드릴 필요가 있어 다음과 같이 초대의 글을 보냈다.

주 안에서 이사장님과 여러 이사님께 문안드립니다.

김진경 총장님은 2020년 8월부터 지금까지 연변과기대에 머무시면서 종지 후 후속 작업을 하고 계십니다. 어려운 과정에서도 곧 우리가 기대하는 이상으로 기쁘고 놀라운 소식을 전해주시리라 믿습니다.

올해 연변과기대 개교 30주년을 맞아 연변과기대에서 섬기셨던 교직원들과 졸업생을 중심으로 기념 예배 및 기념식을 2022년 9월 24일 토요일 오후 1시부터 사랑의교회 중국어 예배실(남측 빌딩 902호)에서 가집니다. 지금까지 연변과기대와 함께 하신 주님께 감사드립니다.

1부 예배 때 오정현 이사장님께서 말씀을 전해주실 예정이며, 2부 기념식에서는 총장님 내외분과 역대 이사장님 내외분께 감사장을 전하는 순서가 예정되어 있음을 알려드립니다.

곧 추석이 다가옵니다. 이사장님과 이사님 모두 건강하시고, 섬기시는 교회와 가정 위에 주님의 크신 은혜가 넘치시기를 기도합니다.


몇 분이나 오실지 모른다. 오시지 못한다 해도 연변과기대를 사랑하는 마음으로 기도해 주셨으면 한다. 기념식 준비위원회는 연속 기도 모임을 주관하면서 주님께 두 손을 모으고 있다. 감사한 일이다.

2022년 9월 24일 사랑의교회 중국 채플에서 연변과기대 개교 30주년 기념 예배와 기념식을 가졌다. 현장에는 200여 분이 참석했고, 줌으로 60여 분이 참여했다. 모두 오랜만에 만난 터라 기쁨을 감출 수 없었다. LA의 서순덕 교수 내외분도 오셨고, 캐나다의 웬디 전 교수도 참석했다. 구미에 있는 김진섭 교수 내외와 신안에 있는 김병진 교수도 참석했다.

1부 감사 예배 땐 오정현 목사의 "눈물로 씨를 뿌린다"는 제목의 설교가 있었다. 울며 씨를 뿌리려 나가는 자는 반드시 기쁨으로 그 곡식 단을 가지고 돌아오리라는 말씀으로 소망을 갖게 하였다.

2부 기념식 땐 총장의 메시지가 줌으로 전해졌다. 기적이 일어나고 있으며, 내년 9월 개교를 한다고 했다. 총장은 늘 긍정적이다. 그러나 자금이 부족하다는 말을 빼놓지 않았다. 그는 미국 화폐에 쓰인 "In God We Trust"를 언급하며 그것이 지금 절실하다며 지원을 요청했다. 백시현 교수는 영상을 통해 과기대의 과거와 현재 모습을 소개해 주었다. 굳게 닫힌 교직원 2숙사 입구

철문이 녹 쓸고, 학생 숙사 앞 계단에 잡풀이 자리하며, 학교 이곳저곳에 주인 없는 모습이 보일 때 참 착잡했다. 나는 과기대 30주년사와 간증집에 대한 원고 독려를 했고, 김병선 교수는 동북아플랫폼 사역을 소개했다.

3부 교제와 축복의 시간에서는 김기일 교수, 황금하 동문 등이 나서 과기대에서의 삶을 추억하고, 미래를 꿈꾸게 했다. 황 동문은 어려운 교직원을 위해 모금을 하고 지원하는 '동행 모임'을 이끌고 있다. 교수들의 도움을 받고 자랐던 졸업생들이 이젠 거꾸로 돕는 자가 된 것이다. 김기원 교수 내외의 축가도 있었다. 노래는 본회퍼가 쓴 '선한 능력으로'였다. 교회에서 이 노래를 접한 뒤 감명을 많이 받았다고 한다. 김 교수 내외는 원래 처녀, 총각으로 연변과기대에 갔다가 그곳에서 함께 가정을 이루며 잘 섬기던 중 추방되었다. 하지만 하나님은 두 분 모두에게 축복을 내리셔서 김기원 교수는 에스라 성경대학원의 사무처장으로, 김성신 교수는 숙대에서 학위를 받고 숭실대 교수가 되었다.

행사 전에는 '연변과기대가 왜 문을 닫게 되었는가? 교직원 전세금 문제는 어떻게 해결하려는가?' 등 현안에 대한 날카로운 질문이 있으리라 예상하고 이에 대한 대책을 논하기도 했으나 그 같은 질문은 나오지 않았다. 오직 감사와 찬양으로 마무리한 것이다.

우리 모두 자리에서 일어서 '사랑으로'를 교가처럼 불렀고, 나는 마무리 기도에서 "우리 모두 주님의 깃발 되어"라는 기도 시를 하나님께 올려 드렸다.

> 주님, 삶에 깊이가 있다는 것은 무엇일까요. 더러는 생각의 어른다움이라 말하고 더러는 하는 일에 의미가 있음이라 합니다. 하지만 우리에게 깊이란 주님과의 관계 아니겠습니까? 우리 삶에 깊이가 얼마나 있었을까요? 과거를 딛고 선 현재가 잠시 우리 마음을 무겁게 합니다. 하지만 서로 모르던 사람들이 주 안에서 만나 사랑과 헌신으로 빛나는 순간들을 만들며

살았다는 것만으로도 우리는 잊을 수 없는 사이가 되었습니다. 힘들었던 기뻤던 매 순간이 자랑스럽기까지 해서 자꾸만 당신을 향해 높이 두 손 들었던 기억이 새롭습니다. '주님, 우리 모두 여기 있습니다.' 그 일이 자꾸 떠올라 오늘같이 경사로운 날엔 모든 것을 접고 정말 덩실덩실 춤을 추고 싶습니다.

지나온 날들을 돌이켜보면 감사할 일들이 참 많습니다. 하지만 보이는 것만 모든 것이 아니겠지요. 주님, 우리는 무엇보다 주님의 역사하심을 믿습니다. 지난 역사도 자랑스럽지만 앞으로 일어날 주님의 역사, 그 보이지 않는 미래의 역사를 지금 믿음의 눈으로 바라봅니다. 우리는 주님이 있기에 절대로 절망하지 않습니다. 주님이 일하신 곳에서 함께 한 시간이 귀한 것처럼 주님이 일하실 곳에서 함께 할 시간을 기다립니다.

우리 모두 동서남북에 퍼져 다시 하늘의 뜻을 전하고 목소리를 드높일 때 세상은 놀라게 될 것입니다. 우리 모두 색색 깃발이 되어 어둠을 깨뜨릴 것입니다. 그때 숨죽이던 하늘은 기뻐 뛰고, 별들은 빛을 토하며 노래할 것입니다. 우리는 뒤를 돌아보지 않고 푯대를 향해 달려온 것을 감사하며, 주님으로부터 받은 면류관을 오히려 당신께 돌려드리겠지요. 얼마나 영광스러운 순간일까요. 얼마나 눈물이 날까요.

우리는 지금 그 시간을 기다립니다. 그것은 당신과 함께 할 또 다른 시간입니다. 그것은 역사를 뛰어넘습니다. 그 초 역사의 순간에 우리가 건널 강들이 도도하게 흐르고 있습니다. 주의 강들이 노래하고 있습니다. 주의 산들이 우리를 향해 손을 흔들고 있습니다. 이제 주님과 함께 그 강을 두려움 없이 건너고, 준령을 넘을 것입니다. 태양은 다시 우리를 위해 뜨고, 우리는 생명의 강가로 나아갈 것입니다. 영광스럽게. 주님과 함께.

주님, 우리의 과거, 현재, 그리고 미래, 그 모든 시간을 지금 아름답게 엮어 당신께 믿음으로 보고드립니다. 그 찬란하고 놀라운 역사를 오직 우리의 소망인 주님께 올려드립니다. 이 모습 그대로, 주님 받으시옵소서. 우리 모두를 받으시옵소서.


나는 지금 어려운 상황보다 미래를 바라보고 싶다. 어쩌면 하나님은 이 학교를 사랑하셔서 예루살렘 교회처럼 흩으시고 미국, 벨리즈, 중동, 아프리카, 태국, 라오스, 미얀마, 베트남, 인도네시아, 캄보디아, 일본, 한국 등에서 주의 일을 하게 하신 것인지도 모른다. 교직원들뿐 아니라 졸업생도 세계 곳곳에서 일하고 있다. 하나님의 그 놀라운 뜻과 섭리를 우리가 어떻게 다 알 수 있을까.

식이 끝난 다음 30분이 남아 교회에서 가까운 음식점에서 콩나물국밥을 먹었고, 보야 커피숍에 가서 계속 얘기를 나눴다. 모두 시간 가는 줄 모른다. 김재능 교수는 SNS를 통해 이사야 40:1의 말씀처럼 과기대 교직원들은 위로가 필요하다 했다. 김기원 교수는 연변과기대의 가장 중요한 열매는 건물이 아니라 하나님의 사람들이고, 그동안 헌신했던 교직원들과 그 자녀들, 졸업생들, 후원자들이라 했다. 이번 모임에서 자꾸 눈물이 났다는 사람들도 있었다. 왜 자꾸만 눈물이 날까? 우리가 천국에 가면 그곳에 가서도 모두 함께 모여 과기대 얘기를 할 것 같다. 비록 돈이 없지만 이 땅에서 천국의 삶을 누리고 있는지 모른다. 연변과기대 30주년 행사는 잘 마무리되었다. 이 모든 것도 30년사에 잘 기록될 것이다.

이번 행사 때 그동안 연길에 머물러 있던 박경균 교수가 참석했다. 교수들은 그를 통해 당시 연변과기대의 여러 사정을 들을 수 있었다. 총장 내외, 비서, 차량 기사가 총장공관이 있는 교직원 1숙사에 거주하고 있는데, 겨울이 다가오면 난방이 안 돼 걱정된다고 했다. 그런 가운데서도 총장실을 찾아오는 손님이 계속 이어져 바쁘신 것 같다고 했다. 학교에는 전기와 시설을 담당하는 한족 직원과 경비원들이 있고, 총장이 그들에 대한 경비를 대는 것으로 안다고 했다. 학교 건물들은 대부분 폐쇄되어 있으며, 북경팀에서 제공했다는 자동차도 원래 낡은 것이었고, 지금은 폐차 수준으로 교직원 숙사 구석에 주차되어 있다 했다. 그는 왕 회장의 학교 인수를 부정적으로 보고 있었다. 당시는 왕 회장이 학교를 인수하려 했다. 하지만 훗날 학교는 경매를 통해 다른 한족에게 넘겨지고 말았다.

박 교수의 말을 듣고 나니 마음이 무겁다. 예루살렘 성이 황폐되었다는 소식을 들은 느헤미야의 마음을 조금은 이해할 수 있을 것 같다. 이야기를 마치고 집으로 돌아오는 발걸음도 무거웠다. 주님, 이 학교를 어떻게 하려 하시나요? 하지만 주님께서 이 모든 상황을 일시에 바꿔주실 날이 있을 것이다. 그사이에 우리는 울며 씨를 뿌려야 한다. 서로 위로하고 도와야 한다. 그래야 하나님이 기뻐하실 것이다.

개교 30주년 행사도 잘 마쳤다. 감사하다. 하지만 재단의 재정 상황은 계속악화일로다. 한동안 직원 월급도 제때 지급되지 못하는 때가 있었다. 김 총장도 이 상황을 심각하게 받아들이고 있다. 기도할 뿐이다.

11월에는 둔내에서 YUST 탑 제막식이 있었다. 16분이 참석하여 식을 가졌다. 송재호 교수 내외와 김종식 교수도 참석했다. YUST 탑은 일차로 Y자하나만 만들었고, 그곳에 연변과기대에서 활동하다 소천하신 30분의 이름이적혀있다.

나는 시편 23편을 본문으로 해서 말씀을 전했다. 연변과기대 조각공원에있는 탑도 그렇지만 이곳에 세워진 탑도 시편 23편의 말씀이 새겨져 있기 때문이다. 나는 시편에 나오는 다윗의 고백처럼 여호와는 나의 목자가 되신다는고백적인 믿음, 사망의 음침한 골짜기로 다닐지라도 두려워하지 않는 믿음, '내 잔이 넘치나이다'는 감사의 믿음, 그리고 내가 여호와의 집에 영원히 거하겠다는 결단의 믿음을 갖도록 당부했다. 그리고 식후 모임에서는 성전 앞에있는 야긴, 보아스 두 기둥처럼 주를 향해 올곧은 믿음, 강한 믿음, 희생의 믿음을 갖도록 했다.

12월에는 합정동에 있는 다운교회에서 YUST OB 모임을 가졌다. 코로나로 인해 막혔던 모임이 뚫린 셈이다. 무엇보다 감사한 것은 암으로 고생한 강성택 교수가 건강한 몸으로 돌아와 간증하며 어떻게 하면 암에서 벗어날 수 있는지 건강 비법을 알려준다. 암은 우리가 영양이 결핍될 때 공격하기 때문에 음식조절을 잘하고, 운동을 하며, 스트레스를 잘 관리하라고 한다. 김재능 교수는 연변과기대의 과거 교육 사역을 돌아보며 철학이 있는 교육, 영혼을 살리는 교육이 필요하다고 역설했다. 과기대에 들어가기 전이나 그곳에 있을 때 반복해서 이 교육을 받았으면 좋았겠다는 생각을 해본다. 늦었지만 이런 정신을 가지는 것은 언제나 필요하다. 많은 인원이 모여 이야기를 나누다 보니 과연 이곳이 우리의 따뜻한 사랑방이구나 하는 생각이 들었다. 과기대는 역시 따뜻함이 있다.

나는 연변과기대와 재단의 실정에 대해 말했다. 나는 감사한 것 세 가지가 있다고 했다. 어려운 실정에도 불구하고 기도하며 희망의 끈을 놓지 않는 총장님이 계시고, 재단의 사정이 열악해지면서 과거 연변과기대가 얼마나 하나님의 도우심 아래 살았나 하는 것을 깨닫게 하시며, 힘들수록 하나님 더 의지하고 기도하게 하시니 감사하다 했다. 과기대 문제는 하나님의 주권 아래 있고, 결국 하나님께서 결론을 내실 것이다.

# 8. 연변과기대 30년, 빛으로 사랑으로

오늘은 김병선 교수와 김종식 교수가 사무실을 찾아왔다. 김 교수가 주도하는 동북아플렛폼 건인가 생각했는데, 생각밖에 연변과기대 교직원들의 글들을 모아 책으로 만들어보자는 것이었다. 그리고 그 일의 진행을 위해 위원장을 맡아달라 했다. 뜻도 좋고 한 번은 있어야 할 것으로 생각해 승낙했다. 함께 편집진을 구성하여 좋은 결과를 내보자고 했다. 이것도 학교를 마무리하는데 좋은 결과물이 될 것이다. 아무쪼록 마음을 움직이는 글들이 모여져 독자들에게 좋은 영향을 주었으면 한다. 김종식 교수는 부산과 경상남도 지방에 복음을 전한 호주 선교사들의 글을 모아 낸 책을 견본으로 가져왔다.

그 후 박용빈, 김우신 교수님이 참여한 1차 편집회의를 줌으로 가졌다. 여러 사람을 보강하자며 몇몇 분들에게 참여를 부탁했다. 하지만 대부분 사양했다. 사역이 바빠서, 편집에 관해 알지 못해서, 앞으로 중국에서 사역을 다시 할지 모르는데 등 이유는 다양했다. 그런 데도 불구하고 위원회가 구성되었다. 감사하다.

그런 가운데서도 LA 신학교에서 공부하고 있는 백시현 교수, 최근 애틀랜타로 간 박해나 교수, 간호학부의 유숙자 교수 등이 승낙했다. 감사한 일이다. 2차 편집회의에서는 과기대 30년사와 간증집을 발간하기로 하고, 피봉관 교수 등 편집위원을 더 확보하기로 했다. 앞으로 이 일이 잘 진행되어 좋은 기록으로 남겨졌으면 한다. 무엇보다 과기대 구성원 모두의 자발적인 참여가 중요하다. 편집위원들의 참여가 좋아 1단계 작업은 순조로운 느낌이다.

30주년사 발간을 위한 두 번째 줌 회의가 있었다. 이번에는 30주년사와 개인 간증을 다룰 편집위원을 구분하여 팀 형식으로 움직이기로 했다. 30주년사는 김종식, 김병선, 피봉관 교수가, 간증집은 김우신, 백시현, 유숙자 교수가 담당키로 했다. 그리고 자유게시판을 열어 의견을 자유롭게 개진하고, 전체 편집회의는 한 달에 한 번씩 하기로 했다.

원고 모집에 들어갔다. YUST OB 모임과 단체카톡방, 연변과기대 개교 30주년 기념 예배, 그리고 YUST OB 웹사이트 등에 공지했다. 그리고 아무 자금도 없이 시작하므로 후원도 요청했다. 그러나 생각밖에 원고 모집이 어려웠다. 아직은 간증집을 출간할 때가 아니다, 중국 정부가 이것을 보면 학교에 해가 될 것이다, 앞으로 중국 사역을 하게 될지 모르는데 이 글이 외려 걸림돌이 될 것이라는 둥 여러 반응이 있었다. 이것을 예견하지 못한 바는 아니다. 하지만 과기대 공동체 가운데 50인 이상이 고인이 되었고, 시간이 갈수록 그 수는 늘어나, 원고를 지금 확보하지 못하면 간증문을 쓸 수 있는 교직원 수도 줄어들 것이 확실하다. 우리에게 있어서 간증집은 시간과의 싸움이 되었다.

간증집 출간으로 인한 외부 충격을 줄이고자 선교 관계의 글, 곧 중국 정부에 자극을 줄 수 있는 내용은 제외하자는 의견도 있었다. 하지만 백시현 교수는 선교는 과기대의 핵심 사역 가운데 하나인데 이것을 빼서는 안 된다고 주장했다. 옳은 말이다. 결국 선교 관련 글도 싣되 학생 양육 등 자극이 되는 내용은 각자 알아서 빼도록 했다. 그렇지만 대부분 자신의 선교 사역을 소개하는 글이 많았다.

연변과기대 30주년사와 간증집 출간을 위한 웹사이트가 박용빈 교수의 수고로 마련되었다. 김종식 교수가 편집위원장의 인사말을 넣는 것이 좋겠다 해서 작성해 보았다.

당신이 바로 YUST입니다.

우리 모두 연변과기대의 아름다운 30년 역사를 몸 안에 담고 있습니다. 이제 그 역사를 하나의 책으로 묶고 간증으로 풀어 지금까지 감춰놓은 얘기의 마당을 펼치고자 합니다. 그 안엔 우리의 웃음과 감격, 사랑과 치유, 슬픔까지도 꼭 껴안은 어제가 있습니다. 그러나 우리의 섬김에 후회란 없습니다. 그저 감사할 따름입니다.

이제 우리는 제2의 YUST를 꿈꾸면서 우리의 역사를 우리 모두의 손으로 기록하고자 합니다. 북산가 언덕에서 목 놓아 불렀던 연변과기대의 사랑과 헌신의 노래가 이젠 많은 사람들에게 감사와 감격의 눈물로 바뀌게 될 것입니다. 이 가슴 벅찬 마당에 사역자 여러분 모두의 아름다운 화음을 기대합니다.

이 고된 작업에 기꺼이 참여한 편집위원들에게 감사의 꽃 한 송이를 드립니다. 그리고 편집위원들이 아니더라도 우리 모두 주인이 되어 이 찬란한 역사 기록에 동참해 주시기를 기원합니다. 주님의 이름으로 여러분 모두를 사랑하고, 환영합니다.

30년사는 학교에서 수집하고 정리한 자료를 묶어 내기로 했다. 연변과기대 기획실이 펴낸 간행물이 크게 도움이 되었다. 30년사는 글 자체보다는 도표가 많아 교직원 각자가 언제 학교에 들어왔고, 어떤 학부에서 활동했는지, 그리고 보직은 무엇을 했는지 쉽게 확인할 수 있게 했다. 또한 학교에서 해마다 무슨 일을 했는지도 자세히 소개하고, 각 학부 활동뿐 아니라 최고경영자과정, 국제상무학원, 건강관리학원 등 학교에 소속된 여러 기관의 활동도 소개했다.

간증집은 유숙자, 백시현 교수님이 맡았다. 유 교수는 『연변과기대 간호학부 20년사』를 주도한 경험이 있다. 그 책에도 여러 간증문이 있다. 그러나 이 책은 비매품으로, ISBN이 없어 서점을 통한 판매나 도서관 기증을 할 수 없다는 것이 단점이었다. 그래서 우리는 공신력을 확보하기 위해 ISBN을 부여받고 판매하는 쪽으로 의견을 모았다.

연변과기대 30년사 편집위원회 모임이 한 달에 한 번씩 이어졌다. 3년이 돼서야 원고 모집을 매듭짓고, 출간 작업에 들어갔다. 간증집을 '빛으로 사랑으로' 라는 제목으로 내고, 30년사 역사는 쪽수가 많은 데다 도표도 많아 전자책(eBook)으로 내기로 했다. 김진경 총장의 격려사, 오정현 목사의 축사도 마련되었다.

나는 이미 써둔 발간사를 다시 정비했다. 다음은 발간사다.

연변과기대가 세워진 지 10년을 넘었을 때 안병렬 교수를 중심으로 해서 '연변과기대 10년사' 가 출간되었다. 당시에는 학교가 발전 과정에 있었기 때문에 지난 10년에 대한 감격과 감사가 그대로 반영되었다. 그리고 학교가 종지 과정에 들어선 가운데, 중방 측에서 '30년사' 를 내놓았다. 이 책은 중방 교직원의 눈으로 본 연변과기대 역사이고, 내용에서 외방 측의 인물이나 사역들이 상당수 빠져 있어 아쉬움이 컸다. 이 책을 끝으로 학교가 문을 닫게 되어 연변과기대 구성원들의 마음은 참으로 착잡했다.

안병렬, 주수길 등 여러 교수가 하늘의 부름을 받아 우리 곁을 떠나는 것을 지켜보며 우리의 가슴은 탔다. 이대로 연변과기대는 역사의 뒤안길로 사라져야 하는 것인가. 물론 학교를 인수할 기관이 나타나 연변과기대의 전통을 이어가는 작업이 조용히 이뤄지고 있기는 하다. 김진경 총장은 이곳에 '중국의 하버드대학' 이 세워질 것이라는 꿈을 가지고 있다. 하지만 대학이 새롭게 이어진다고 해도 그것이 연변과기대일 수는 없다. 연변과기대의 지난 30년은 이 땅에서 보기 드물 만큼 독특한 역사를 간직하고 있기 때문이다.

이런 안타까운 상황에서 김종식 교수(한국어과)는 '연변과기대 30년사' 를 발간해야 한다는 주장을 꾸준히 제기해 왔다. 여기에 김병선 교수(도서관장)도 뜻을 같이했다. 두 사람의 발의에 따라 2021년 '연변과기대 30년사' 발간을 위한 편집위원회가 구성되었다. 이로써 연변과기대에서 학생들과 직접 호흡하며 가르치고 사랑을 펴왔던 교직원들의 손으로 과기대의 역사를 쓰고 편집하는 일이 시작되었다.

여러 차례 편집회의 결과 '연변과기대 30년사'에 개별 간증을 포함하기로 했다. 30년사는 김종식, 김병선 위원이 맡았고, 간증 부분은 유숙자, 백시현 위원이 맡았다. 박해나 교수는 영어권 교수님들을 대상으로 한 업무를 담당했다. 편집에 관한 기술적 총괄은 박용빈 위원이 맡았다. 피봉관, 김우신 교수도 초기 작업에 참여했다. 그 외에도 이재상 위원이 도움을 주었다.

이 일의 시작은 한 푼의 자금도 마련되지 않은 상태에서 시작되어 모금하지 않으면 안 되었다. 원고를 모으고, 쓰고, 편집하는 일에 위원들 모두 헌신의 마음을 보태었다. 편집위원들은 지난 3년여 한 달이 멀다 하고 회의를 했고, 사심 없이 시간을 냈다. 참 감사하다.

이 책을 내는 목적은 뚜렷하다. 연변과기대의 역사를 우리의 손으로 바르게 기록하고 남겨 후세에게 연변과기대의 정신과 가치가 무엇이었는가를 솔직하게 보여주는 것이다. 우리는 그 정신이 세계 각 곳에서 활동하는 사랑하는 우리 연변과기대 졸업생, 지금도 미주를 비롯해 동남아 등 여러 사역지에서 활약하는 교직원들, 그리고 뒤 이을 후세대에서도 견고하게 서기를 바란다. 그리하여 연변과기대는 이 땅에 있다가 소리 없이 사라진 학교가 아니라 이 땅에서 참가치를 실현하다 순직한 학교로 기억되고 싶다.

우리 편집위원 모두는 연변과기대를 설립한 김진경 총장의 '사랑주의'를 존중하며, 연변과기대 운영을 위해 물심양면으로 도와준 사랑의교회(옥한흠, 오정현 목사)와 소망교회(곽선희 목사)를 비롯해, 미주의 벧엘교회와 캐나다의 큰빛교회 등 해외 디아스포라 교회의 헌신을 잊지 않을 것이다. 그 밖에도 십시일반 참여해 준 수많은 개인과 기관, 교회의 눈물 어린 기도와 후원에 감사한다. 개인 보호와 보안상 그들을 일일이 소개할 수 없는 것이 아쉽다. 그리고 이들을 연계하고 보이지 않는 자리에서 수고를 아끼지 않은 한국을 비롯한 세계 각 지역 후원회의 헌신도 기억되어야 할 것이다.

하나님은 중국 연길 땅, 그것도 화장터 위에 연변과기대를 세우셨고, 학부 졸업생 8,410명, 그리고 부속기관 수료자 27,893명을 배출케 하셨다. 약 4

만에 육박하는 졸업생들이 지금 세계 곳곳에서 활약하고 있다. 그늘의 아름다운 사역을 통해 연변과기대는 계속 이어질 것이다.

세계 18여 개 나라에서 온 900여 외방 교직원들과 200여 중국 동포 교직원들이 그동안 우리 졸업생들과 함께 교가처럼 목청껏 불렀던 노래 '사랑으로'는 우리 가슴에서 지워지지 않을 것이다. 우리는 그 노래의 한 곡조마저 한 치 흐트러짐 없이 이 책에 담고자 한다. 그리고 자신의 생명마저도 기꺼이 드려 수고하고 헌신한 우리의 동료들, 특히 YUST 탑에 새겨진 주인공들에게 이 책을 통해서 다시 한번 '기억과 존경의 꽃다발'을 헌정한다. 하나님께서 이 모든 것에 함께 하셨고, 앞으로도 함께 하실 것을 믿으며 모든 영광을 하나님께 올려드리는 바이다.

연변과기대 30년사 편집위원장 양창삼


원고가 차자 편집에 들어갔다. 박용빈 교수와 백시현 교수가 편집 작업을 했다. 특히 박 교수는 기술적인 부분에 참여해, 책이 나오도록 하는 데 크게 도움을 주었다. 출판사도 소개해 주었다. 적자가 예상되기 때문이다.

원고 수정작업을 하자 어떤 분은 자신의 글은 한 자라도 고쳐서는 안 된다는 분도 있었다. 각자 나름대로 신앙과 철학을 가지고 쓴 것인데 편집위원이 마음대로 할 수 없다는 것이었다. 하지만 원고의 일관성을 유지하기 위해 기본 수정작업은 해야 했다. 유숙자 교수는 한 자씩 읽고 고치느라 황반변성이 심해졌다. 그러나 간증 내용이 귀해 감내할 수 있었다고 했다. 출간된 간증집은 이런 노력의 결과물이다.

출간하기 전 가본으로 된 PDF 파일을 올려 자신의 글을 살펴보도록 하고, 더 고칠 부분이나 삭제할 부분이 있는지 알려달라고 했다. 이 과정에서 한 분은 앞으로 자신의 중국 사역을 고려해 원고를 빼달라고 해서 제외했다.

3년 작업 끝에 2024년 4월 마침내 30년사는 eBook으로, 간증집은 종이책으로 출간하게 되었다. 출판 감사 예배를 사랑의교회 중국 채플에서 드렸다.

출판사 가나북스에서 간증집 500권을 인쇄했다. 그중 150권을 250만 원에 받았다. 돈은 없어 후원금과 판매 대금을 모아 갚았다. 편집위원들도 책을 샀다.

출간 후 자신이 쓴 글 중에서 '선교사'라는 글과, 후원 기관 이름을 책에서 지워달라는 요구가 있어서 박용빈 교수는 손수 이 부분을 수정 펜으로 지우느라 애를 먹었다. 계속 후원금이 들어와 이 금액을 제2의 간증집을 내는 데 사용할까도 했다. 하지만 남은 후원금으로 출판사로부터 250권을 더 받아 개인과 기관 후원자, 간증 원고를 낸 저자, 그리고 교직원들에게 무료로 주었다.

편집위원들은 교직원들의 글들을 모아 독자들에게 조금이라도 선한 영향력을 주고 싶었다. 하지만 정작 글쓴이들조차 글들이 공개됨으로 인해 자신에게 미칠 두려움을 지우지 못했다. 이런 상황을 마주하며 우리는 선교 사역이 얼마나 어려운 것인가를 알게 되었다.

연변과기대는 비록 없어졌다. 하지만 그 자취는 남아 우리에게 기억될 것이다. 물론 그 기억은 갈수록 우리의 뇌리에서 희미해질 것이다. 그러나 연변과기대 30년사와 교직원 간증집 『빛으로 사랑으로』는 남아 연변과기대를 계속 증언할 것이다. 그런 의미에서 역사는 기록되어야 한다.

동방학원은 현재 연변과기대를 접수하여 새롭게 학교를 여는 작업을 하고 있다. 오래된 건물을 개보수하고, 새 건물도 지었다. 학교 명칭을 그대로 사용하고 싶어 했다. 하지만 정부가 거부했다는 소식도 들린다. 연변과기대는 이미 중앙정부로부터 '종교대학'으로 찍힌 상태다. 중국 정부도 이미 연변과기대가 선교대학인 것을 파악하고 있었다. 중간에 폐쇄할 수도 있었지만 그렇게 하지는 않았다. 정부도 참은 것이다. 이제 학교는 '연변응용기술학원'이라는 이름으로 개교하려 하고 있다. 중국 국적의 교수들도 상당수 확보해 놓은 상태다. 언젠가 그곳에 가서 두 눈으로 보고 싶다. 하지만 더 이상 보지 못할 수도 있다.

# 9. YUST FOREVER

　연변과기대 30년사를 만들 때 김종식 교수는 과기대 역사를 넷으로 나누어 각 시기에 학교에 들어온 사람들을 소개하는 글을 넣자고 했다. 의미가 있을 것 같은데 누가 나서서 쓸 사람이 없다. 그래서 교수들 각자가 자신을 객관적인 입장에서 삼인칭으로 소개하는 글을 쓰도록 했다. 자기 자신을 일인칭이 아니라 삼인칭으로 쓰는 것은 처음일 것이고, 자신의 연변과기대 사역에 대해 글을 쓰면서 좀 고민했을 것 같다.

　원고를 모집했는데 생각보다 원고가 적었다. 역사의 각 기마다 적당한 수의 삼인칭 글이 모아져야 하는데 원고가 적어 그 작업을 더 이상 계속할 수 없었다. 결국 삼인칭을 일인칭으로 바꾸어 간증집에 싣기로 했다. 이 지침에 응한 분들의 글은 간증집에 실렸다. 하지만 몇 분은 끝내 싣지 못했다.

　다음은 당시 삼인칭 글을 다시 일인칭으로 다시 고쳐 쓴 것이다. 쓰나 보니 다시 나로 돌아온 것 같다. 하지만 삼인칭 냄새를 완전히 빼지는 못했다.

　나는 1944년 흑룡강성 쟈무스(佳木斯)에서 기독교 가정의 장남으로 태어났다. 해방 후 한국으로 들어와 대광고등학교를 졸업한 뒤 서울대에서 정치학과 경영학을 공부했다. 일리노이와 펜실베이니아에서 경영학을 더 공부한 뒤 연세대에서 조직행동을 전공해 박사학위를 받았다. 미국 연방정부에서 근무하던 중, 한양대학교 경상대학 경영학부 교수로 부름을 받았다.

　한국으로 오게 된 것은 양할머니 유화례(Florence E. Root) 선교사의 영향이 컸다. 50년 이상 한국에서 선교사로 활동해 온 할머니가 나를 향해 "내 손자가 미국에서 평안히 사는 것이 기쁘지 않다."고 말씀하셨기 때문이다. 충격을 받은 나는 한국으로 오게 되었고, 한국에서 교수로 활동하면서 총신대에서 목회학 석사와 신학석사 과정을 밟으며 목사가 되었다.

내가 연변과기대로 가게 된 것은 한양대학교 수업 중 자매학교인 연변과기대에 가서 봉사한 학생들의 발표를 통해 과기대를 알게 되었고, 과기대 후원재단에서 일했던 대학 동창 이상인과 소망교회를 다닌 한양대 이광우 교수의 간곡한 권유가 있었기 때문이다. 나는 이것을 '보이지 않는 하나님의 이끄심'으로 보았다. 그래서 2000년 안식년을 얻어 그해 2월 아내와 함께 연변과기대로 가게 되었다.

당시 아버님이 미국에서 암 투병 중이어서 한 학기는 과기대에 있고, 한 학기는 미국으로 갈 예정이었으나, 김진경 총장이 상대 교수가 절실히 필요하니 1년을 다 할애해 달라고 해서, 아버지의 허락을 받아 1년을 보내게 되었다. 아들의 과기대 활동을 기뻐하며 적극 후원하던 아버지는 그해 11월 소천 받으셨다. 나는 상경대학 학장과 경영학부장을 맡았고, 아내는 사회교육원에서 영어를 가르쳤다. 학교에 있으면서 이중 부총장과 함께 거의 매일 학사 규정을 정비하고, 학부제를 설립하며, 산업기술 심포지엄을 여는 일에 참여했다.

2001년부터 몇 년 동안 여름학기에 들어와 강의하다 평양과기대 설립을 위한 학사 위원으로 활동했다. 한국의 여러 협력 대학을 방문하고, 연변과기대를 찾아온 북한 관계자들 만나 평양과기대 학사 운영안을 내고 커리큘럼을 만들었다.

2009년 2월 한양대학교에서 은퇴하자 곧 연변과기대에 들어가 상경학부장을 맡으면서 평양과기대 설립을 위한 일을 도왔다. 하지만 막상 평양과기대가 개교하자 어머니의 반대로 평양에 들어가는 것을 포기해야 했다. 2011년 말까지 연변과기대에 있으면서 상경학부 교수들과 함께 상경관 건립을 위한 기초 작업을 했다. 마침 신생활그룹의 안봉락 회장이 거액을 약속함에 따라 건립 작업은 활력을 받게 되었고, 교수들도 모금에 참여하면서 마침내 상경관을 건립하게 되었다.

그 뒤 대성그룹 사외이사 활동을 하던 중 김 총장이 다시 불러 2013~16년 연변과기대 챈슬러와 부총장을 했다. 연변과기대는 연변대학과의 학교 종지 문제로 복잡한 시기였다. 제2의 창학을 위해 숭실대학과 연변대학을 연계시키는 작업도 열심히 했지만 성사되지 못했다. 그뿐 아니다. 중방 측에서는 법의 엄격한 적용을 들어 그동안 유연성을 보여 왔던 교직원의 연령 문제에 제동을 걸었고, 결국 65세가 넘는 교직원들을 퇴직시키지 않을 수 없었다. 중국에서는 남성은 60세, 여자는 50세에 교수에서 은퇴하기 때문에 고집할 수도 없다. 학교에서는 결국 그동안 수고한 노 교수님들에게 '명예교수' 직을 부여하는 것으로 감사 표시를 했다. 나도 2016년 3월에 부총장직을 내려놓음으로써 연변과기대를 떠나게 되었다. 그 뒤 규칙이 강화되어 60세 이상의 교직원도 학교를 떠났다.

2019년 2월엔 연변과기대 후원 기관인 국제교육문화재단의 감사가 되었고, 2020년 7월에 재단의 실행 이사가 되어 재단 업무를 맡아 관리하게 되었나. 그리고 학교가 문을 닫은 가운데 연변과기대 개교 30주년을 맞으면서 역사의 기록을 남기기 위한 편집위원회가 구성되면서 편집위원장을 맡았다. 현재 한양대학교 명예교수로 있다.

나에 관한 소개는 여기까지다. 2021년 2월 21일, 김병선 교수가 직원들 점심 대접을 하고 싶다고 해서 그런 줄 알았는데, 임완근 이사를 비롯하여 박덕호, 손정일, 김무범, 김병진 등 여러분들이 재단 사무실을 찾아왔다. 둔내에 있는 공동체 마을에 입주하는 문제, 과기대 박물관 설립 등 여러 문제를 논의하기 위한 것이었다.

우리는 늘 하던 대로 QT를 통한 기도회 모임을 먼저 가졌다. 그리고 회의에 들어갔다. 임완근 이사의 설명도 들었다. 하지만 과기대 사람들이 그 공동체에 입주할 사람들이 있을지, 박물관도 잘 될지 아무도 모른다. 기도할 뿐이다. 점심시간이 되자 직원들은 사무실에서, 방문객들은 밖에 나가 식사를 했다. 코로나가 함께 식사하는 것도 막는다.

그날 오후 나는 한남동에 있는 가나아트 나인원으로 갔다. 나의 둘째 아들 로스타의 개인전이 열리기 때문이다. 인도네시아 발리에 있는 아들은 코로나로 인해 참석도 못했다. 만일 온다 해도 한국에 도착하자마자 두 주간 격리되어 있어야 하고, 발리로 돌아가서도 두 주간 격리되어야 한다. 비행기 편도 마땅치 않다. 일상이 이미 무너진 세상이 되었다.

2021년 4월, 나는 페이스북에 "YUST FOREVER"라는 단체 방을 열었다. 학교가 종지 되는 마당에 소통이 필요하다는 것을 느꼈기 때문이다. 나는 이 방이 연변과기대에 대한 아름다운 추억을 사진으로 나누고, 미래의 꿈을 꾸는 장이 되기를 소원한다는 취지를 밝혔다. 연변과기대 관련 교수들과 졸업생을 대상으로 가입을 하도록 했고, 일주일이 되지 않아 백 명이 넘고, 두어 달 후엔 4백 명이 넘는 사람들이 회원이 되었다.

처음엔 내가 가지고 있는 연변과기대 관련 사진 자료를 올렸고, 구글이나 페이스북에서 과기대 관련 자료를 검색하고 좋은 자료를 엄선하는 작업을 했다. 회원들에게도 좋은 자료를 올리도록 했다. 김한수, 샘 폴타 등 여러 교수도 자발적으로 참여했고, 졸업생들도 올리기 시작했다.

무엇보다 추억이 서린 교정과 여러 기념사진, 총장을 비롯해 여러 교수님의 사진, 학부 사진, 졸업생들의 사진을 볼 때마다 좋은 것을 추억하고, 서로를 생각하는 마음을 갖는다는 것이 얼마나 중요한가를 깨닫게 되었다. 나아가 구성원들의 현재 모습과 하는 일들을 보면서 감사한 마음도 컸다. 하나님께서는 각자의 형편에 맞게 우리 모두를 돌보시고 키우신다는 사실을 실감한다.

이젠 한국뿐 아니라 미국, 중국, 러시아, 아프리카 등 세계 각지에서 접속하고 있다. 한 달이 채 안 되는 데 회원 수도 160명이 넘었다. 그리고 두어 달이 되면서 400명에 육박했고, 지금은 810명이다. 미국에 있는 샘 폴타 교수도 들어오고, LA에 있는 졸업생들의 참여도 활발하다. 아무쪼록 이 방이 건전하게 진전되기를 바란다. 앞으로 잘 되면 관리자도 모셔서 더욱 발전시킬 생각이다. "YUST FOREVER!" 무엇보다 연변과기대 정신이 영원히 이어지기를 기도한다.

# 10. 그날을 기쁨으로 바라보며

매주 수요일 국제교육문화재단 사무실에 나가게 된 지 어언 6년이 되었다. 이곳은 연변과기대 후원회 사무실이다. 실행 이사가 되어 내부 결재도 하고, 계획도 세운다. 하지만 연변과기대는 2021년 6월, 29회의 졸업식을 끝으로 문을 닫았다. 그간 학교는 평양과기대 건축과 관련된 부채 관계로 경매에 부쳐졌다. 낙찰받은 학원이 새롭게 단장을 하고 건물도 새로 지어 곧 학교를 열려 하고 있다. 학교가 문을 닫게 된 것은 단지 부채 때문만은 아니다.

현재 8천5백이 넘는 연변과기대 졸업생과 3만에 가까운 연변과기대 기관 졸업생들이 중국을 비롯해 세계 각지에서 활동하고 있다. 그 가운데는 사업가들도 있고, 해외에서 유학하고 학위를 받아 중국, 한국 등 여러 대학과 연구 기관에서 활약하는 사람도 있고, 목회자가 된 졸업생도 있다. 한국의 주요 교회의 중국어 예배는 연변과기대 출신 목회자들이 이끌고 있다. 미국이나 일본에서 활동하기도 한다. 어떻게 보면 그들이 제2의 연변과기대가 되어 세계를 상대로 움직이고 있다 해도 과언이 아니다. 그들이 열매임이 확실하다.

그동안 수고했던 외방 교직원만도 8백 명이 넘는다. 한국, 미국, 유럽, 캐나다 등 약 18개국에서 온 사람들이다. 본관 건물에는 여러 국기가 게양되어 있다. 각국에서 온 분들에 대한 감사가 담겨있다. 국기가 펄럭일 때마다 "환영합니다", "사랑합니다"라는 목소리를 듣는 것 같다. 여러 나라에서, 다양한 민족이 한데 어울려 일한다는 것은 기쁨이다. 연변과기대 그 자체가 이미 국제화된 대학임을 보여준다. 교직원 예배도 한국어 예배와 영어 예배로 나누어 드렸고, 한 달에 한 번은 공동예배로 함께 했다.

학교가 문을 닫음으로 외방 교직원들은 지금 미국, 동남아, 몽골, 중동, 아프리카 등 온 세계 각지에 흩어져 전문인 선교사로 사역하고 있다. 이런 점에서 볼 때 나는 예루살렘 교회를 흩으시듯 연변과기대를 흩으신 것 아닌가 하는 생각이 든다. 더 이상 중국에 안주하지 말고 그 땅을 넘어 세계로 파송하신 것이다. 그런 의미에서 연변과기대는 새롭게 지속되고 있다.

남북한 관계가 단절된 상태에서도 평양과기대는 수업이 빠짐없이 진행되고 있다. 기적이 아닐 수 없다. 이 일에 연변과기대 졸업생들의 활약이 크다. 개교 초기에는 미국, 유럽, 캐나다, 중국 등 여러 나라에서 온 교수들이 참여했다. 그러나 트럼프 1기 정부가 들어서면서 미국인들의 북한 방문이 금지되었고, 지금도 마찬가지다. 그런 가운데서도 많은 졸업생이 배출되었고, 상당수는 영국, 스웨덴 등 유럽 국가에 유학해 학위도 받고 돌아와 학교를 돕고 있다. 영어로 수업이 진행되고 있어, 국제화된 학교로서 위상도 높다.

이런 상황에서 연변과기대를 단 몇 마디로 평가하기 매우 어렵다. 일부에서는 부정적인 시각으로 말하기도 한다. 문을 닫았으니 그럴 수밖에 없다. 그 평가도 감사하다. 그만큼 기내가 컸기 때문이 아니겠는가. 그러나 한 마디 평가로 모두 아우를 순 없다. 여러 요소가 고려되어야 하기 때문이다. 보이지 않는 부분도 읽어야 더 정확하다. 또한 이런저런 모양으로 사역은 지금도 진행 중이기 때문에 연변과기대를 속단해 평가하는 것은 누가 될 수 있다.

YUST OB처럼 학교를 떠나있는 교직원 모임에서 보면 주님을 사랑하는 마음이 커 "연변과기대" 하면 아직도 가슴 뛰는 분들이 많다. 그립다는 말이다. 연변에서의 삶이 녹록한 것은 아니었다. 지금은 도시가스를 사용해 공기가 맑지만 10여 년 전만 해도 석탄을 사용해 누런 연기로 시내가 잘 보이지 않을 정도였다. 공기도 좋지 않았다는 말이다. 학교도 석탄을 사용하기 때문에 자주 닦아야 했다. 물 사정도 고르지 않았다. 그럼에도 오히려 그때를 그리워하고, 어려운 학생들을 사랑으로 품었던 그때를 기억하며 그리스도인으로서 가치 있는 삶이 무엇인가를 확인한다. 선교사는 불평하기보다 불편함을 사랑하는 사람들이다. 그래야 지속할 수 있다.

1999년 나는 아내와 함께 연변과기대에 가기로 했다. 그해 반은 서울을 떠날 준비를 하는 것으로 분주했다. 한양대에서 1년간 안식년을 주었기에 가능한 일이었다. 만주에서 태어나기는 했다. 하지만 중국어는 늘 어려웠다. 2000년 2월 밤에 연길에 도착했다. 연길은 몹시 추웠다. 시내는 어두웠고, 학교까지 가는데 마치 어두운 터널을 지나는 것 같았다. 학교에 다 왔다고 해서 차장 밖을 바라보았다. '연변과학기술대학'이라는 문구가 어렴풋이 들어왔다. 학교에 왔다고 생각하니 가슴이 뛰었다.

나는 어렸을 때부터 어머니로부터 서서평(Elizabeth J. Shepping) 선교사에 관한 얘기를 많이 들었다. 독일계 미국 선교사로, 한국에서 간호사로 섬기며 가난한 자, 병든 자를 위해 헌신했다. 가진 것을 불쌍한 사람들에게 나누어주었고, 죽을 때 자기의 장기까지 내주었다. 함께 한 유화례(Florence E. Root) 선교사도 그를 본받아 교육사업에 헌신했다. 두 사람 모두 결혼하지 않았다. 한국과 결혼한 것이다. 나는 그분들의 얘기를 귀에 못이 박히도록 들었고, 유화례 선교사를 할머니라 부르며 따랐다. 그리곤 언젠가 나도 선교사가 되고 싶다는 꿈을 가졌다.

고등학교 땐 '한빛 모임'의 일원이 되어 농촌에 가서 다리도 놓고 길을 닦으며 봉사 체험을 했다. 지금도 '충청북도 제천군 청풍면' 하면 그 시절이 먼저 떠오른다. 그러면서 언젠가 슈바이처가 되고 싶은 꿈을 꾸었다. 그는 의사이자 신학자였고 음악가였다. 나는 의사가 되어 섬김의 삶을 살고자 하는 마음도 있었고, 학자의 삶을 통해 섬김의 삶을 살고 싶은 마음도 있었다. 하나님은 나를 학자의 길로 인도하셨다.

한양대 교수로 있을 때 헨리 나우웬(Henri Nouwen)을 더 깊이 알게 되었다. 그는 55세 때 교수직을 그만두고 토론토 근교에 있는 라르쉬 공동체 중 하나인 '데이브레이크'에 들어가 먹고 자면서 중증장애인이었던 아담 아네트를 10년간 섬기다가 소천했다. 그는 그런 가운데서도 많은 책을 썼다. 나는 그가 쓴 여러 책을 읽었다. 그중에 「여기와 지금」(Here and Now)은 애독하며 여러 번 읽었다. 내가 55세가 되었을 때 나우웬이 될 수 있을까 고민하기도 했다. 하지만 학교를 그만둘 용기는 없었다. 오히려 학교 일에 바빴다.

그러는 가운데 연변과기대를 다녀온 학생들이 클래스에서 발표하는 것을 들었다. 한양대와 연변과기대가 자매학교여서 한양대 학생들이 봉사팀을 만들어 여름학기 때마다 연변과기대 한국어과 학생들에게 한국문화를 심어 주는 일을 했다. 한국어과는 한족으로 구성된 학과였다. 나는 한양대 사회봉사단 지도교수이기도 해서 그들의 활동에 관심이 많았다. 또한 한양대학교는 매년 연변과기대 졸업생을 받아 장학금과 생활비를 주며 석·박사 과정을 이수하도록 했다. 이런 관계 속에서 나는 점점 연변과기대와 친숙하게 되었다.

그뿐 아니었다. 대학 동창인 이상인은 나를 만나 연변과기대에 가도록 독려했고, 한양대 동료이자 소망교회 교인이었던 이광우 교수는 출퇴근 때마다 나를 붙들고 연변과기대에 가보도록 설득했다. 뒤돌아보면 이 모두가 보이지 않는 하나님의 손길이란 생각이 든다.

나는 연변과기대에 가리라 결심했다. 당시 아버님이 암으로 투병하고 계셔서 아버님의 허락을 받고 2000년 한 해 모두를 연변과기대에 드리기로 했다.

연변과기대에 도착한 뒤 며칠 동안 오리엔테이션을 받았다. 그리고 숙소를 배치받아 들어갔다. 숙소는 빈방이 아니라 서순덕 교수님 방이었다. 지난 학기 때 나진·선봉 지역에 과기대를 세우는 일로 일하다가 57일간 투옥되는 등 힘든 과정을 거쳤고, 지금은 미국에 가서 한동안 못 들어오실 것이라 했다. 당시 김진경 총장은 평양에 구금되어 사형선고까지 받았었다. 연변과기대로서는 전무후무한 일이다. 그런데 다음 학기가 시작하기도 전에 서 교수님 내외가 돌아오셨다. 자기 몸보다 학교가 그리운 것이다. 연변과기대는 그런 곳이다.

연구실을 배정받았는데, 그 방은 김재민 교수의 방이었다. 김 교수는 연변에 왔다가 연변과기대 얘기를 듣고 교수직을 자원해 열심히 섬기다 얼마 전 병으로 인해 한국에서 소천 받았다. 그런데 그 방을 내가 이어받은 것이다. 서가에는 그분의 책이 그대로 꽂혀 있었고, 서랍에는 그분의 물건들이 그대로 있었다. 교수님들은 그분의 귀한 섬김을 기념하기 위해 상대에 '김재민 교수 기념 방'을 만들고, 함께 대화하는 방으로 사용했다. 연변과기대에서 헌신하다 소천하신 분들도 많다. 김 교수는 초기 분이지만 지금은 70여 분에 달한다.

2000년 사역을 마쳐갈 즈음 아버님이 미국에서 주님의 부름을 받으셨다. 나는 정신없이 워싱턴으로 향했다. 본인의 아픔보다 연변과기대 사역을 귀하게 보신 아버지였다. 힘껏 효도하지 못한 아쉬움만 밀려들었다. 다시 연길로 돌아와 2000년 사역을 마감했다.

나의 연변과기대 사역은 그것으로 끝나지 않았다. 매년 여름이 되면 연길에 들어와 여름학기 강의에 참여했다. 또한 평양과기대 개교를 앞두고 설립 학사 위원으로 활동하기도 했다. 북한 대표단이 연길로 와서 함께 회의를 하기도 했다. 대표단에는 김일성대학 교수들도 있어서 그들과 커리큘럼을 놓고 논의도 했다. 우리는 경영대학 설립의 필요성을 주장했다. 그들은 경영자가 필요하면 그들을 세워 따로 교육하면 되지 경영대학까지 세울 필요가 있느냐고 해서 처음엔 애를 먹었다. 하지만 공대 외에도 경영대도 세우게 되었다. 교수진 확보가 어려워 입국이 가능한 교수 중심으로 '국제금융학부'가 설립되었다.

2009년 2월 나는 한양대에서 은퇴했다. 마침 서울에 온 김진경 총장을 찾아가 인사를 하니 당장 들어오라 했다. 한 학기 정도는 쉬려 했는데, 그마저도 쉽지 않았다. 아내는 잘되었다며 급히 내 짐부터 쌌다. 그래서 다시 연변 과기대 교수가 되었다. 학교에 돌아와 나는 평양과기대에 들어갈 교수들을 점검하며 학교 일을 돌봤다. 하지만 막상 평양과기대가 시작되자 어머니의 반대가 심했다. 결국 평양은 가지 못했다.

평양과기대에 관한 관심이 점점 커지는 가운데 연변과기대의 미래는 점점 복잡해졌다. 중국 정부는 김진경 개인과의 합작을 끝내고 다른 외국학교를 데려오라 했다. 미국대학과도 접촉해 보고, 한국대학과도 접촉했다. 그러나 재정을 댈만한 능력은 없었다. 게다가 평양과기대를 건설했던 중국회사의 자금 압박도 거칠어졌다. 돈을 줄 만큼 다 주었는데, 설계변경으로 더 들었으니 내놓으라는 식이었다. 정확히 측량한 뒤 얘기하자 해도 통하지 않았다.

중국 측 학교 관계자는 그동안 내부적으로 신축성을 보였던 외방 교직원 연령 문제를 들어 이제부터는 중국 법을 엄격하게 적용하겠다고 했다. 중국에서 남자 교수 정년은 60세이고, 여자는 55세이다. 학교에서는 일단 65세 이상의 외방 교직원을 명예퇴직 시켰다. 점차 그 나이는 60세로 낮아졌고, 학기마다 강제 출국당하는 수도 늘어갔다. 이러한 조치는 이젠 중국도 살만큼 되었다는 반증이기도 하다.

외방 교직원들의 수는 점차 줄어들었고, 미래에 대한 두려움도 커져만 갔다. 그런 가운데 2021년 6월 졸업식을 끝으로 학교는 문을 닫았다. 문을 닫게 된 것에는 이런 이유 말고도 있다. 무엇보다 종교적인 이유가 컸을 것이다. 중국에서 종교는 아주 민감한 문제에 속한다. 연변과기대 외방 교직원들이 기독교인인 줄 알지만 학생들 가운데 믿는 자의 수가 늘어나는 것은 그들에게도 신경 쓰이는 부분이었다.

교직원들은 이런 상황을 지켜보며 기도할 수밖에 없었다. 지금 졸업생들은 학교 밖에 있고, 외방 교직원 대부분 중국을 떠나 있다. 연변과기대는 앞으로 어떻게 될까? 그것은 하나님만이 아신다. 아직도 풀어야 할 과제들이 남아 있고, 완전한 종지는 그 과제들이 풀려야 가능하다. 주님께서 연변과기대 졸업생과 교직원들에게 앞으로 어떤 사역을 하게 하실지 그것이 오히려 궁금하다. 미래의 창은 언제나 열려 있기 때문이다.

연변과기대는 1992년 중국과 그 안에 사는 조선 동포의 교육 기회를 높이고자 세워진 학교다. 과기대가 연변에 있어, 동포들의 삶에 도움이 되었다. 이 일은 연변과기대 혼자서 한 일이 아니다. 여러 후원자가 있었고, 그 가운데 사랑의교회와 소망교회의 역할이 컸다. 연변과기대는 한국, 중국, 미국, 유럽 등 여러 나라의 대학교와 양해각서(MOU)를 맺었다. 외국 대학만도 몇백이 될 것이다. 한국의 경우 서울대, KAIST, 포항공대, 연세대, 고려대, 한양대, 이화여대, 숙명여대, 한동대 등이 학생들을 받아주고 키워주었다. 미국과 유럽 대학도 그랬다.

손봉호 교수는 '교육 선교의 중요성'이라는 주제 강연을 하면서 연변과기대가 중국에서 중국인을 섬긴 것은 지금 비록 종지 상태라 해도 한국교회가 최초로 시도해 성공한 교육 선교라 했다. 특히 역사적으로 볼 때 문화의 종주국인 중국에서 그곳 사람들을 가르쳤다는 것은 놀라운 일로, 기독교여서 가능한 것이라 했다. 유교나 불교가 하기 어렵기 때문이다. 그는 앞으로 중국 교회가 세계 선교의 중심 역할을 하게 될 것으로 보았다. 이 일에 졸업생들이 쓰임 받기 바란다.

이미 한국 선교사들은 피 선교국에 800여 개의 학교를 세웠고 그중 44개가 대학이다. 그 가운데 비교적 규모가 큰 17개 대학이 연합하여 2008년에 '범아시아, 아프리카, 아메리카 대학협의회'(PAUA)를 설립했다. 초창기 이 파우아를 연변과기대가 적극 도와 설립했다. 여러 선교대학이 연합하되 좋은 것은 배우고, 좋지 않은 것은 답습하지 말아야 한다.

이제 우리는 중국을 넘어서 역사하시는 하나님을 바라보고 있다. 세계는 하나님의 주권 아래 있으며, 대학도 하나님의 주권 아래 있다. 우리가 주님편에 서고, 앞으로도 우리 모두 각자의 자리에서 최선을 다할 때 주님은 기뻐하시고, 이 땅에 하나님의 나라가 바로 세워질 것이다. 우리는 오늘도 그날을 기쁨으로 바라보고 있다.

# 11. 기독신문, 주를 향한 사랑이 묻어나는 곳

2025년 1월 8일은 매서울 정도로 추웠다. 이 추운 겨울 기독신문사에서 정재영 기자와 인터뷰를 가졌다. 김희돈 기자도 함께 자리했다. 기독신문 창간 60주년을 맞아서다.

기독신문 30주년을 맞았던 1995년엔 기념 에세이로 "사회를 변혁시키는 신문이 되라"는 글을 썼고, 50주년이던 2015년에는 이미영 기자와의 인터뷰 끝에 '기독신문과 함께 한 50년'이라는 제목의 인터뷰가 실린 적 있다. 2025년은 창간 60주년이 된다. 기독신문은 주를 향한 아버지의 사랑이 묻어나는 곳이다. 나도 예외가 아니다.

기독신문이 내 삶의 일부가 된 것은 아버지(양재열 장로) 때문이다. 1959년에 예수교 장로회가 WCC 문제로 통합과 합동으로 분리되자 아버지는 합동 측에 섰다. 합동 측은 사실 무에서 시작해야 했다. 기존의 교단 신문이었던 '기독공보'는 통합 측에서 가져갔고, 신학교도 새로 시작해야 했다. 이때 장로를 중심으로 총회 살리기 운동이 일어났다. 전국실업인 신앙동지회가 구성되었다. 아버지를 비롯해 부산의 백남조, 대구의 정규만, 서울의 김인득 등 여러 장로가 합세했다. 그들의 헌신으로 총신대 사당동 캠퍼스가 세워지고, 기독신문이 마련되었다. 아버지는 총회 회계, 총신대 재단 이사, 기독신문 제2대 이사장으로 활동했다.

기독신문이 발간되기 전에 총회 소식지 역할을 한 것이 있다. '파수꾼'(把

守軍)이다. 김홍전 박사가 아버지에게 이것을 소개한 기억이 난다. 파수꾼은 원래 1948년 고려신학교 학우동창회가 창간한 신앙잡지로 시작했다. 1957년에 신학생들은 이것을 교단 기관지로 헌납했고, 그 뒤 고신 기관지 역할을 했다. 1960년 12월 13일 합동 측과 고신 측이 합하게 되자 파수꾼은 자연스럽게 합동총회 교단지가 되었다. 그런데 1963년 고신 측이 고신으로 다시 돌아가게 되었다(환원). 당시 파수꾼 발행인은 안용준 목사였는데, 그는 환원을 반대했다. 합동 측 총회는 파수꾼을 인수했고, 이를 기반으로 '기독신문'이 창간되었다. 창간일은 1965년 1월 4일이었다. 총회가 갈라진 뒤 6년 만에 공식 기관신문이 탄생한 것이다.

기독신문 초대 이사장은 당시 총회장이었던 김윤찬 목사가 맡았고, 사장은 신앙동지회의 김정국 장로가 맡았다. 신문은 타블로이드 배판 2면이었다. 나의 아버지는 1967년 제2대 이사장이 되었고 1978년까지 11년간 이사장 역할을 했다. 주필은 채기은 목사였다. 72년에 시설 미비로 약 6개월 정도 폐간되었으나 복간되어 타블로이드 배판 8면으로 확장되는 일도 있었다. 전화위복이 된 것이다. 복간하면서 기독신문 명칭을 '기독신보'로 하다가 다시 기독신문으로 환원되었다. 78년에 우성기 장로가 3대 이사장이 되었고, 채기은 목사는 6대 사장이 되었다.

내가 기독신문과 연을 맺게 된 것은 대학생 때였다. 서울대학교에 다니고 있었다. 교단 분리 전 나는 영락교회에 다녔는데 분리 후 승동교회로 옮겼다. 승동교회는 이대영 목사님이 맡고 계셨는데, 그 교회는 아직도 분쟁 중이었다. 목사님이 설교를 시작하면 반대파들이 찬송을 불렀다. 급기야 폭력까지 발생하기도 했다. 그때 교회가 싸우면 어떻게 되는가를 눈으로 보았다. 식구들이 합의 끝에 집에서 가까운 창신교회에 다니기로 했다. 나는 창신교회 중고등부 교사가 되었다. 장차남, 정필도와 함께 최선을 다했다. 그런 가운데 기독신문에서 요청이 와서 '출애굽기'라는 시를 게재하였고, 그 뒤로도 몇 편의 시가 실렸다.

그 후 미국 유학을 하고, 워싱턴 DC와 가까운 버지니아에 살며 워싱턴한 인장로교회(담임목사 김택용)에 출석했다. 당시 나운몽 계열의 신문인 '복음신문' 미주판이 장진우 장로에 의해 워싱턴 지역에서 발행되고 있었다. 김택용 목사는 건전한 기독교 신문의 미주 보급이 절실하다며, '기독신문' 의 미주판을 만들어 미국 전역에 있는 교회에 배부하도록 했다. 위원회가 구성되었다. 나는 한동안 이 일에 기쁨으로 참여했다.

교수가 되어서는 갈월동에 있는 기독신문사 사무실을 방문하고, 채기은 주필, 박에스더 국장과 인사했다. 그 뒤 '에덴동산에 관한 소고' 를 비롯해 '막스 베버의 프로테스탄트 윤리와 자본주의 정신', '기독교의 사회적 책임' 등 여러 글을 싣게 되었다.

나는 1995년에서 2005년까지 여러 해 동안 논설위원이 되어 신문의 '기독논단' 에 많은 글을 썼다. '살아있는 교회, 겸손한 목회자', '바람직한 교회상', 'IMF와 한국교회', '잃어버린 본질을 회복하라', '도전받는 기독교', '인공지능 로봇 이야기', '카오스 시대의 영적 질서 창조', '한국교회에 새로운 동력이 필요하다' 등이 생각난다. 제목을 보면 무슨 고민을 했는지 알 수 있다.

2005년에는 김경원, 나성균, 양창삼, 이경원 목사가 공동 주필이 되어 사설을 썼다. 사설은 필자가 소개되지 않는다. 당시 쓴 글 중에 지금도 기억에 남는 것이 부시 대통령이 중국을 방문하여 주일에 중국교회에 참석해 예배드린 일이었다. 나는 감격스러워 그 사건을 비중 있게 다루어 소개했다. 부시 집안은 위그노 후예이기도 하다.

1997년 6월에 기독신문과 옥한흠 목사가 세운 교갱협이 공동으로 주최한 "한국교회 성장 정체, 무엇이 문제인가?" 공개포럼에서 이만열, 양창삼, 그리고 권성수 교수가 발제했다. 이만열은 역사적인 관점에서, 나는 사회학적인 관점에서, 그리고 권성수는 신학적인 관점에서 발표했다. 장소는 충현교회였다. 2005년에는 송년 대담 특집으로 옥한흠 목사와 함께 한국교회와 사회를 돌아보기도 했다. 사랑의교회 국제제자훈련원에 있는 그의 사무실에서다.

정재영 기자는 어릴 때 기독 신문 배달에 관한 얘기가 듣고 싶다 했다. 이 얘기는 교단이 분리되기 전, 그것도 내가 중학교 학생 때 얘기다. 아버지가 전서노회 지역 지사장을 담당했는데, 그때는 분리 전이라 '기독공보'였다. 먼 곳은 우편으로 발송하고 시내, 특히 읍장, 경찰서장, 법원 지원장은 매주 직접 내가 전했다. 당시 아버지는 살던 집을 교회에 바쳐 우리 식구들은 전세를 전전했었다. 하루는 읍장이 나를 불러 가정 사정을 물었다. 사정을 들은 읍장의 배려로 아버지는 목재, 기와, 못 등을 받아 논 가에 집을 지었다. 멀리서 사는 삼촌도 와서 도왔다. 아버지는 자신의 집을 하나님께 바쳤다. 하지만 하나님은 아버지의 집을 지을 수 있도록 하신 것이다. 우리 식구는 서울로 올라오기 전까지 그 집에서 참 평안하게 살았다.

아버지는 교회에 매우 헌신적이었다. 성광교회와 새한교회를 섬겼는데, 건축 언보를 많이 하고 교회 재정을 도왔다. 전국적인 요청도 있고, 총신대학도 도와야 할 형편이지만 주저하지 않았다. 이렇게 된 데는 어머니 내조도 크다. 어머니는 서서평 선교사가 세운 이일학교 출신이다. 서 선교사는 선교비를 쪼개 어려운 사람을 도왔고, 죽을 때는 자기 몸까지 내놓은 분이다. 우리 어머니도 이 정신을 이어받았다. 아버지는 6.25전 예수병원에서 뇌수술을 받았는데, 그때 병을 낫게 해주시면 주님을 위해 헌신하겠다고 서원기도를 하셨다. 그래서 사업으로 얻은 돈은 아끼지 않고 주님을 위해 바쳤다. 부모님은 매일 아침 가정예배를 드렸고, 성경을 함께 읽은 뒤 말씀대로 살자고 다짐하셨다. 아버지는 아주 인자한 분이지만 장자인 나에게는 엄한 편이었다.

정 기자는 내가 교수직 하면서 신학을 다시 하게 된 이유를 물었다. 나는 평소 수피아여고 교장이었던 유화례 선교사의 삶이 좋아, 언젠가 나도 선교사가 되고 싶다는 생각을 가졌고, 고등학교 때는 슈바이처의 삶을 모범으로 삼아 언젠가 신학을 하리라 생각하며 선교사의 꿈을 키웠다고 했다. 한양대 교수로 오면서 신학을 하고 캠퍼스 사역을 시작했으며, 그 사역은 연변과기대까지 이어졌노라 했다.

기독신문 창간 당시 모든 것이 열악한 상태를 믿음으로 극복하고, 지금의 기독신문을 이루게 된 것은 무엇보다 주님의 은혜다. 무엇보다 한국교회 대표 정론지로 우뚝 서게 된 것을 축하한다. 시사저널이 전문가 대상으로 한 조사에서 기독신문을 '가장 영향력 있는 기독교 매체'로 선정했다. 자랑스러운 일이다. 규모도 커지고, 활동 영역도 넓어진 것, 게다가 크게 인정을 받게 된 것은 그만큼 일을 많이 하라는 하나님의 뜻이 담긴 것 아니겠는가.

지금은 뷰카(VUCA) 시대라 한다. 변동성(Volatility), 불확실성(Uncertainty), 복잡성(Complexity), 모호성(Ambiguity)이 커, 예측 불가능한 시대가 되었다는 뜻이다. 이런 시대의 변화를 읽고 비전, 특히 하나님의 비전을 제시하는 신문이 되어야 할 것이다. 하나님의 비전은 우리가 "예수님이라면 어떻게 할 것인가?"(WWJD: What Would Jesus Do?) 물을 때 가능하다. 그러면 말씀을 통해 방향을 제시해 줄 것이다.

나아가 디지털 시대에 앞서가는 신문이 되기를 바란다. 디지털 아카이브를 만드는 작업도 중요하고, 기독신문 CTV처럼 영상 영역의 확장도 중요하다. 그 무엇보다 기독신문이 사회변혁을 이끌어가는 신문이 되기를 바란다. 교회는 변혁 능력(transformative potential)이 커야 한다. 교회가 사회에 이끌려가서는 안 된다. 교회가 사회를 이끌어가야 한다. 이 일에 기독신문이 깨어있는 리더 될 수 있기를 기도한다. 기독신문이 잘 될수록 주님이 기뻐하시고, 하늘에 계시는 아버지도 기뻐하실 것이다.

# 12. 디지털 아카이브 시대가 열리고 있다

기독신문이 CTV를 열었다. 'CTV'는 '기독TV'로 '그리스도, 기독교, 그리스도인'을 뜻하는 새로운 유튜브 기반의 채널명이다. 총회 현장을 이원 생중계로 방송해 총회 총대와 전국 교회로부터 호평을 받았다.

그런데 CTV를 담당하는 김희돈 기자로부터 연락을 받았다. 기독신문 창간 60주년을 맞아 온라인 아카이브(On-line Archive)를 구축하는 사업을 하게 되었는데, 이 작업을 독려하는 인터뷰를 부탁했다. 정성구 교수와 내가 따로 인터뷰하게 되었다. 나는 신문사 CTV국에서 녹화했다.

인터뷰는 쉽지 않은 작업이다. 무엇보다 원고를 보지 못한다. 오래전 삼성그룹에서 사내교육을 위해 인터뷰한 적이 있었는데, 그때 홍역을 치른 적 있다. 눈이 원고를 향해 잠시 내려가기만 하면 다시 촬영해야 했다. 자연스러운 것은 좋은 데, 막상 인터뷰에 응해야 하는 당사자로서는 힘든 부분이다.

CTV가 온라인 아카이브를 구축하려 하는 것은 1960~90년대의 기독신문이 한 때 축쇄판으로 발행한 적이 있었던 것을 종이에서 디지털로 바꾸는 작업이다. 이 시대의 것이 온라인 아카이브로 구축되면 누구나 시대를 불문하고 기독신문에 관련된 모든 정보와 기사에 접근해 활용할 수 있게 된다. 그동안 종이에 묶여있던 1만 6천여 쪽의 기독신문이 온라인에서 살아 움직이게 되는 것이다.

이 사업은 제4차 산업혁명 시대의 흐름에 맞는 매우 시의적절한 사업이다.

요즘 키워드만 치면 온갖 정보가 쏟아지는 시대인데, 자료를 종이에만 묶어놓는다는 것은 자신을 스스로 옥에 가두는 일이 될 것이다. 따라서 축쇄판이라는 감옥에서 풀어줄 책임이 누구보다 총회와 신문사에 있다.

1960~90년대는 한국교회가 가장 부흥하고 발전하던 시기이자 한국 교회사에 격동기에 해당한다. 한국 장로교는 합동과 통합으로 분리되는 아픔을 겪었다. 분리 후 합동 교단은 재정적으로 열악한 상태에서 총회를 이끌고, 총신대학교를 세우며, 기독신문사를 운영해야 했다. 나라도 어렵고, 정치적으로도 안정되지 못한 격동기에 가난을 벗어나기 위해 모두 열심히 일했고, 교인들은 하나님께 전적으로 매달려 기도하고 전도했다.

온라인 아카이브를 구축하는 것은 디지털 아카이브 시대를 여는 것이며, 종이에 묶여 죽은 목숨이나 다름없는 역사를 되살리고, 옥에 갇혔던 기사도 되살리는 역사적인 작업이다. 죽은 자료가 산 자료로 거듭난다는 점에서 부활과 해방의 역사이고, 갇힌 한국교회 현대사를 다시 접할 수 있다는 점에서 놀라운 역사 재생이기도 하다.

기독신문은 지난 60년간 재정적 어려움 속에서도 굳게 자리를 지켜왔고, 때로는 세찬 교계의 정치 바람 속에서도 말씀을 수호하며 정론지 역할을 담당해 왔다. 참 감사하다. 기독신문은 교회 역사를 정확하게 기록하는 사초의 사역을 성실히 감당하고, 한국교회에 올바른 방향을 제시하며, 교회가 지향해야 할 신학을 세우고, 하나님의 말씀이 살아 역사하도록 하는 사역에 앞장서 왔다. 이 일은 앞으로도 변함없이 지속될 것이다. 또한 기독신문이 온라인 아카이브 사역까지 담당함으로써 시공을 초월해 정보를 제공하고, 디지털을 통해 교회사역을 활성화하는 일에 큰 도움을 줄 것이다.

아카이브는 기록보관, 자료저장 역할을 해왔다. 역사적 가치나 장기 보존의 가치를 지닌 기록이나 문서들을 모아 보관하는 기관 역할이다. 토판이나 유물, 장서를 제한된 공간에 보존하는 역할이 컸다. 그것을 볼 수 있는 사람도 제한

적일 수밖에 없었다. 이것은 오프라인 아카이브의 한계이기도 하다. 그런데 온라인 아카이브로 바뀌면서 그 대상과 영역은 무한대로 넓어졌다. 도서, 신문뿐 아니라 공연, 영상 등으로 확대되었다. 보존 가치가 있는 문화콘텐츠도 많아졌다. 시공을 초월해 자료를 공유하고, 기후 문제, 인구문제 등 글로벌 난제들을 폭넓게 다루는 장이 마련되었다. 온라인 아카이브는 지구적 각성(global awakening)을 촉구하며 대안 사회를 구축하는 데 도움을 주고 있다.

현재 온라인 아카이브는 인터넷 아카이브, 웹 아카이브로, 누구나 쉽게 접근할 수 있는 디지털 도서관 역할을 한다. 정부나 각 시도 국가기록을 포털화하고 역사 아카이브, 재난 아카이브, 온라인 디지털 지적 문화유산을 차곡차곡 쌓아가고 있다. 신문은 디지털 아카이브로 모든 지면을 보기 쉽고, 다양한 영상까지 곁들여 이해를 넓히고 있다. 이렇게 우리의 역사가 디지털화 되어가고 있다.

각 교회도 여러 영역에서 수많은 디지털 아카이브를 구축하고 있다. 온라인 예배, 설교, 교육, 목회, 바이블, 신학 사상, 교회사, 선교 사역 등 다양한 분야에 걸쳐 아카이브를 이미 열심히 구축해 나가고 있다. 디지털 아카이브 시대가 된 것이다.

기독신문의 디지털 아카이브 사역이 이 모든 교회 아카이브를 통합하고 의미 있게 엮어낼 수 있다면 그 효과는 더 클 것이다. 기독신문이 아카이브 사역을 통해 혼돈의 시대에 바른 신학을 구축해 사회를 정화해 나간다면 교회를 살릴 뿐 아니라 사회를 변화시키는 역할을 할 것이다. 또한 시대 변화에 맞춰 여러 사회적 이슈에 대해 대안을 적극적으로 제시하면 생각보다 큰 반향을 일으킬 수 있다. 나아가 온라인 아카이브 사역이 인공지능(AI)과 연결되면 교계와 지성계에 지진을 일으키고, 지적 폭발을 가져올 것이다.

앞으로 기독신문뿐 아니라 교계가 전개하는 수많은 아카이브 사역이 선한 영향력을 발휘해 주기 바란다. 교회의 미래를 재구성(restructuring)하는 데 도움을 주고, 교회의 지속성과 변혁 능력을 높인다면 그 효과는 배가될 것이다.

아카이브에도 성화가 절실하다. 교계의 거룩한 아카이브 사역이 다른 사회 아카이브들을 정화하고, 온라인 활동에 거룩한 새바람을 일으켜 주기를 바란다. 기독신문의 온라인 아카이브가 모든 문화콘텐츠에 거룩한 새 옷을 입힐 수 있기를 기대한다.

2025년 11월 12일 기독신문 창간 60주년을 맞아 서대문교회에서 기념 예배를 드렸다. 기독신문을 사랑하는 모든 분이 모여 하나님께 드린 감사 예배다. 앞으로 더 나은 60년을 기대하며 모두 기뻐했다. 하나님께서 기독신문과 함께 하시고, 이를 통해 하나님 나라의 역사가 이 땅과 열방에서 아름답게 쓰이기를 기도한다.

# 13. 오늘따라 방배동의 햇살이 맑고 따스한 이유

김의환과 김성준 두 고등학교 동창과 함께 방배동에서 시간을 보냈다. 두 사람 모두 장로님이시다. 순두부와 청국장 내음이 구수한 식당, 근처에 자리한 효령 능 산보, 그리고 혼잡한 곳을 피해 겨우 잡은 카페에서 우리의 대화는 이어졌다.

요 며칠 이어진 강추위가 조금씩 물러가는 듯한 날씨에 사람들의 발걸음이 가볍다. 건강 얘기도 했다. 무엇보다 최근 의환 장로가 치과의사로서 56년의 삶을 접고 은퇴했기에 축하도 하고, 삶의 얘기도 들어보기로 했다.

얘기를 듣는 가운데 도곡동에 치과를 개원할 때 거금을 들여 마련한 모든 치과 장비를 아프리카 선교단체에 기증했다는 사실이 놀라웠다. 치과 장비와 시설이 그곳에서 잘 활용되고, 선교 활동에 크게 도움이 되기를 기원했다. 이런 말을 들을 때마다 대광고 졸업생답다는 생각이 든다.

의환 장로는 치과를 운영하면서 수서교회를 잘 섬겼다. 치과에서 환자를 대할 때도 그리스도인으로서 처신을 잘 하도록 노력했고, 특히 치과 직원들에게 모범이 될 수 있도록 각별히 신경을 썼다고 한다. 믿는 장로님이 왜 그러냐고 할까 봐 무척 조심했다는 말이다. 인간적으로 부족한 점이 왜 없을까? 그래서 그는 늘 기도하는 마음으로 살았고, 전도를 하기 위해 애썼다. 그리스도인은 어디를 가나, 무엇을 하나 예수님을 닮아가는 데 앞장서야 한다. 주님의 제자이기 때문이다.

또한 앞으로 무엇을 할 것인가에 대화가 모아졌는데, 그는 무엇보다 성경을 많이 읽으며 하나님과의 관계를 더 깊이 하겠다고 한다. 참 좋은 계획이다. 오래전 호놀룰루에서 만난 한 교수님 생각이 난다. 세종대학교 공학 교수였는데, 은퇴 후 딱 성경 한 권 들고 이곳에 왔다고 했다. 하나님의 말씀과 살기 위해서라 했다. 하와이에 온 것은 그가 학위를 이곳에서 받았기 때문이라고도 했다. 성경을 붙잡고 살겠다는 그의 말을 지금도 잊을 수 없다. 이런 각오를 의환에게서 다시 보니 감개무량하다.

두 사람 모두 대광고등학교 14회 동창이다. 성준 장로는 아버지를 이어 영락교회 장로로 교회를 섬기고 있다. 한경직 목사님 임종 때 곁을 지켜볼 만큼 가까이서 섬겼다. 그는 무엇보다 전도에 관심이 많다. 삼성에서 은퇴한 후 연변과기대 상경학부 교수로 온 것도 그 때문이다. 그는 아내와 함께 연변과기대에 와서 학생들을 오랫동안 섬겼다.

당시 연변과기대에 대광고 동창으로 친구인 장윤삼과 내가 있었다. 그래서 연변과기대에서는 대광고 삼총사라 불리기도 했다. 윤삼이는 연변과기대와 평양과기대를 섬겼고, 지금은 식구들이 있는 애틀랜타에 살고 있다. 성준이는 나와 생년월일이 같다. 고등학교 때 세 사람 모두 정구반에서 활동하기도 했다.

성준 장로는 몇 년 전부터 숭실대학교 교목실의 지도를 받아 신입생들을 대상으로 한 성경 공부반을 섬기고 있다. 학생들이 2학년부터 교내 채플에 잘 적응할 수 있도록 학교에서 배려한 것이다. 이 일에 연변과기대 출신 교수 여러분들이 참여하고 있다. 일주일에 한 이틀은 이 일에 정성을 쏟는다. 참 좋은 일이다.

성준 장로의 관심은 대광고 동창 가운데 믿지 않는 친구들에게 향해 있다. 같이 졸업한 동창 가운데 10분의 1 이상이 목사이다. 그래서 하나님께 십일조를 바쳤다고 말한다. 장로까지 합하면 십삼조는 넘을 것이다. 하지만 대광고를 나왔다고 해서 다 믿는 것은 아니다. 그러나 친구들이 모여 식사를 하면

으레 기도부터 한다. 친구들에게 전도한다는 것은 생각보다 쉽지 않다. 애써 회피하는 모습에, 툭하면 핀잔 듣기 일쑤다. 그래서 더 가슴이 아프다. 어떻게 하면 좋을까 묻는다.

의환 장로는 동창 중 몇을 자기가 다니는 교회로 초대해 그들과 함께 신앙생활을 잘하고 있다. 한 친구는 이단으로 지목되는 모 단체에서 중추적인 역할을 하기도 했는데, 의환 장로가 그의 집을 부러 찾아가 설득해 교회로 인도했다. 또한 그가 전도한 사람 가운데는 유명 여성도 있다. 그분은 국회의원이 된 후, 자신이 어떻게 예수를 믿게 되었는지 해외에 있는 교회에서 간증하기도 했다. 간증 가운데 의환 장로가 거명되자 간증을 들었던 다른 친구가 놀라서 자기에게 전해주었는데, 자기도 놀랐다고 했다.

우리는 무엇보다 믿지 않는 친구들에 더 관심을 가지고 그들의 영혼을 위해 기도하며 그들을 잘 섬기는 것이 좋겠다는데 뜻을 모았다. 잘 섬기면 그만큼 효과가 크다.

의환 장로는 고등학교 때 집안이 참 어려웠다고 했다. 점심 도시락을 싸지 못해 점심시간이 되면 교실 밖으로 나와 있었다고 한다. 굶은 것이다. 대학 때도 돈이 없어 교재를 사지 못한 때도 있었다고 했다. 지금은 소천 받은 친구 정인이가 대학 때 돈이 없어 신촌까지 걸어 다녔다는 얘기, 한 땐 죽음까지 생각했다는 얘기를 들은 적 있는데, 그때만 해도 한국은 참 가난했다.

의환 장로는 서울대학을 졸업하고 치과의사가 되었다. 어려운 가운데서 하나님은 그를 지켜주셨고, 장로가 되어 교회를 섬기게 하셨으며, 의사의 직분을 수행하면서 그리스도인으로서의 성실함을 잊지 않았다.

의환 장로는 말했다. "내가 대광에 가서야 하나님을 알게 되었지. 나는 참 이런저런 고난의 터널을 지나왔지만 지나고 보니 그것이 주님의 은혜였어. 그 고난이 내게 없었다면 어떻게 되었을까?" 의환 장로의 그 말이 믿음의 고백이 되어 우리들의 가슴을 울렸다.

주님은 성준 장로의 마음도 이해하고, 의환 장로의 마음도 이해하실 것이다. 그들의 기도를 들으시고 아름다운 열매를 맺게 하실 것이다. 그 열매를 기대하며, 주님을 위해 더 열심히 살고, 친구들과 소외된 사람을 섬기며 살 것을 다짐한다. 오늘따라 방배동의 햇살이 맑고 따스하다. 친구야, 늘 건강하기를 바란다.

# 14. 어느 부모가 자식에게 보내는 편지

지은이가 알려지지 않은 것으로, 사람들이 좋아하는 글이 있다. 바로 '어느 부모가 자식에게 보내는 편지' 다. 춘천 부활 성당 추모관 벽에도 붙어 있다.

부모가 자식에게 보내는 이 편지에는 늙은 부모를 보살펴주길 바라는 마음, 부모의 옛 시절을 이해해달라는 요청, 그리고 부모의 실수에도 불구하고 최선을 다해 자식을 사랑했다는 이야기 등이 담겨있다. 편지는 식사를 흘리거나 말을 자주 잊어도 인내심을 갖고 들어달라고 호소하며, 지팡이 없이 걷는 것을 도와달라는 등 신체적인 도움을 요청하기도 한다. 궁극적으로는 함께하는 시간의 소중함을 강조하고, 어디에 있든 변함없는 사랑을 전하는 메시지를 담고 있다. 이 편지를 그대로 소개한다. 생각보나 길다.

### 어느 부모가 자식에게 보내는 편지

내 사랑하는 아들딸들아! 언젠가 우리가 늙어 약하거나 지저분해지면 인내를 가지고 우리를 이해해 다오.

늙어서 우리가 음식을 흘리면서 먹거나 옷을 더럽히고, 옷도 잘 입지 못하게 되면, 네가 어렸을 적 우리가 먹이고 입혔던 그 시간을 떠올리면서 미안하다. 하지만 우리의 모습을 조금만 참고 받아다오.

늙어서 우리가 말할 때, 했던 말을 하고 또 하더라도 말하는 중간에 못 하게 하지 말고 끝까지 들어 주면 좋겠다. 네가 어렸을 때 좋아하고 듣고 싶어 했던 이야기를 네가 잠이 들 때까지 셀 수 없이 되풀이하면서 들려주지 않았니?

훗날에 혹시 우리가 목욕하는 것을 싫어하면 우리를 너무 부끄럽게 하거나 나무라지는 말아다오. 수없이 핑계를 대면서 목욕을 하지 않으려고 도망치던 너를 목욕시키려고 따라다니던 우리의 모습을 기억하고 있니?

혹시 우리가 새로 나온 기술을 모르거든 전 세계에 연결되어 있는 웹사이트를 통하여 그 방법을 우리에게 잘 가르쳐다오. 우리는 네게 얼마나 많은 것을 가르쳐 주었는지 아느냐? 상하지 않은 음식을 먹는 법, 옷을 어울리게 잘 입는 법, 너의 권리를 주장하는 법 등

점점 기억력이 약해진 우리가 무언가를 자주 잊어버리거나 말이 막혀 대화가 잘 안될 때면 기억하는 데 필요한 시간을 좀 내어주지 않겠니? 그래도 혹시 우리가 기억을 못해 내더라도 너무 염려하지는 말아다오. 왜냐하면 그때 우리에게 가장 소중한 것은 너와의 대화가 아니라 우리가 너와 함께 있다는 것이고, 우리의 말을 들어주는 네가 있다는 것이 중요하기 때문이다.

또 우리가 먹기 싫어하면 우리에게 억지로 먹이려고 하지 말아다오. 언제 먹어야 하는지 혹은 먹지 말아야 하는지는 우리가 잘 알고 있단다.

다리가 힘이 없고 쇠약하여 우리가 잘 걷지 못하거든 지팡이를 짚지 않고도 걷는 것이 위험하지 않게 도와줄 수 있니? 네가 뒤뚱거리며 처음 걸음마를 배울 때 우리가 네게 한 것처럼 네 손을 우리에게 빌려다오.

그리고 언젠가 나중에 우리가 더 이상 살고 싶지 않다고 말하면 우리에게 화내지 말아다오. 너도 언젠가 우리를 이해하게 될 테니 말이다.

노인이 된 우리의 나이는 그냥 단순히 살아온 것을 이야기하는 것이 아니라 우리가 어떻게 생존해 있는가를 말하고 있음을 이해해 다오.

비록 우리가 너를 키우면서 많은 실수를 했어도 우리는 부모로써 줄 수 있는 가장 좋은 것들과 부모로써 보여줄 수 있는 가장 좋은 삶을 너에게 보여주려고 최선을 다했다는 것을 언젠가는 너도 깨닫게 될 것이다.

사랑한다. 내 사랑하는 아들딸들아. 네가 어디에 있든지 무엇을 하든지 너를 사랑하고 너의 모든 것을 사랑한단다.

이 편지를 읽으니, 가슴이 저민다. 부모님이 살아계실 때 더 잘해주었어야 하는 데 하는 안타까운 마음이 든다.

이젠 혼자서는 아무것도 할 수 없었던 자녀들이 어느새 어른이 되었고 그 부모 세대는 자식들에게 의지해야 하는 힘없는 노인이 되었다. 세상은 그렇게 돌아간다. 세월을 이길 장사는 없다. 이 편지를 읽은 사람들은 말한다. "이제 우리가 부모 세대의 든든한 그늘이 되어줄 차례. 그분들이 그랬듯, 무한한 사랑으로 우리도 마땅히 모든 것을 감싸줘야 한다." 감사하다. 부모는 자식에게 많이 바라지 않는다. 그저 따뜻한 마음과 시선이 필요할 뿐이다. 이해와 격려, 그리고 서로의 진심, 그것이면 족하다.

나는 '어느 부모가 자식에게 보내는 편지'를 읽으며 하나님이 우리에게 보내는 편지를 생각했다. 하나님이 우리에게 편지를 쓰신다면, 아마도 사랑과 인내, 회복과 희망으로 가득 찬 말들로 우리를 감싸주셨을 것 같다. 아래는 그런 상상을 담아 하나님이 우리에게 보내셨을 법한 편지를 한 번 써본 것이다.

### 내 사랑하는 자녀에게

내가 너를 창조했을 때, 너의 숨결 하나하나에 나의 사랑을 담았단다. 너는 우연이 아니라, 나의 뜻과 기쁨으로 지어진 존재야. 세상이 너를 흔들고, 너 자신을 잃을 것 같을 때도 나는 너를 잊은 적이 없단다.

너의 눈물이 흐를 때, 나는 함께 울었고, 너의 웃음 피어날 때, 나는 함께 기뻐했단다. 너의 기도는 언제나 내 마음에 닿았고, 너의 침묵조차 나는 들을 수 있었단다.

때로는 내가 멀게 느껴질지라도, 나는 너의 가장 가까운 곳에 있었단다. 너의 실수와 상처, 후회와 두려움 속에서도 나는 너를 정죄하지 않았고, 오히려 너를 품고 다시 일어설 수 있도록 기다렸단다.

내가 너에게 바라는 것은 완벽함이 아니라, 진실한 마음이란다. 너의 연약함을 숨기지 말고, 나에게 내어놓아다오. 나는 너를 고치기 위해 존재하는 것이 아니라, 너를 사랑하기 위해 존재한단다.

세상이 너를 외면할 때도 나는 너를 선택했고, 너의 존재는 나에게 기적이며, 너의 삶은 나의 작품이란다. 그러니 멀리 있다면 언제나 나에게 돌아오렴. 그리고 이것을 기억하려무나. 너는 나의 사랑받는 자녀이며, 내가 너를 끝까지 포기하지 않을 것이라는 사실을. 사랑한다. 언제나, 변함없이.
— 너를 지으신 하나님으로부터

이사야나 예레미야를 읽을 때마다 우리를 향한 하나님의 마음을 읽는다. 성경 전체는 하나님이 우리에게 보내신 편지다. 우리는 날마다 하나님을 가까이하고, 그 마음을 읽을 수 있어야 한다. 그래야 산다.

# 15. 하루하루 더욱 주님 바라보며

2022년 2월 16일 오늘로 만만한 나이가 되었다. 이번 생일은 아버지와 관련해서 매우 의미 있는 날이었다. 새순 교회 차종율 원로 목사, 김의원 전 총신대 총장, 한양대 이영준 교수 등 여러분이 개인적으로 축하를 해주었다. 아버지 생각이 나서 페이스북에 글을 올렸다.

> 아버님이 2000년, 이 나이에 생신을 몇 주 앞두고 버지니아에서 부름을 받으셨다. 그때 나는 연변과기대에 있었다. 오늘 내가 그 생일을 맞았다. 그래서 생일을 맞는 감회가 남다르다. 아버님 수에 달했기 때문이다. 어머님은 95세를 사셨기에 그쪽에 살짝 기대해 보지만 그것은 아무도 모를 일. 이젠 하루하루 감사하며 살아야겠다. 생일 축하해주신 모든 분께 감사드립니다. 주 안에서 늘 건강 하기 바랍니다. 주여, 도우소서.

한국은 물론 미국, 캐나다, 태국 등 여러분들이 축하해주었다. 부산에 있는 연변과기대에 있었던 정용호 교수가 글을 남겼다.

> 페이스북을 자주 보지 않고 내용도 많아 앞의 몇 가지만 보곤 하고 댓글도 언제 달았는지 기억도 없는데 교수님의 글을 보니 댓글을 안 달 수가 없네요. 아버님을 회상하시는 글이 감동이 됩니다. 교수님께서 과기대에서 가족과 떨어져 홀로 싱글 룸에서 지내시던 모습과 그 룸이 생각납니다. 그 룸을 정리하시면서 주셨던 옷들을 아직도 잘 입고 있습니다. 교수님 생신 축하드립니다. 모친 이상으로 하늘이 허락하시는 건강과 장수의 복

을 받으시기를 기도합니다. 부산에 오실 일 있으시면 연락주십시오.

나의 큰아들도 전화를 주었고, 글도 남겼다.

Happy Birthday Father! Son. Husband. Grandfather. Reverend. Doctor.
You still have a couple more titles to collect. Love you.

이젠 그 나이도 지났다. 자꾸 다음 해를 넘기게 되자 이제 한두 살 세는 것
이 더 이상 의미가 없는 것 아닌가 하는 생각이 들었다. 나이는 이제 주님께
맡기자. 주어진 하루하루 감사하며, 최선을 다해 살자.

그런데 5남매 중 가운데 자리를 차지한 동생이 작년에 주님의 부르심을 받
았다. 그동안 여러 병으로 고생했다. 그는 연세대학교 철학과와 경영대학원을
졸업했다. 미국에 거주하며 민간 구호단체 '열방을 섬기는 사람들'(Serving
the Nations)을 조직해 중동, 아프리카, 동남아 등지에 긴급 구호에 나섰다.
한국 초기 선교 역사 연구에 집중했으며, 특히 여성 선교사들의 공헌에 주목
했다. 엘리자베스 쉐핑(서서평), 플로렌스 루트(유화례), 도마리아, 포사이트
등의 삶과 헌신을 널리 알렸다. 그는 평신도 주체성과 역사 인식에 대해 날카
로운 목소리를 내는 활동가였다. 더 살아서 많은 일을 해야 했는데, 아쉬운 마
음이 크다.

나이가 들면 젊었을 때와 같지는 않다. 하지만 주님을 향한 열정은 언제나
여전하다. 오히려 더 절실해진다. 그래서 다짐한다. "지금까지도 그러하지만
앞으로 남은 생애 또한 주님이 주관하신다. 나는 주님의 뜻에 따라 살 것이다.
주신 날들, 그리고 주실 날들을 감사하며 더욱 주님 바라보며 살 것이다."

그렇다면 남은 생애, 주님을 위해 어떻게 살까? 이 질문은 정말 깊고 아름
답다. 하지만 쉽지 않다. 남은 생애를 주님을 위해 산다는 건 단순한 결심이
아니라 삶 전체를 하나님께 드리는 헌신이기 때문이다.

중요한 것은, 삶의 방향성이 아닐까? 그렇다면 주님을 위한 삶의 방향성은 무엇이어야 할까? 그것은 무엇보다 하나님과의 관계를 깊이 있게 하는 것이리라. 말씀 묵상과 기도는 필수다. 매일 말씀을 읽고, 기도로 하나님과 대화하자. 그것이 삶의 중심을 하나님께 두는 습관이기 때문이다. 금식, 침묵, 감사 일기 등으로 내면을 정돈하고 주님께 집중하는 영적 훈련도 필요하다.

이런 생각을 하다 보니 오래전 하와이 호놀룰루 공항에서 시내로 들어가는 버스에서 만난 한국인 교수 생각이 난다. 이런저런 얘기를 나누다 와이키키 해변 근처에 있는 그의 숙소까지 가게 되었다. 그는 세종대에서 은퇴한 교수였다. 하와이에 자리하게 된 것은 대학원 시절 이곳에서 공부했던 때문이라했다. 그런데 놀라운 것은 그의 숙소엔 다른 서적은 보이지 않고 오직 성경책한 권뿐이었다. 그는 남은 생애 성경 붙들며 하나님과 함께 살기로 작정했다고 했다. 지금도 그 말을 잊지 않고 있다. 그의 결심이 흔들리지 않기를 바란다.

삶의 방향을 이웃으로 향하는 것도, 매우 중요하다. 이웃 사랑 실천하기는 작은 친절부터 시작된다. 가족, 이웃, 직장 동료에게 따뜻한 말 한마디, 배려있는 행동을 실천하는 것이 중요하다. 하루가 다르게 친절히 대하자. 또한 섬김의 자리에 기꺼이 서자. 교회 봉사, 지역사회 자원봉사, 도움이 필요한 사람을 위한 후원 등으로 사랑을 나누자. 내가 봉직했던 한양대학교는 '사랑의 실천'을 모토로 학생들을 가르친다. 대학에서 사회봉사단을 만들고, 사회봉사 과목을 학점화하여, 모든 구성원이 사랑의 실천에 동참하도록 했다. 사회봉사는 졸업한 후에도 지속되고 있다. 감사한 일이다. 사회 섬김은 개인만 하는 것이 아니라 기관도 한다.

그다음 잊지 않아야 할 것은, 소명에 따라 살아가기다. 소명에는 나이가 없다. 하나님이 주신 은사와 기회를 따라 나의 재능과 열정을 하나님 나라를 확장하는 데 사용할 수 있다는 것은 너무나 감사한 일이다. 교회와 가정, 나의 일터는 물론 내가 서있는 모든 자리에서 정직과 사랑으로 주님의 성품을 드러내는 삶을 사는 것은 참으로 아름다운 일이다.

그리고 끝까지 믿음을 지켜 나가자. 이 일도 쉽지 않다. 생각지 못한 고난이 따를 수 있기 때문이다. 그러나 고난 속에서도 감사하자. 어려움 속에서도 하나님을 신뢰하고 감사하는 태도는 강력한 믿음의 증거이다. 우리의 소원은 삶의 마지막까지 충성하는 것이다. 나이와 상황에 상관없이, 끝까지 주님을 사랑하고 충성하는 것이 중요하다. 그때 우리는 칭찬 받는 종이 될 수 있을 것이다.

이제 마음을 모아 주님께 기도드리자.

주님, 우리의 남은 생애를 주님께 드립니다. 우리 삶의 모든 순간이 주님의 뜻을 이루는 도구가 되게 하옵소서. 사랑하게 하시고, 섬기게 하시며, 끝까지 믿음으로 걷게 하옵소서. 이 땅에서 우리의 생명이 다 하기까지 주님과 동행하는 삶이 되기를 간절히 소망합니다. 예수 그리스도 이름으로 기도하옵나이다. 아멘.

# 16. 기도, 우리 삶의 시작이자 마무리

우리의 모든 기도는 하나님을 향해 있다. 말씀을 묵상할 때, 기쁠 때나 슬플 때, 만날 때나 헤어질 때, 우리의 마음은 주님을 향해 있다. 감사하고, 찬양한다. 그것이 우리의 삶이다. 우리는 하루를 기도로 시작하고, 기도로 마무리한다. 기도는 우리 삶의 시작이자 마무리이다.

무엇보다 말씀을 묵상한 뒤 기도하는 것은 가장 귀한 일이다. 누가복음 12:49~53을 묵상한 뒤 다음 기도했다.

"내가 땅에 불을 던지러 왔노라 [....] 화평을 주러 온 것이 아니라 분쟁케 하려함이라." 이 말씀을 읽으며 놀라움을 금할 수 없습니다. 하지만 그 말씀이 저희를 위한 말씀으로 받습니다. 저희 안에 숨어 사는 세상의 것들을 여지없이 *깨뜨리고*, 하나님이 나라를 세우시고자 하는 주님의 열망을 보게 하시니 감사드립니다.

낡은 질서를 깨뜨리고 새 질서를 만들기 위해서 분쟁은 필연적인 것을 믿습니다. 주여, 우리를 주의 성령으로 변화시켜 주옵소서. 주 안에서 날로 새로워지게 하옵소서. 예수님 이름으로 기도드립니다. 아멘.

우리 주님이 우리 죄를 사하시기 위해 십자가 위에서 고통을 당하셨고, 그때 "엘리 엘리 라마 사박다니."라 하셨다. 연변과기대에 있을 때 그 말씀을 묵상하며 드린 기도다.

"엘리 엘리 라마 사박다니." 이 아침에 우리를 위해 자신을 버리신, 주님의 그 높고도 깊은 사랑의 음성을 듣습니다. 고난의 종으로 이 땅에 오신 예수님, 이 외침은 우리를 위한 사랑의 절규요 주님만이 줄 수 있는 최고의 사랑입니다.

버리고, 잊고, 돌아보지 않음같이 되신 주님 앞에 우리가 내놓을 것은 순종밖에 없습니다. 점점 다가오는 크리스마스지만 우리를 위해 죽기 위해 오신 사실을 잊지 않게 하옵소서. 정말 죄송하고, 염치 없습니다.

주님, 사랑합니다. 연변과기대를 불쌍히 여기시고 돌아보아 주옵소서. 저희도 이곳에 주님의 사랑 더 깊게 심게 하옵소서. 주님의 고통이 사랑의 실천으로 승화되게 하옵소서. 주님의 이름으로 기도하옵나이다. 아멘.

연변과기대 OB 모임이 자주 있다. 다음은 연변과기대를 위한 기도다.

주님, 1992년 연변과기대를 세우시고 29년 동안 인도하신 주님의 은혜를 찬양합니다. 지식과 복음, 섬김과 진리를 함께 세우는 사역에 동참할 수 있게 하신 주님의 놀라운 은혜를 잊을 수 없습니다.

이제 교수와 직원, 졸업생들 모두 학교를 떠나있습니다. 하지만 각자의 자리에서 복음의 향기를 발하고, 교육과 연구, 관계와 나눔 속에서 하나님의 나라를 이루는 도구가 되게 하옵소서. 이 땅의 문화와 제도, 때론 제한과 오해가 있지만 그 속에서도 담대하게 주님의 뜻을 실현해 가는 지혜와 은혜를 허락해 주옵소서. 특히 중국에 계시는 총장님을 지켜주시고, 각 사역지에서 힘써 일하는 교직원들과 지역 협력자들에게 성령의 위로와 힘을 주셔서, 서로 이해하고 존중하며 연합하게 하시고, 오직 주의 이름만 높임을 받게 하옵소서.

치유의 주님, 우리 공동체 가운데 육신의 질병과 마음의 아픔으로 고통받는 형제자매들을 위해 기도드립니다. 그들의 몸과 마음에 주님의 손길이 임하여 회복하게 하시고, 혼자 아프고 외로운 자리에 있는 이들에게 위로와 동행을 허락하여 주옵소서. 치료의 과정 가운데 주님의 은혜가 머물게 하시고, 필요한 약과 의사, 환경과 사람을 통해 회복이 이루어지게 하소서.

또한 이들을 돌보는 이들에게 지치지 않는 사랑과 힘을 주시고, 공동체가 함께 기도하며 짐을 나누는 참된 가족이 되게 하옵소서. 주께서 눈물을 닦아주시며, 고통을 넘어서는 평안 주실 줄 믿습니다.

미래를 주관하시는 하나님 아버지, 연변과기대의 앞날을 주님의 손에 올려드립니다. 불확실한 국제 정세와 지역의 변화 속에서도, 이 공동체가 흔들리지 않고 주님의 비전을 따라 걷게 하옵소서. 모든 것을 주님의 눈으로 바라보게 하시고, 이 땅의 사람들을 하나님의 사람으로 세우는 사명을 잊지 않게 하옵소서. 우리의 계획이 아니라 주님의 인도하심을 먼저 구하게 하시고, 필요한 자원과 인력, 영적 돌봄이 하늘로부터 공급되게 하옵소서. 무엇보다 주님, 과기대 공동체를 통해 이 지역과 열방 가운데 복음의 씨앗이 심어지고, 많은 열매를 맺게 하옵소서. 주 예수 그리스도의 이름으로 기도드립니다. 아멘

소천한 친구 이정인의 식구, 그리고 최근 치과의사의 삶을 접고 퇴직한 친구 김의환 장로 내외와 점심을 같이 했다. 먼저 간 친구를 생각하면 늘 그립다. 다음은 그때 드린 기도다.

우리의 삶을 정하시고 인도하시며, 때마나 새 길을 여시는 우리 주님께 감사와 영광을 돌립니다.

사랑하는 식구들이 모였습니다. 사랑하는 친구 정인 형세가 주님 품에 안긴 지 5년이 되었습니다. 그동안 이명옥 권사님, 혁기와 지혜 모두 건강 주시고, 어려운 가운데서도 사랑으로 하나 되게 하신 것 감사합니다. 올해뿐 아니라 앞으로도 주의 인도하심을 따라, 풍성한 은혜 가운데 아름다운 가정되게 하옵소서.

또한 우리 형제 김의환 장로님과 손영애 권사님도 지켜주시어, 주의 몸 된 교회를 섬기고, 의사로서 충성된 삶을 살게 하신 것 감사드립니다. 60년 가까이 많은 환자의 친구 되어주고 보호막이 되어주었습니다. 그동안 사랑과 헌신으로 맺은 좋은 열매들이 자녀 손뿐 아니라 교회와 여러 형태의 섬김을 통해 아름답게 빛을 발하게 하옵소서.

주님, 이 나라가 매우 어렵습니다. 온 세계가 평화를 절실히 간구하고 있습니다. 주여, 불쌍히 여겨주옵소서.

이제 사랑의 식탁을 나누고자 합니다. 주님이 베풀어주신 식탁입니다. 먹고 마실 때마다 주님을 기억하게 하시고, 앞으로 저희의 삶이 건강한 가운데 주의 은혜로 넘치게 하옵소서, 우리 주 예수 그리스도의 이름으로 기도하옵나이다. 아멘

처조카인 제이슨 식구가 모처럼 한국을 방문했다. 그의 결혼식 때 샌프란시스코를 방문해 축하해준 일이 있는데, 이젠 두 아이의 아버지가 되어 한국을 방문한 것이다. 친척들이 모여 그를 환영했다. 다음은 그 식사 전 내가 드린 기도다.

지난 사순절 기간 우리로 하여금 우리를 위해 죽으신 하나님의 크고 깊은 사랑을 느끼게 하시고, 부활의 기쁨과 소망을 갖게 하신 우리 주님께 감사와 영광을 드립니다.

주님은 우리의 생명이시고, 이 순간에도 우리를 돌보시며, 순간순간 우리가 주의 자녀 됨을 잊지 않게 하십니다. 우리는 주님을 떠나 살 수 없습니다.

오늘은 아주 특별한 날입니다. 미국에서 제이슨 가족이 한국을 방문해 여러 친척과 반가운 만남을 갖습니다. 사람이 계획할지라도 주님께서 허락하지 않으시면 이뤄질 수 없는 일입니다. 그래서 이 모두 주님의 은혜입니다.

두 자녀를 축복하시고 한국에 머무는 동안 건강 주시고, 많은 좋은 것들을 보게 하옵소서.

이 시간 주님이 우리에게 허락하신 음식을 나누고자 합니다. 우리가 먹든지 마시든지 주님을 생각하며 주께 기쁨 드리기를 원합니다. 우리의 대화 속에 함께 하시고, 우리 모두를 지켜주옵소서. 예수님의 이름으로 기도합니다. 아멘

Thank you and honor our Lord for making us feel the great and deep love of God, who died for us on the cross and for having the joy and hope of resurrection thru the passage of lent.

You are our life, and even this moment you care for us, and you let us not forget that we are your children. We cannot live away from you.

Today is a very special day. From the U.S., Jason's whole family visits Korea and meets with many relatives. Even if a person plans it, it cannot be done without Your permission. So all this is the grace of our Lord.

Bless their two children and stay healthy during their stay in Korea, and let them see many good things.

At this time, we want to share the food that the Lord has allowed us. Whether we eat or drink, we want to give joy to the Lord in the thought of you. Be with us in our conversation, and protect us all. I pray in the name of Jesus. Amen.

2024년 5월에 맏손자가 마침내 에모리대학교 고이주에타 경영대학을 졸업했다. 나는 두 아들이 대학을 졸업할 때도 참석하지 못했는데, 손자의 졸업식에 참석하게 되었다.

먼저 인천공항에서 뉴욕에 갔다. 그곳에서 아들 식구와 먼저 만났다. 만남은 기도로 시작했다.

주님, 주의 놀라운 사랑과 은혜로 식구들이 함께 모이는 기쁨을 갖습니다. 그동안 멀리 떨어져 있어 마음으로 그리워하다 이처럼 얼굴과 얼굴을 보니 무엇보다 감사가 넘칩니다.

무엇보다 사랑하는 식구 한 사람 한 사람 모두를 지켜주시고 건강하게 하시며, 주의 인도함을 받으며 살게 하신 것 감사드립니다. 앞으로도 더욱 주님 사랑하게 하시며, 순간순간 주님께 기도하는 종들 되게 하옵소서.

이번엔 재스퍼가 대학을 졸업하게 하시고, 프랭키가 대학 1학년을 잘 마치게 해 주셨습니다. 그동안 열심을 다 한 주의 자녀들을 축복하시고, 그들을 온 맘 다해 뒷바라지한 기천이와 르네에게 복에 복을 더하옵소서.

우리 모두 함께 할 때 기쁨이 넘치게 하시고, 앞으로 더욱 이 가정이 주 안에서 아름답고, 복된 가정되게 하옵소서. 감사하오며, 우리 주 예수 그리스도의 이름으로 기도하옵나이다. 아멘

Lord, with your amazing love and grace, I have the joy of family togetherness. I've missed them with my heart because I've been far away, but seeing them face to face like this, I'm more grateful than anything else.

Above all, I thank you for protecting each and every member of this loving family, for being healthy, and for being guided by the Lord. May our family continue to love our Lord even more and pray to You every moment.

Especially this time, Jasper is graduating from college and Frankie just completed her first year in College well. Much more blessings to John and Renee, who have worked hard and supported them with all their hearts and minds.

Let us have a joy when we get together, and may this family be more beautiful and blessed in the LORD. Thank you and pray in the name of Jesus Christ. Amen

마침내 졸업식에 함께 했다. 식구들의 기쁨은 더 했다. 다음은 그때 드린 나의 기도다.

주님의 놀라우신 은혜로 사랑하는 제스퍼가 에모리대학을 졸업했습니다. 주님께서 순간마다 그를 도우시고, 전능하신 능력으로 안아주심으로 이 감격스러운 순간을 기쁨으로 봅니다.

그동안 힘써 배운 것들이 앞으로 그의 삶에서 아름답게 펼쳐지게 하시고, 그가 하는 일 모든 것을 통해 하나님의 영광이 더욱 드러나게 하옵소서. 과거보다 미래가 더욱 빛나게 하옵소서.

지금 그를 사랑하는 식구가 함께 자리했습니다. 우리 모두 그를 축복하며 사랑합니다. 또한 이 시간 주님이 우리에게 허락하신 음식을 감사하게 받습니다. 먹든지 마시든지 무엇을 하든지 주님을 사랑하며 살게 하옵소서. 우리 모두 주 안에서 건강하게 하시고, 주의 팔로 지켜주옵소서. 우리 주 예수 그리스도의 이름으로 기도합니다. 아멘

With the amazing grace of our Lord, our beloved Jasper graduated from Emory University. The Lord helped him moment by moment, and embraced him with your almighty power. Now we see this wonderful moment with such a joy.

In his life to come, let Jasper unfold what he has learned beautifully and let the glory of God be revealed more through everything he does. Let his future shine more than in the past.

All the family members who love him are gathered now. We all bless Jasper and love him. Also, at this time, we are so grateful for the food you grant us. Let us live in loving You Lord, whether we eat, drink or do anything. Let us all be healthy in the LORD, and protect and keep us all in Your arms. I pray in the name of Jesus Christ. Amen

크리스마스 때 작은아들 식구가 발리에서 왔다. 손자 둘도 조금씩 커가고, 2년 전에 보았을 때보다는 의젓하다. 우리는 함께 기도했다.

"여호와께 감사하라. 그는 선하시면 인자하심이 영원하리로다."

이 아침 우리 식구 모두 함께 할 수 있게 하신 주님께 감사드립니다. 기민이 식구들이 발리에 있는 동안 잘 돌보아 주신 주님께 감사드립니다. 특별히 우리 주님의 도우심 아래 잘 자라고 건강하며 강하게 하신 주님께

감사드립니다.

크리스마스를 맞아 한국을 방문했습니다. 이것은 주님이 주신 기회입니다. 이 기회를 아름답게 사용할 수 있도록 도와주옵소서. 이곳에 머무는 동안 주님의 은혜로, 모든 일에 있어서 건강하고 안전하도록 도와주시옵소서. 모든 일에 감사드리오며, 예수님 이름으로 기도하옵나이다. 아멘.

"Give thanks to the Lord, for he is good and his love endures forever."

Thank our Lord for allowing all of our family to be together. Thank our Lord for taking good care of Kimin's family during the stay in Bali. Special thanks God for growing Marceau and Elis and keeping them healthy and strong in our Lord's hands.

They visited Korea during this Christmas season. This is an opportunity given by you. Please, help them use this opportunity beautifully. Thank you for all. I pray in the name of Jesus, Amen.


이 식구들이 발리로 떠나기 전 손자들과 함께 예배드렸다. '좋으신 하나님'(God is so good)을 먼저 합창했다. 그다음 아이들에게 크리스마스가 무슨 날이냐 물었다. 예수님이 탄생하신 날(the day Jesus was born)이라 했다. 예수님이 이 땅에 오신 것은 우리를 죄악에서 구원하기 위해서 오셨음(Jesus came to deliver us from our sins and evils)을 다시 한번 확인했다.

그리고 크리스마스의 뜻이 '예수 그리스도'(Christ)와 '예배'(mas)를 합한 단어라 한 다음 예배의 중요성을 강조했다. 베들레헴 들녘에서 양을 치던 목자들(shepherds in the field of Bethlehem), 동방에서 온 박사들(wise men from the East)도 구유에 나신 예수를 찾아가 그들이 듣고 보았던 모든 일로 하나님께 영광을 돌리고 찬양했다.

목자들에게 나타난 천사들도 찬양했다. "지극히 높은 곳에서는 하나님께 영광이요 땅에서는 하나님이 기뻐하심을 입은 사람들 중에 평화로다."(눅

2:14) "Glory to God in the highest and on earth peace to men on whom his favor rests."

오늘은 우리 모두에게 특별한 날이다. 하나님은 우리에게 평화를 주기 원하신다. 하늘의 평화다. 이제 우리는 세상이 줄 수 없는 놀라운 평화를 누리고 있다.

Today is the very special  day for all of us. God wants to give us peace, heavenly peace. Now we have the wonderful peace the world can't give.

그리고 함께 기도했다.

하나님, 우리가 서로 기쁨으로 얼굴을 볼 수 있고, 기민이 식구들로 한국을 아름답게 느낄 수 있는 시간을 주시니 감사합니다. 이 모든 것을 주신 주님께 감사드립니다. 우리에게 주님을 믿음으로 섬기고 주님의 말씀을 열심히 따를 수 있는 마음을 주옵소서.

주님은 우리를 구원하시기 위해 이 땅에 오셨습니다. 우리에게 놀라운 평화를 주시기 위해 오셨습니다. 우리는 주님 앞에 무릎을 꿇고 경배합니다. 주님 사랑합니다. 예수님의 이름으로 기도합니다. 아멘.

Thank you our Lord for granting us times to see each other joyfully and let Kimin family feel the Korea beautifully. Thank you for all things given by you. Give us hearts to serve you faithfully and follow your words diligently.

Thank our Lord. You came to save us. You came to give us the wonderful peace. We kneel down before you. We praise you. We love you Lord. In your name of Jesus Christ, I pray. Amen.

양씨 문중 대부분이 기독교인이고, 목사와 선교사도 많다. 선교사 중에는 그리스에서 밥퍼 사역을 한 양용태 선교사도 있고, 동남아에서 사역하는 선교사들도 있다. 다음은 모임 때 한 기도다.

이 시간 손을 모아 우리 주님께 기도드립니다. 양씨 문중을 축복하사 풍성한 믿음 주시고 주를 기뻐하고 찬양하는 백성 되게 하시니 감사와 영광을 올려드립니다.

혼란한 세상 가운데 우리 모두 어디 가든 주의 빛이 되게 하시고 소금으로 녹아지게 하옵소서.

지금도 험지에서 사역하는 주의 종들을 기억하사 하늘의 기쁨을 주옵소서.

우리 모두에게 은혜를 주시되 각 가정, 각자에게도 맞춤형 은총을 더해 주시기를 기도합니다.

어르신들에게 건강 주시고, 문중을 위해 일하는 분들에게는 지혜와 총명, 그리고 힘을 주시옵소서.

오늘 우리 모두에게 베푸신 일용할 양식을 감사히 받습니다. 먹든지 마시든지 무엇을 하든지 주를 기억하게 하시고, 받은 은혜, 받은 사랑을 나누는 자 되게 하옵소서. 예수님 이름으로 기도합니다. 아멘.

At this time, we join our hands and pray to our Lord. I give you my thanks and glory for blessing the Yang family, giving them abundant faith, and making them a people who rejoice and praise the Lord.

In the midst of this chaotic world, let us all be your light wherever we go and melt into salt.

Please remember your servants who are still working in difficult places and give them the joy of heaven.

I pray that you will give grace to all of us, but also give customized grace to each family and each person.

Please give health to the elderly, and give wisdom, intelligence, and strength to those who work for the family.

We gratefully receive the daily bread given to all of us today. Let us remember the Lord whether we eat or drink or whatever we do, and help us to share the grace and love we have received. I pray in Jesus name. Amen.

매년 4월 중순이면 양씨 문중 식구들이 1년에 한 번 모이는 날이 있다. 그 날은 예배로 시작된다. 식구들이 함께 예배를 드리는 것이야말로 축복이다. 몇 년 전엔 예배 때 말씀을 전했고, 올해는 축도를 부탁한다. 모임 때마다 기쁘다. 다음은 축도다.

오늘 귀한 날을 우리에게 허락하시어 문중 모임을 예배로 시작하게 하신 주님께 감사드립니다. 말씀을 전한 양고훈 목사님과 그의 미얀마 선교 사역에 주님이 늘 함께 하시고, 말씀을 들은 우리 모두 거룩하고 경건한 삶으로 화답하게 하여주옵소서. 앞으로 더욱 주님 사랑하게 하는 종친, 주님의 말씀을 귀히 여기고, 주의 사랑을 실천하는 식구들 되게 하옵소서.

지금은 십자가에서 보혈의 피로 우리를 구속하여 주신 예수 그리스도의 은혜와, 오늘도 그 이름을 믿는 모든 자들에게 하나님의 자녀 되게 하시는 하나님의 무한하신 사랑과, 우리로 늘 주의 말씀과 은혜의 자리에 서게 하시고, 생명의 삶을 누리게 하시는 성령 하나님의 인도, 교통하심이 주님 모시고 사는 것을 기뻐하고, 감사하며, 앞으로도 주님과 동행하기를 소원하는 양씨 문중의 모든 종친의 가슴 속에, 심기는 교회와 가정, 그리고 사업 위에 이제로부터 영원히 함께 하시기를 축원하옵나이다. 아멘

기도는 언제나 계속된다. 내 인생의 마무리도 기도가 될 것이다. 모든 영광을 하나님께. 아멘.